Erwin Grochla
Helmut Weber
Thomas Werhahn

Kosten des Datenschutzes in der Unternehmung

DuD-Fachbeiträge

herausgegeben von Karl Rihaczek, Paul Schmitz, Herbert Meister

Erwin Grochla · Helmut Weber · Thomas Werhahn

Kosten des Datenschutzes in der Unternehmung

Qualitative und quantitative Ergebnisse
einer empirischen Untersuchung
in der Bundesrepublik Deutschland

Springer Fachmedien Wiesbaden GmbH

CIP-Kurztitelaufnahme der Deutschen Bibliothek

Grochla, Erwin:
Kosten des Datenschutzes in der Unternehmung:
qualitative u. quantitative Ergebnisse e. empir.
Unters. in d. Bundesrepublik Deutschland / Erwin
Grochla; Helmut Weber; Thomas Werhahn. —
Braunschweig; Wiesbaden: Vieweg, 1985.
   (DuD-Fachbeiträge; Bd. 7)
   ISBN 3-528-03602-8

NE: Weber, Helmut:; Werhahn, Thomas:; GT

ISBN 978-3-528-03602-7   ISBN 978-3-322-85822-1 (eBook)
DOI 10.1007/978-3-322-85822-1

Vorwort

Die Folgekosten verabschiedeter Gesetze und Verordnungen sind seit langem Gegenstand heftiger Auseinandersetzungen vor allem im politischen Raum. Dies gilt in besonderem Maße für die Kosten, die auf Grund des Bundesdatenschutzgesetzes (BDSG) von der Wirtschaft zusätzlich getragen werden müssen. Bis jetzt lagen jedoch keine zuverlässigen Untersuchungen darüber vor, ob mit dem BDSG aus der Sicht der betroffenen Unternehmungen überwiegend Nutzen verbunden ist, oder ob die betrieblichen Kosten die Nutzenaspekte bei weitem überwiegen. Eine besondere Aktualität erhält diese Fragestellung angesichts der gegenwärtigen Novellierungsdiskussion des BDSG. Hierbei dürfen die Auswirkungen möglicher Gesetzesänderungen auf die Kostenbelastung der Unternehmungen auf keinen Fall unberücksichtigt bleiben.

Daher führte das Betriebswirtschaftliche Institut für Organisation und Automation an der Universität zu Köln (BIFOA) eine empirische Untersuchung durch, um einen Beitrag zur Versachlichung der Diskussion über die betrieblichen Folgekosten des BDSG zu leisten. Die Ergebnisse dieser Untersuchung werden in dem vorliegenden Band veröffentlicht. Die Studie wurde ermöglicht durch die großzügige finanzielle Unterstützung der Ernst-Poensgen-Stiftung, Düsseldorf; ihr gebührt unser ganz besonderer Dank.

Bedanken möchten wir uns ebenfalls bei den studentischen Mitarbeitern des Projektes, Herrn stud.rer.pol. Peter Florenz und Herrn cand.rer.pol. Gerd Schumacher, für die sorgfältige Durchsicht des Manuskriptes sowie die Anfertigung aller Abbildungen und bei Frau Karin Kötz für die gewissenhafte Erledigung der umfangreichen Schreibarbeiten.

Wir hoffen, daß der vorliegenden Publikation ein großes Interesse entgegen gebracht wird.

Köln, im März 1985

Erwin Grochla
Helmut Weber
Thomas Werhahn

Der vorliegende Bericht ist das Ergebnis der Untersuchungen
im Rahmen des Forschungsprojektes

KOSTENMÄSSIGE AUSWIRKUNGEN DES DATENSCHUTZES FÜR DIE WIRTSCHAFT.

Projektförderer: Ernst-Poensgen-Stiftung, Düsseldorf

Arbeitsträger: Betriebswirtschaftliches Institut für
                        Organisation und Automation an der
                        Universität zu Köln (BIFOA)

Forschungsleiter: Prof.Dr.Dr.h.c.mult. Erwin Grochla

Wissenschaftliche
Mitarbeiter: Dipl.-Kfm. Helmut Weber (Projektleiter)
                        Dipl.-Kfm. Thomas Werhahn

Studentische
Mitarbeiter: Stud.rer.pol. Peter Florenz
                        Cand.rer.pol. Gerd Schumacher

Inhaltsverzeichnis

Seite

Abbildungsverzeichnis

<u>Hauptteil</u>

<u>Anhang 1</u>

Seite

Abkürzungsverzeichnis

Abb.	Abbildung
Abs.	Absatz
ADV	automatisierte Datenverarbeitung
AG	Aktiengesellschaft
Anm. d. Verf.	Anmerkung der Verfasser
Art.	Artikel
AUDAFEST	Die Auswirkungen des Bundesdatenschutzgesetzes - eine Feldstudie
Aufl.	Auflage
AWV	Ausschuß für wirtschaftliche Verwaltung in Wirtschaft und öffentlicher Hand
Bd.	Band
BDI	Bundesverband der Deutschen Industrie
BDSG	Bundesdatenschutzgesetz
BGB	Bürgerliches Gesetzbuch
BIFOA	Betriebswirtschaftliches Institut für Organisation und Automation an der Universität zu Köln
bzw.	beziehungsweise
ca.	circa
DAFTA	Datenschutzfachtagung
DARUTS	Datenschutz bei rechnerunterstützten Telekommunikationssystemen
DGB	Deutscher Gewerkschaftsbund
d.h.	das heißt
DIHT	Deutscher Industrie- und Handelstag
DIN	Deutsche Industrienorm
Dipl.-Arb.	Diplom-Arbeit
Diss.	Dissertation
DM	Deutsche Mark
DMG	Deutsche Management Gesellschaft

DSB	Datenschutzbeauftragter
DV	Datenverarbeitung
ect.	et cetera
EDV	elektronische Datenverarbeitung
EG	Europäische Gemeinschaft
e.G.	eingetragene Genossenschaft
erweit.	erweiterte
e.V.	eingetragener Verein
evtl.	eventuell
f.	folgende
ff.	fortfolgende
GDD	Gesellschaft für Datenschutz und Datensicherung
GDV	Gesamtverband der Deutschen Versicherungswirtschaft
gem.	gemäß
ggf.	gegebenenfalls
GI	Gesellschaft für Informatik
GmbH	Gesellschaft mit beschränkter Haftung
GMD	Gesellschaft für Mathematik und Datenverarbeitung
GoDS	Grundsätze ordnungsmäßigen Datenschutzes
Hrsg.	Herausgeber
hrsg.	herausgegeben
IDR	Institut für Datenverarbeitung im Rechtswesen
i.d.R.	in der Regel
IIR	Institut für Interne Revision
INRIA	Institut National de Recherche en Informatique et en Automatique
i.S.	im Sinne
Jg.	Jahrgang
KG	Kommanditgesellschaft
KGSt	Kommunale Gemeinschaftsstelle für Verwaltungsvereinfachung

KODA	Kostenmäßige Auswirkungen des Datenschutzes für die Wirtschaft
LDSG	Landesdatenschutzgesetz(e)
lt.	laut
Mio.	Million(en)
Mrd.	Milliarde(n)
NCC	The National Computing Centre
neubearb.	neubearbeitete
Nr.	Nummer
Nrn.	Nummern
o.ä.	oder ähnliche(s)
OECD	Organization for Economic Cooperation and Development
oHG	offene Handelsgesellschaft
ÖI	Österreichische Gesellschaft für Informatik
o.J.	ohne Jahr
o.Jg.	ohne Jahrgang
o.O.	ohne Ort
PU	Programmierte Unterweisung
RKW	Rationalisierungs-Kuratorium der Deutschen Wirtschaft
S.	Seite
Sp.	Spalte
TÜV	Technischer Überwachungsverein
u.a.	und andere
u.ä.	und ähnliche(s)
überarb.	überarbeitete
usw.	und so weiter
u.U.	unter Umständen
VDMA	Verband Deutscher Maschinen- und Anlagenbau
vgl.	vergleiche
z.B.	zum Beispiel
ZfB	Zeitschrift für Betriebswirtschaft
z.T.	zum Teil

Teil A: Grundlegung

I. Problemstellung und Zielsetzung der Untersuchung

Am 1. Januar 1978 sind die wesentlichen Bestimmungen des Gesetzes zum Schutz vor Mißbrauch personenbezogener Daten bei der Datenverarbeitung (Bundesdatenschutzgesetz – BDSG) in Kraft getreten. Bereits zum 1.Juli 1977 mußten die vom Gesetz näher bestimmten Unternehmungen einen Datenschutzbeauftragten (DSB) bestellen. Die technischen und organisatorischen Maßnahmen der Datensicherung gem. § 6 BDSG und der Anlage zu § 6 Abs. 1 BDSG mußten erst zum 1. Januar 1979 in den Unternehmungen eingeführt werden. Seitdem gelten alle Bestimmungen des BDSG und jede Unternehmung muß, soweit sie als speichernde Stelle personenbezogene Daten verarbeitet, die sie betreffenden Vorschriften erfüllen.

Die Kostenbelastung, die auf Grund des Gesetzes auf die Unternehmungen zukommen würde, war schon in der Phase der Planung und Ausarbeitung der einzelnen Vorschriften einer der zentralen Diskussionspunkte. Dabei gingen die Schätzungen sehr weit auseinander. Sie reichten von "mehreren Milliarden jährlich" bis zu der Vermutung, daß sogar "Einsparungen durch Rationalisierung" zu erwarten seien:

"Je nachdem, welche der 'erheblich kostenwirksamen Bestimmungen' nicht modifiziert werden, ergeben sich Kosten von mehreren Milliarden jährlich." DEUTSCHER BUNDESTAG. Protokoll der öffentlichen Anhörung zu Fragen der Datenschutzgesetzgebung vom 31.3.1976. Stellungnahme Prof. Dr. Adolf Angermann, S. 72.

"Wir gehen davon aus, daß der Belastung durch Vorschriften zum Datenschutz Einsparungen durch Rationalisierung durch die Datenverarbeitung gegenüberstehen; ...". DEUTSCHER BUNDESTAG. Protokoll der öffentlichen Anhörung zu Fragen der Datenschutzgesetzgebung vom 31.3.1976. Stellungnahme Arbeitsgemeinschaft der Verbraucher e.V., S. 103.

Auch nach der Verabschiedung des BDSG - also angesichts der ersten betrieblichen Erfahrungen - blieb die Kostenfrage umstritten. So äußerte HOGREBE:

"Es soll ... versucht werden, zumindest ansatzweise die Hypothese, wenn (mangels hinreichender Empirie) nicht zu beweisen, so doch einsichtig zu machen, daß der datenschutzbedingte Aufwand für die Normadressaten unter Umständen eher unerheblich, jedenfalls aber tragbar ist. ... Zugleich wird damit die Perspektive eröffnet, daß man sich unter Umständen ein 'aufwendigeres' Datenschutzgesetz (im Original nicht unterstrichen, sondern kursiv gedruckt, Anm. d. Verf.) hätte bzw. - im Zuge von Novellierungen - wird leisten können." HOGREBE, Edmund F.M.: Wirtschaftliche Aspekte des Datenschutzes. In: Auswirkungen des Datenschutzes. Eine Studie zum Datenschutz aufgrund eines Projektes der GMD, Juni 1977. München - Wien 1979, S. 503.

Dieser Auffassung trat - neben anderen - mit Entschiedenheit MEISTER entgegen:

"Hält man sich vor Augen, daß Zahlenangaben aus Unternehmen von Praktikern gemacht werden, die täglich mit Problemen des Datenschutzes befaßt sind, so wird deutlich, daß eine Aussage von Nichtpraktikern, die Kosten des Datenschutzes würden überschätzt, zumindest in Frage zu stellen ist.

Bezogen auf die mittelständische Industrie oder gar für die Kleinindustrie ist das Ergebnis schlicht unhaltbar." MEISTER, Herbert: GMD-INRIA-NCC: Internationale Studie über Datenschutz und Datensicherheit (im Auftrag der EG). Datenschutz und Datensicherung, o.Jg. 1980, Heft 4, S. 242.

Der Grund für die derartig kontrovers geführte Diskussion liegt u.a. darin, daß sich keine der Stellungnahmen bisher auf eine befriedigende empirische Grundlage stützen kann. In der wiedergegebenen Äußerung von HOGREBE klang dieser Umstand bereits an.

Damit ist die Problemstellung der vorliegenden Untersuchung bereits aufgezeigt:

- Das BDSG ist verabschiedet worden, ohne daß auch nur annähernd
  geklärt war, welche zusätzliche Kostenbelastung durch das neue
  Gesetz auf die Wirtschaft zukommen würde.

- Auch nach der Verabschiedung des Gesetzes wurde in der Bundesrepublik Deutschland keine empirische Untersuchung der Folgekosten des BDSG durchgeführt.

- Die veröffentlichten Kostenhöhen des betrieblichen Datenschutzes beruhen fast ausnahmslos auf nicht interpersonell überprüf-
  baren Annahmen der jeweiligen Autoren und sind daher stark von
  deren grundsätzlicher Einstellung zum Datenschutz geprägt.

- Die Auseinandersetzungen über die Kosten des betrieblichen Datenschutzes und deren Angemessenheit bewegen sich daher auf
  wenig sachlich fundiertem Gebiet und sind stark von Gruppierungen und persönlichen Emotionen geprägt. Gerade angesichts
  der Diskussion einer Novellierung des BDSG fehlt es an wissen-
  schaftlich-neutralen Erkenntnissen über Art und Höhe der durch
  das Gesetz verursachten Kosten, die als Diskussions- und Argu-
  mentationsgrundlage dienen könnten.

Angesichts dieser Problemstellung ergeben sich zwangsläufig die
<u>Ziele</u> der vorliegenden Untersuchung:

- Es sollen die Kosten erhoben werden, die den Unternehmungen
  im Rahmen der Beratung des BDSG und - nach seiner Verabschiedung - durch die Umsetzung der neuen Bestimmungen auf die unternehmungsindividuellen Gegebenheiten entstanden sind.

- Es müssen - zumindest ansatzweise - mögliche Nutzenaspekte des
  <u>B</u>DSG erfaßt werden.

- Alle Erhebungs- und Auswertungsverfahren müssen dokumentiert werden, um die Ergebnisse der Untersuchung einer interpersonellen Überprüfung zugänglich zu machen.

- Als generelles Ziel des Forschungsprojektes kann schließlich festgehalten werden, daß es auf Grund der Offenlegung aller Erhebungs- und Auswertungsmethoden und der streng an wissenschaftlichen Grundsätzen orientierten Arbeitsweise einen Beitrag zur Versachlichung der Diskussion über die Kosten des Datenschutzes leisten soll.

II. Stand der Datenschutzgesetzgebung

a) Bundesdatenschutzgesetz (BDSG)

Bis zu seiner Verabschiedung in dritter Lesung am 19. April 1976 durch den Deutschen Bundestag und bis zur Zustimmung des Bundesrates zur endgültigen, vom Vermittlungsausschuß nochmals überarbeiteten Fassung des Gesetzes am 12. November 1976 waren dem Bundesdatenschutzgesetz (BDSG) sehr kontrovers geführte Auseinandersetzungen und ein langer parlamentarischer Weg vorausgegangen. Er hatte seinen Anfang am 28. März 1969, an dem der Bundestag in einer Entschließung erstmals die alsbaldige Regelung der Datenschutzprobleme forderte. Fast acht Jahre später, am 27. Januar 1977, unterzeichnete der damalige Bundespräsident Scheel das "Gesetz zum Schutz vor Mißbrauch personenbezogener Daten bei der Datenverarbeitung (Bundesdatenschutzgesetz - BDSG)". Gemäß § 47 BDSG traten die Bestimmungen des Gesetzes schrittweise in Kraft. Seit dem 1. Januar 1979 gilt das gesamte Gesetz ausnahmslos für alle öffentlichen und nicht-öffentlichen speichernden Stellen, die mit personenbezogenen Daten umgehen.

Neben "Allgemeinen Vorschriften" (1. Abschnitt) unterscheidet das BDSG dabei die "Datenverarbeitung der Behörden und sonstigen öffentlichen Stellen" (2. Abschnitt), die "Datenverarbeitung nicht-öffentlicher Stellen für eigene Zwecke" (3. Abschnitt) und die "Geschäftsmäßige Datenverarbeitung nicht-öffentlicher Stellen für fremde Zwecke" (4. Abschnitt). Daneben enthält es noch "Straf- und Bußgeldvorschriften" (5. Abschnitt) sowie "Übergangs- und Schlußvorschriften" (6. Abschnitt).

Für die Erhebung der vom BDSG in der Wirtschaft verursachten Kosten sind dabei vor allem die Verpflichtungen relevant, die den Unternehmungen im ersten und - je nach der Art ihrer Datenverar-

beitung - im dritten oder vierten Abschnitt auferlegt werden.
Auf die einzelnen Verpflichtungen wird im Teil B dieser Untersuchung näher einzugehen sein, so daß hier auf eine detaillierte Schilderung verzichtet werden kann.

Schon bald nach der Verabschiedung des BDSG setzte die Diskussion
über eine von vielen Fachleuten für notwendig gehaltene Novellierung des Gesetzes ein. Im Zusammenhang damit wurde im Frühjahr 1982 vom Bundesinnenministerium der damaligen SPD/F.D.P.-
Regierung ein Referentenentwurf zur Novellierung des BDSG vorgelegt. Im Zuge des Regierungswechsels im Herbst 1982 wurde dieser
zwar hinfällig, jedoch wurde am 25. Juni 1983 auch von der neuen
CDU/CSU/F.D.P.-Regierung ein Novellierungsentwurf zum BDSG vorgelegt, der seither die aktuelle Diskussion bestimmt.

Die für den nicht-öffentlichen Bereich wichtigsten Änderungsvor-
schläge dieses Entwurfs seien hier kurz zusammengefaßt:

- Ausbau der Zweckbindung

  Der mit der Verarbeitung personenbezogener Daten verfolgte
  Zweck soll stärker in den Vordergrund gerückt werden. So soll
  neben dem Verweis auf § 6 BDSG in § 1 Abs. 2 Satz 2 BDSG auch
  ein Verweis auf § 5 BDSG aufgenommen werden, der auch unternehmungsintern die Verarbeitung oder sonstige Nutzung personenbezogener Daten nur noch zum Zweck der jeweiligen rechtmäßigen Aufgabenerfüllung erlaubt. Ferner ist der Betroffene gemäß
  des erweiterten § 3 BDSG auf Verlangen u.a. über den Zweck der
  Speicherung aufzuklären. Schließlich soll gemäß des neuen § 24
  Abs. 4 BDSG der Empfänger übermittelter Daten diese nur für
  Zwecke verwenden dürfen, die vereinbar sind mit dem Zweck, zu
  dessen Erfüllung sie ihm zulässigerweise übermittelt wurden.

- Klarstellung des Übermittlungsbegriffs

Eine Übermittlung von Daten soll gemäß der neuen Formulierung des § 2 Abs. 2 Nr. 2 BDSG nur noch bei einer tatsächlichen Weitergabe der Daten an den Empfänger oder einem tatsächlichen Abruf durch diesen vorliegen. Bisher gilt auch das bloße Bereithalten solcher Daten zum Abruf oder zur Einsichtnahme durch den Empfänger bereits als Übermittlung.

- Klarstellung des Dateibegriffs

Bei der Definition des Dateibegriffs in § 2 Abs. 3 Nr. 3 BDSG soll das Kriterium des "gleichartigen Aufbaus" der Datensammlung grundsätzlich entfallen. Lediglich bei nicht automatisierter Verarbeitung soll eine Datensammlung nur dann eine Datei sein, wenn sie gleichartig aufgebaut ist.

- Regelung von Schadensersatzansprüchen des Betroffenen an die speichernde Stelle

Durch den neuen § 4 Abs. 3 BDSG soll dem Betroffenen bei unzulässiger oder unrichtiger Verarbeitung ihn betreffender personenbezogener Daten ein Schadensersatzanspruch bis zu einer Höhe von DM 250.000,-- je schadenstiftendem Ereignis zugestanden werden. Dieser Schadensersatzanspruch soll jedoch nicht, wie vielfach gefordert, verschuldensunabhängig sein. Wurde bei der Verarbeitung der Daten die erforderliche Sorgfalt beachtet oder wäre der Schaden auch bei Beachtung dieser Sorgfalt eingetreten, soll kein Anspruch auf Schadensersatz bestehen.

- Wegfall der Verpflichtung auf das Datengeheimnis

Die Verpflichtung der bei der Verarbeitung personenbezogener Daten beschäftigten Personen auf das Datengeheimnis gemäß § 5 Abs. 2 BDSG soll ersatzlos entfallen, da auf eine förmliche Verpflichtung auf das Datengeheimnis, dessen Inhalt und Umfang unberührt bleiben, aus Vereinfachungsgründen verzichtet werden könne.

- Besondere Anforderungen an die Datensicherung im Falle des automatisierten Direktabrufs

Zur Regelung eines automatisierten Abrufverfahrens, bei dem ein Emfänger entsprechend bereitgehaltene Daten sofort und selbständig, also ohne weitere Aktivität des Übermittlers abrufen kann, soll ein § 6a BDSG eingefügt werden. In dessen Abs. 1 sollen die Zulässigkeitsbedingungen, in Abs. 2 die Sicherungsmaßnahmen beim On-line-Zugriff festgelegt werden. Der Gesetzgeber will durch die Einfügung des § 6a BDSG einen Spezialfall regeln, für den ihm die gesetzlichen Bestimmungen in ihrer bisherigen Form nicht ausreichend erscheinen.

- Erweiterung der Auskunftspflicht um Herkunft und Empfänger der Daten

Durch die Anfügung eines entsprechenden Halbsatzes an § 26 Abs. 2 Satz 1 BDSG soll die Auskunft der speichernden Stelle gegenüber dem Betroffenen um die Herkunft und eventuelle Empfänger seiner Daten erweitert werden. Derzeit kann der Betroffene nur bei automatisierter Verarbeitung dieser Daten Auskunft über die Empfänger, an die regelmäßig übermittelt wird, verlangen.

- Festigung der Stellung des betrieblichen Datenschutzbeauftragten

Durch die Anfügung eines Satzes 4 an § 28 Abs. 3 BDSG soll ein Widerruf der Bestellung zum Beauftragten für den Datenschutz nur in entsprechender Anwendung von § 626 BGB möglich sein.

Dies bedeutet, daß eine Abberufung des Datenschutzbeauftragten durch die speichernde Stelle erst bei unzumutbarer Zusammenarbeit oder bei einem zerrütteten Vertrauensverhältnis, nicht aber schon auf Grund mangelnder Fachkunde, nachlassender Qualifikation oder Zuverlässigkeit möglich ist. Durch den neu hinzukommenden § 30 Abs. 4 Satz 2 BDSG soll jedoch die Aufsichtshörde die Kompetenz erhalten, gegebenenfalls die Abberufung des Datenschutzbeauftragten zu verlangen. Somit wird durch die erstmalige Möglichkeit der Einflußnahme durch die Aufsichtsbehörde und die hiermit verbundene Einschränkung der Rechte der speichernden Stelle eine Festigung der Stellung des betrieblichen Datenschutzbeauftragten erreicht.

- Ausweitung der Rechte der Aufsichtsbehörde

Die Aufsichtsbehörde soll gemäß einer Neufassung des § 30 Abs. 1 BDSG bereits bei hinreichenden Anhaltspunkten für eine Gesetzesverletzung tätig werden können. Bisher darf sie dies nur auf die begründete Beschwerde eines Betroffenen hin oder wenn der Datenschutzbeauftragte sich an sie wendet. Ferner soll es der Aufsichtsbehörde gemäß des neu eingefügten § 30 Abs. 4 BDSG ermöglicht werden, notwendige Datenschutzmaßnahmen anzuordnen, den Einsatz einzelner Verarbeitungsverfahren zu untersagen sowie die Abberufung des Datenschutzbeauftragten zu verlangen, wenn dieser bestimmte Voraussetzungen nicht erfüllt.

Was von den einzelnen Novellierungsabsichten nach den parlamentarischen Beratungen einmal verwirklicht werden wird, bleibt abzuwarten.

b) Landesdatenschutzgesetze (LDSG)

Am 7. Oktober 1970 trat in Hessen das erste Landesdatenschutzgesetz der Bundesrepublik Deutschland in Kraft. Zum ersten Mal
wurde hier der Grundsatz der Fremdkontrolle institutionalisiert.
Rheinland-Pfalz war das zweite Bundesland, in dem - am 24. Januar
1974 - ein Landesdatenschutzgesetz in Kraft trat. Alle anderen
Bundesländer warteten mit der Verabschiedung eines eigenen Gesetzes bis auf Grund des BDSG erste Erfahrungen auf Bundesebene
vorlagen. Da seit dem 31. März 1981 auch Hamburg über ein eigenes
Datenschutzgesetz verfügt, bestehen nun in jedem Bundesland lan-
desspezifische Regelungen.

In allen Landesdatenschutzgesetzen wird ausschließlich die da-
tenschutzrechtliche Behandlung personenbezogener Daten durch Behörden und sonstige öffentliche Stellen geregelt. Nur für diejenigen speichernden Stellen, die unter den zweiten Abschnitt des
BDSG fallen, sind daher die Landesdatenschutzgesetze von unmit-
telbarer Bedeutung. Für die in der vorliegenden Untersuchung
interessierenden speichernden Stellen, die dem dritten oder vierten Abschnitt des BDSG zugerechnet werden, ergibt sich lediglich
eine mittelbare Bedeutung daraus, daß die Landesdatenschutzgesetze wichtige Bestimmungen über die Datenschutz-Aufsichtsbehörden enthalten. Insoweit sind sie demnach auch für Unternehmungen
relevant, die als nicht-öffentliche Stellen personenbezogene Daten für eigene oder fremde Zwecke verarbeiten.

Unter Kostengesichtspunkten hat dies jedoch für die Unternehmungen keinerlei zusätzliche Auswirkungen, da die Verpflichtung zur
Unterstützung der jeweils zuständigen Aufsichtbehörde bei der
Erfüllung ihrer Aufgaben bereits in § 30 Abs. 1 und 2 BDSG bzw.
§ 40 Abs. 2 BDSG geregelt ist. Die Landesdatenschutzgesetze werden daher im folgenden nicht weiter berücksichtigt.

c) Bereichsspezifische Datenschutzregelungen

Datenschutzprobleme kommen in sehr unterschiedlichen Rechts- und Sachgebieten vor. Eine umfassende Regelung der gesamten Materie in einem einzigen Gesetz, das alle denkbaren Einzelfälle erschöpfend und abschließend regelt, ist daher nicht möglich. Andererseits erschien es dem Gesetzgeber notwendig, die Grundsätze des Datenschutzes zentral in einem Gesetz zusammenzufassen. Dies ist mit der Verarbschiedung des BDSG geschehen.

Um den jeweils besonderen Bedürfnissen in den einzelnen Spezialbereichen besser Rechnung tragen zu können, wurde das BDSG als Auffanggesetz gestaltet. Dies bedeutet, daß das BDSG gemäß dem in § 45 BDSG geregelten Subsidiaritätsprinzip nur insoweit gilt, als nicht "besondere Rechtsvorschriften des Bundes auf in Dateien gespeicherte personenbezogene Daten anzuwenden sind". Ist derselbe Sachverhalt also bereits durch eine andere, spezielle Rechtsvorschrift des Bundes geregelt, tritt das BDSG für diesen Sachverhalt hinter diese Rechtsvorschrift zurück. Es ist dabei unerheblich, ob die Spezialnorm im Vergleich zur allgemeinen Regelung des BDSG eine Verschärfung oder Abschwächung der Datenschutzregelung bedeutet. BDSG und Spezialregelungen in Fachgesetzen zusammen sollen auf diese Weise einen wirksamen und angemessenen Datenschutz gewährleisten.

Welche bereichsspezifischen Rechtsvorschriften im Einzelfall Vorrang vor dem BDSG haben können, kann wegen der großen Fülle nicht lückenlos zusammengestellt werden. Eine beispielhafte, jedoch keineswegs abschließende Aufzählung von 26 vorrangigen Regelungen erfolgt in § 45 Satz 2 Nrn. 1 - 8 BDSG. Expertenschätzungen zufolge kann davon ausgegangen werden, daß insgesamt ca. 150 - 200 Rechtsvorschriften gemäß § 45 Satz 1 BDSG in Einzelfragen Vorrang vor dem BDSG haben. Diese Zahl wird jedoch weiter steigen, da die Vorrangregelung nicht nur Vorschriften betrifft, die bereits bei der Verabschiedung des BDSG Rechtskraft besaßen, sondern auch alle späteren Gesetze.

Vorrang vor dem BDSG haben alle Rechtsvorschriften des Bundes, soweit sie sich auf in Dateien gespeicherte personenbezogene Daten beziehen. Rechtsvorschriften der Länder können dann Vorrang haben, wenn sie im Rahmen der Gesetzgebungskompetenz erlassen wurden, die dem Land gemäß der im Grundgesetz getroffenen Kompetenzverteilung zusteht. Rechtsvorschriften können dabei alle materiellen Gesetze sein. Zu diesen gehören zum einen alle formellen, also auf dem ordentlichen Gesetzgebungsweg zustande gekommenen Gesetze, zum anderen aber auch alle übrigen Bestimmungen, die Gesetzeskraft erlangt haben, auch wenn sie nicht von Parlamenten verabschiedet wurden. Beispiele hierfür sind Rechtsverordnungen der Verwaltung oder Urteile des Bundesverfassungsgerichts, soweit sie allgemeingültig sind. Nicht zu den materiellen Gesetzen gehören jedoch beispielsweise die Verwaltungsrichtlinien, die nur interne Verbindlichkeit für die öffentliche Verwaltung haben. Auch hinter Landesgesetze tritt das BDSG im allgemeinen nicht zurück. Eine Ausnahme sind hier die Landesdatenschutzgesetze, die gemäß § 7 Abs. 2 Satz 1 BDSG Vorrang vor dem BDSG haben.

Außer aus § 45 BDSG können sich weitere bereichsspezifische Regelungen aus § 3 Satz 1 BDSG ergeben. Dieser Paragraph besagt, daß - neben der Einwilligung des Betroffenen oder der Erlaubnis durch das BDSG - auch die Erlaubnis durch eine andere Rechtsvorschrift die Zulässigkeit einer Verarbeitung personenbezogener Daten begründen kann. Im Gegensatz zu § 45 BDSG, für den nur Rechtsvorschriften des Bundes relevant sind, können hier Rechtsvorschriften jeglicher Art zur Anwendung kommen. Schätzungen lassen vermuten, daß es ca. 600 solcher Spezialvorschriften gibt, die eine ansonsten verbotene Verarbeitung im Einzelfall erlauben können. Jedoch wird auch diese Zahl weiter steigen.

Unter den bei dieser Untersuchung im Mittelpunkt stehenden Kostengesichtspunkten sind die bereichsspezifischen Datenschutzregelungen verhältnismäßig unbedeutend. Müssen einzelne Datenschutz- und Datensicherungsmaßnahmen an bereichsspezifische Regelungen angepaßt werden, so sind die dabei entstehenden Kosten meist vernachlässigbar gering. Auf die bereichsspezifischen Datenschutzregelungen wird daher im folgenden nicht weiter eingegangen.

d) Internationale Datenschutzregelungen

Auf internationaler Ebene sind Datenschutzaktivitäten in drei Bereichen zu beobachten:

1. Europarat,
2. Organisation für wirtschaftliche Zusammenarbeit und Entwicklung (OECD),
3. Europäische Gemeinschaft (EG).

Am 17. September 1980 genehmigte der Ministerrat des Europarates einstimmig das "Übereinkommen zum Schutz des Menschen bei der automatischen Verarbeitung personenbezogener Daten". Diese Konvention war das Ergebnis intensiver Arbeit des Datenschutzausschusses des Europarates. Dessen Überlegungen basierten insbesondere auf Art. 8 der europäischen Menschenrechtskonvention vom 4. November 1950, in dem die Privatsphäre als Teil des Schutzbereiches definiert wird. Grundlage der Konvention waren darüber hinaus die Empfehlungen des Ministerrates zum Datenschutz aus den Jahren 1973 und 1974. Die Konvention wurde von der Bundesrepublik Deutschland am 28. Januar 1981 unterzeichnet.

Der Rat der Organisation für wirtschaftliche Zusammenarbeit und Entwicklung (OECD) verabschiedete am 23. September 1980 Leitlinien zum Datenschutz (Guidelines on the Protection of Privacy and Transborder Flows of Personal Data).

Das Europäische Parlament richtete am 8. Mai 1979 eine Entschließung an die Kommission der Europäischen Gemeinschaft (EG) mit der Aufforderung, eine Richtlinie zur Harmonisierung des Datenschutzrechts in den Mitgliedsländern der EG vorzubereiten.

Die Konvention des Europarates, die Leitlinien der OECD und die Entschließung des Europäischen Parlamentes stimmen in ihren wesentlichen Punkten überein. Zentrale Gedanken des Datenschutzes sind hiernach:

- Die Verarbeitung personenbezogener Daten muß rechtmäßig sein; eine zweckfremde Nutzung muß ausgeschlossen werden.

- Die Daten müssen sachlich richtig, vollständig und aktuell sein.

- Nicht mehr benötigte Daten dürfen höchstens anonymisiert weiterverwendet werden.

- Die Verarbeitung personenbezogener Daten ist angemessen zu sichern.

- Dem Betroffenen sind die Rechte auf Auskunft, Berichtigung und Löschung einzuräumen.

- Zwischen den jeweiligen Unterzeichnerstaaten ist der grenzüberschreitende Datenverkehr zulässig, es sei denn, im Empfängerstaat herrscht ein niedrigeres Datenschutzniveau.

- Alle genannten Anforderungen an den Datenschutz sind zu verstehen als die Darstellung eines Mindeststandards, der im Rahmen der nationalen Gesetzgebung ausgefüllt und ergänzt werden muß.

Abschließend bleibt festzuhalten, daß die genannten Initiativen im internationalen Bereich in keinem Fall unmittelbare Rechtswirkung im Inland besitzen. Sie sind vielmehr Vorgaben und Richtschnur für den nationalen Gesetzgeber mit der jeweiligen Aufforderung, die Ausgestaltung des jeweiligen Datenschutzrechts an den dargestellten Grundsätzen auszurichten. Erst über die Wirkung auf die nationale Datenschutzgesetzgebung kommt ihnen eine indirekte Bedeutung für jede inländische speichernde Stelle zu. Unmittelbare Auswirkungen auf Kosten einzelner Unternehmungen haben diese internationalen Datenschutzregelungen somit nicht. Auf sie wird daher in der vorliegenden Untersuchung nicht weiter eingegangen.

III. Abgrenzung zentraler Begriffe

Die Abgrenzung zentraler Begriffe hat das Ziel, im Rahmen der vorliegenden Untersuchung zu handhabbaren Termini zu gelangen und so eine größere Verständlichkeit der Ergebnisse zu erreichen. So wird z.B. der Begriff "Unternehmung" in der wirtschaftswissenschaftlichen Literatur mit den unterschiedlichsten Begriffsinhalten versehen.[1] Es würde den Rahmen dieses Berichtes jedoch bei weitem übersteigen, wollte man an dieser Stelle auch nur oberflächlich auf die verschiedenen Ansätze eingehen. Die hier gewählten Begrifffsbestimmungen und Abgrenzungen sind daher grundsätzlich ausgerichtet an den Notwendigkeiten eines empirischen Projektes und der in diesem Zusammenhang gebotenen einfachen Handhabbarkeit.

a) Datenschutz und Datensicherung

Der Begriff "Datenschutz" wird in der vorliegenden Arbeit in enger Anlehnung an das BDSG definiert. Danach ist Gegenstand des Datenschutzes die Sorge um den Erhalt eines unantastbaren und von jedem zu respektierenden privaten Bereichs natürlicher Personen. Der Schutz von personenbezogenen Daten vor Mißbrauch ist dabei das Mittel oder Instrument, um das Ziel - den Schutz der Privatsphäre - erreichen zu können. Der Datenschutz beantwortet daher die Frage: "Was ist zu schützen?".

Demgegenüber ist Gegenstand der Datensicherung die Sicherung der Daten selbst, der DV-Anlagen, Datenträger und Übertragungswege vor Beschädigung oder Vernichtung, etwa durch Sabotage, Brand- und Wasserschäden oder Diebstahl. Die Datensicherung

---

1) Vgl. hierzu u.a. GROCHLA, Erwin: Betrieb, Betriebswirtschaft und Unternehmung. In: Handwörterbuch der Betriebswirtschaft, 4., völlig neu gestaltete Auflage, hrsg. von Erwin Grochla und Waldemar Wittmann, Stuttgart 1974, Sp. 541-557 und die dort angegebene Literatur.

befaßt sich demnach mit der physischen Aufrechterhaltung des DV-Betriebes und der Abwehr von Datenmißbrauch und Datenverfälschung. Sie betrifft nach der in der vorliegenden Untersuchung gewählten Definition Daten jeglichen Inhalts, beschränkt sich also nicht - wie der Datenschutz - auf die Sicherung personenbezogener Daten. In den Bereich der Datensicherung gehören demnach beispielsweise auch unternehmungsbezogene Daten wie Einkaufspreise, Kalkulationen u.ä. Soweit personenbezogene Daten Gegenstand der Datensicherung sind, dient diese damit gleichzeitig den Zielen des Datenschutzes und ist insoweit ein Teil von diesem.

Definitorisch läßt sich daher zusammenfassen:
Gegenstand des Datenschutzes ist die unantastbare private Sphäre natürlicher Personen. Durch den Schutz personenbezogener Daten soll der Schutz der Privatsphäre sichergestellt werden. Die Sorge des Gesetzgebers hierum hat ihren Niederschlag gefunden im Bundesdatenschutzgesetz, den Landesdatenschutzgesetzen und bereichsspezifischen Regelungen.

Gegenstand der Datensicherung sind die Daten selbst. Eine Beschränkung auf personenbezogene Daten findet nicht statt. Im Rahmen der Datensicherung werden Maßnahmen ergriffen, die eine Beschädigung oder Vernichtung der DV-Anlagen und eine mißbräuchliche Verarbeitung der Daten ausschließen sollen.

Einen Überblick über die Abgrenzung von Datenschutz und Datensicherung gibt nachfolgende Abbildung.

DATENSCHUTZ

<table>
<tr><td>Bestellung eines
Datenschutzbeauftragten</td></tr>
<tr><td>Verpflichtung der Mitar-
beiter auf das Datengeheimnis</td></tr>
<tr><td>Schulung der Mitarbeiter
in Fragen des Datenschutzes
und der Datensicherung</td></tr>
<tr><td>Einrichtung von Datenschutzauf-
sichtsbehörden u. deren Unter-
stützung durch die Unternehmungen</td></tr>
<tr><td>Ausstattung der Betroffenen
mit besonderen Rechten gegen-
über der speichernden Stelle</td></tr>
<tr><td>Datensicherung
gemäß § 6 BDSG</td></tr>
<tr><td>Datensicherung unabhängig vom BDSG</td></tr>
</table>

DATENSICHERUNG

Abb. 1: Das Verhältnis von Datenschutz und Datensicherung

b) Speichernde Stelle, Unternehmung und Wirtschaft

Die speichernde Stelle ist definiert in § 2 Abs. 3 Nr. 1 BDSG.
Diese Definition wird in der vorliegenden Untersuchung über-
nommen. Die speichernde Stelle knüpft danach an handelsrecht-
lichen Organisationsformen an. Jeder Einzelkaufmann, jede oHG,
KG, e.G., GmbH oder AG bildet für sich je eine speichernde
Stelle. Im Rahmen von Unternehmungszusammenschlüssen - z.B. in
Konzernen - gilt jede rechtlich selbständige Einheit auch als
eigene speichernde Stelle im Sinne des BDSG.

Der Unternehmungsbegriff ist demgegenüber in der vorliegenden
Untersuchung weiter gefaßt. Er umfaßt zwar keine Unternehmungen
des öffentlichen Bereichs, sondern nur privatrechtliche Unternehmungen, knüpft dabei aber nicht an juristischen, sondern an wirt-
schaftlich-organisatorischen Einheiten an. Diese Unterscheidung
ist insbesondere bei Konzernen von Bedeutung. Der Datenschutz
wird in diesen Fällen i.d.R. nicht für jede Konzerngesellschaft
- also jede speichernde Stelle - individuell geregelt, sondern
nach einheitlichen Konzernrichtlinien. Auch die entstehenden
Kosten lassen sich hier am einfachsten über die Konzernmuttergesellschaft für den gesamten Konzern erfassen. Aufgrund dieser
Praktikabilitätsgesichtspunkte geht die Kostenerhebung von der
Unternehmung aus. In zahlreichen Fällen werden daher die Daten-
schutz- und Datensicherungskosten mehrerer speichernder Stellen
in nur einem Frage- bzw. Erhebungsbogen erfaßt, soweit die speichernden Stellen zusammen wirtschaftlich-organisatorisch eine
Unternehmung - z.B. einen Konzern - bilden.

Unter "Wirtschaft" soll im Rahmen des Forschungsprojektes KODA
die Zusammenfassung aller Unternehmungen des privatwirtschaft-
lichen Bereichs verstanden werden. Die Abgrenzung des Begriffes
unterscheidet sich damit erheblich von seinem allgemeinen Verständnis im Rahmen der Wirtschaftswissenschaften. Die Kosten des
Datenschutzes bei Unternehmungen des öffentlichen Bereiches, bei
allen staatlichen Stellen und Behörden, bei Verbänden und Kammern und schließlich bei den privaten Haushalten werden nicht
erhoben, obwohl auch sie letztlich von der gesamten Volkswirtschaft getragen werden müssen. Die Unternehmungen, die in die
Untersuchung über "kostenmäßige Auswirkungen des Datenschutzes
für die Wirtschaft" einbezogen werden, ordnet das BDSG dem dritten und/oder vierten Abschnitt des Gesetzes zu. Die Einschränkung des Begriffes "Wirtschaft" auf Unternehmungen des privat-
wirtschaftlichen Bereichs erfolgt ausschließlich aus Praktikabilitätsgründen. Die Kosten der Datenschutzgesetzgebung für die
gesamte Volkswirtschaft zu untersuchen würde bei weitem den Rahmen des Projektes KODA übersteigen.

c) Kosten und Leistungen

Der Kostenbegriff unterliegt in der Betriebswirtschaftslehre unterschiedlichen Definitionen. So wird insbesondere zwischen dem wertmäßigen und dem pagatorischen Kostenbegriff unterschieden. Auf die Unterschiede kann an dieser Stelle nicht weiter eingegangen werden. Aus Praktikabilitätsgründen liegt der vorliegenden Untersuchung der pagatorische Kostenbegriff zugrunde, dessen Wertansatz auf Preisen des Beschaffungsmarktes basiert. Den unterschiedlichen Kostenbegriffen ist gemeinsam, daß sie unter Kosten den

- bewerteten,
- sachzielbezogenen
- Güterverzehr einer Periode

verstehen.

Auf den Untersuchungsgegenstand - die Kosten des Datenschutzes für die Wirtschaft - bezogen bedeutet das:

1. Unter Güterverzehr wird die Beanspruchung von menschlicher Arbeitskraft, die Benutzung von Büroräumen, die Bereitstellung von Strom, Wärme, Licht etc. verstanden.

2. Der Güterverzehr wird in Geldeinheiten bewertet.

3. Der Güterverzehr ist sachzielbezogen insoweit, als er im weitesten Sinne mit dem Datenschutz, also den Datenschutzmaßnahmen, den damit zusammenhängenden Verwaltungsprozessen, den Gesetzgebungsverfahren zum BDSG und ähnlichem verbunden ist (Verursachungsprinzip). Die Kosten des Datenschutzes gehören damit zu denjenigen, die nicht auf Grund technischer oder sonstiger unmittelbar betrieblicher Notwendigkeiten, sondern auf Grund von außen vorgegebener, gesetzlicher Verpflichtungen bei der Verfolgung des Sachziels entstehen.

Bei den Kosten des Datenschutzes handelt es sich in gleicher Höhe um betrieblichen Aufwand. Entsprechend der betriebswirtschaftlichen Terminologie kann man daher von Grundkosten bzw. Zweckaufwand sprechen.

Das Pendant zum Kostenbegriff ist der Leistungsbegriff. Erst durch die Gegenüberstellung von Kosten und Leistungen ist es möglich, zu sinnvollen Aussagen zu gelangen, die Erfolgs- oder Gewinnüberlegungen zulassen. Auf die Darstellung der unterschiedlichen Leistungsbegriffe - z.B. des kostenorientierten oder des pagatorischen Leistungsbegriffs - muß an dieser Stelle verzichtet werden. Allen Begriffen ist jedoch gemeinsam, daß sie unter Leistung

- die bewertete,
- sachzielbezogene
- Gütererstellung einer Periode
verstehen.

Durch die Umsetzung der Datenschutzvorschriften in die betriebliche Praxis entstehen Leistungen in dem oben definierten Sinne nicht, da bei der Schaffung und Aufrechterhaltung eines ordnungsgemäßen Datenschutzes nicht von sachzielbezogener Gütererstellung gesprochen werden kann. Dennoch ist nicht von der Hand zu weisen, daß von der Datenschutzgesetzgebung auch positive Effekte für die Unternehmungen ausgingen und ausgehen bzw. ausgehen können. Sie können unter dem Begriff "Nutzen" zusammengefaßt werden - einer Bezeichnung, die nicht, wie der Leistungsbegriff, in der wirtschaftswissenschaftlichen Literatur mit einem festumrissenen Begriffsinhalt versehen ist. Aussagen über die Kosten des Datenschutzes sind nur dann sinnvoll, wenn ihnen Nutzenaspekte gegenübergestellt werden. In der vorliegenden Untersuchung soll daher dieser Bereich nicht ausgespart werden. Ein besonderes Problem stellt die Quantifizierung des

Nutzens dar, da es sich zum Teil um nicht oder nur schwer quan-
tifizierbare Größen handelt wie z.B. gesteigertes Datenschutzbewußtsein oder rationellere Datenverarbeitung. Die Einzelheiten zu dieser Problematik werden in Kapitel B.I.a)5. ausführlich
behandelt.

Teil B: Qualitatives Untersuchungsergebnis – Darstellung des Datenschutzes unter Kostengesichtspunkten

Da die Kosten des Datenschutzes bisher in Theorie und Praxis weder der Art noch der Höhe nach ausreichend untersucht worden sind, bietet sich für die folgenden Ausführungen eine Zweiteilung an:

Im vorliegenden Teil B, dem ersten Hauptteil der Untersuchung, werden zunächst rein qualitative Aspekte behandelt. Der Datenschutz wird unter Kostengesichtspunkten betrachtet, wobei die möglichen Arten und Quellen von Datenschutzkosten dargestellt werden. Die Höhe dieser Kosten bleibt jedoch an dieser Stelle unberücksichtigt. Auf sie wird in Teil C, dem zweiten Hauptteil der Untersuchung, näher eingegangen. Dort werden Trendaussagen erläutert, die durch die Anwendung verschiedener empirischer Instrumentarien innerhalb des Projektes KODA gewonnen wurden.

In Kapitel I von Teil B wird zunächst der im Projekt entwickelte Kriterienkatalog dargestellt, der die möglichen Kostenquellen des Datenschutzes erfaßt und in eine systematisierte Darstellung bringt. Dieser Maximalkatalog unterteilt den Bereich "Datenschutz und Datensicherung" auf der obersten Ebene nach den jeweils betroffenen Wirtschaftseinheiten. Da es sich beim Projekt KODA jedoch um eine betriebswirtschaftliche Untersuchung handelt, stehen hier die Unternehmungen im Mittelpunkt. Die Verbände und Kammern wurden nur begrenzt behandelt sowie die privaten Haushalte und der öffentliche Bereich nur kurz erwähnt. In Kapitel II von Teil B wird anschließend der Datenschutz nochmals aufgegriffen und unter einem anderen Blickwinkel differenziert, nämlich nach Kriterien der betriebswirtschaftlichen Kostenrechnung. Kapitel III schließlich faßt das in Teil B erläuterte Untersuchungsergebnis in einem Schaubild zusammen.

I. Systematisierung der Kostenquellen

a) Datenschutz und Datensicherung in der Unternehmung

Datenschutz und Datensicherung werden bei den Unternehmungen durch entsprechende Maßnahmen realisiert, die zur Erfüllung der vom BDSG aufgestellten Verpflichtungen oder zur Erfüllung der unternehmungseigenen Sicherheitsinteressen dienen. Entsprechend der oben aufgezeigten Zielsetzung der Untersuchung (Erhebung der Folgekosten des BDSG in der Wirtschaft) werden hier nur die Verpflichtungen auf Grund des BDSG im einzelnen aufgelistet, wobei die Maßnahmen zu deren Erfüllung im Mittelpunkt stehen. Maßnahmen zur Erfüllung der Verpflichtungen werden teilweise durch das BDSG unmittelbar vorgeschrieben - z.B. die Bestellung eines betrieblichen Datenschutzbeauftragten. Teilweise wird aber auch nur ein Zielrahmen vorgegeben, so daß es der einzelnen Unternehmung überlassen bleibt, mit welchen konkreten Maßnahmen sie die gegebenen Zielvorgaben erreichen möchte. Ein Beispiel hierfür sind die im BDSG gestellten Anforderungen an die Datensicherung. Auch unter Kostengesichtspunkten sind die verschiedenen Verpflichtungen unterschiedlich zu beurteilen. Während einige - z.B. die Verpflichtung der Mitarbeiter auf das Datengeheimnis - nur relativ geringe Kosten verursachen, ist die Erfüllung anderer - z.B. die Tätigkeit eines betrieblichen Datenschutzbeauftragten oder die Datensicherung - relativ kostenintensiv.

1. Datenschutz - durchgeführt ausschließlich auf Grund des BDSG

1.1. Bestellung und Tätigkeit eines betrieblichen Datenschutz-
     beauftragten

Unternehmungen, die personenbezogene Daten für eigene Zwecke
verarbeiten, haben, sofern sie hierbei bei automatisierten Verfahren in der Regel mindestens fünf, bei nicht-automatisierten
Verfahren mindestens zwanzig Arbeitnehmer ständig beschäftigen,
gemäß § 28 BDSG einen Beauftragten für den Datenschutz zu bestellen. Entsprechendes gilt gem. § 38 BDSG in Verbindung mit
§ 28 BDSG auch für Unternehmungen, die Datenverarbeitung für
fremde Zwecke - also Auftragsdatenverarbeitung - betreiben.

Zum Datenschutzbeauftragten kann jeder Mitarbeiter der Unternehmung bestellt werden, sofern er über die erforderliche Sach-
kunde und Zuverlässigkeit verfügt und nicht Mitglied der Geschäftsleitung ist. Er ist dann als sogenannter interner Datenschutzbeauftragter für die zur Erfüllung seiner Aufgaben
benötigte Zeit ganz oder teilweise von seiner normalen Tätigkeit freizustellen.

Es kann jedoch auch eine nicht der Unternehmung angehörende
Person zum Datenschutzbeauftragten bestellt werden (externer
Datenschutzbeauftragter). In jedem Fall kann aber nur eine natürliche Person zum Datenschutzbeauftragten bestellt werden,
niemals eine juristische Person - z.B. eine Unternehmungsbera-
tungsgesellschaft.

Die Aufgaben des Beauftragten für den Datenschutz sind in § 29
BDSG festgelegt. Diese Vorschrift gilt gem. § 38 BDSG in Verbindung mit § 29 BDSG auch für Unternehmungen, die Datenverarbeitung für fremde Zwecke betreiben (Auftragsdatenverarbeitung).

Neben der allgemeinen Aufgabe, die Einhaltung des BDSG und anderer Datenschutzvorschriften sicherzustellen, hat der Datenschutzbeauftragte insbesondere 4 Schwerpunktaufgaben:

1) Er hat eine Übersicht zu führen über die Art der gespeicherten personenbezogenen Daten, über die Geschäftszwecke und Ziele, zu deren Erfüllung die Kenntnis dieser Daten erforderlich ist, über deren regelmäßige Empfänger sowie über die Art der eingesetzten automatisierten Datenverarbeitungsanlagen. Zur Erfüllung dieser Aufgabe hat der Datenschutzbeauftragte zunächst eine Bestandsaufnahme aller Dateien mit geschützten Daten durchzuführen, daraus die Übersicht zu erstellen und diese dann auf dem jeweils aktuellen Stand zu halten. Er kann sich dabei der Mitarbeit der Fachabteilungen bedienen, etwa indem diese verpflichtet werden, ihn über jede einschlägige Änderung zu unterrichten.

2) Der Datenschutzbeauftragte hat die ordnungsmäßige Anwendung der Datenverarbeitungsprogramme, mit deren Hilfe personenbezogene Daten verarbeitet werden sollen, zu überwachen. Er soll hier durch eine begleitende Kontrolle verhindern, daß es zu Manipulationen an den eingesetzten Programmen und damit zu mißbräuchlicher Verarbeitung personenbezogener Daten kommt. Bei der Erfüllung dieser Aufgabe kann der Datenschutzbeauftragte besondere Fachkräfte wie Programmierer oder Mitarbeiter der internen Revision zur Unterstützung heranziehen. Erscheint die aus unternehmungseigenem Interesse durchgeführte Überwachung der Programmanwendungen ausreichend auch zur Erfüllung der Anforderungen an den Datenschutz, kann sich der Datenschutzbeauftragte auf eine stichprobenweise oder schwerpunktartige Überprüfung der Programmerstellung, -abnahme, -änderung und -anwendung beschränken.

3) Der Datenschutzbeauftragte hat die bei der Verarbeitung personenbezogener Daten tätigen Mitarbeiter durch geeignete Maßnahmen mit den sie und ihren Bereich betreffenden Vorschriften des BDSG und Datenschutzvorschriften anderer Gesetze sowie den sich daraus ergebenden Konsequenzen für ihre Tätigkeit vertraut zu machen. Es steht ihm frei, eine solche Unterweisung selber durchzuführen oder sich der Unterstützung von
   Verbänden, Kammern oder speziellen Dienstleistungsunternehmungen zu bedienen. In jedem Fall muß er sich vergewissern,
   daß eine den Gesetzesanforderungen genügende Schulung gewährleistet ist.

   Der Schulung mit der Verarbeitung geschützter Daten befaßter
   Mitarbeiter kommt innerhalb der Datenschutzaktivitäten einer
   Unternehmung auch unter Kostengesichtspunkten eine besondere
   Bedeutung zu. Sie wird deshalb in einem gesonderten Abschnitt
   (1.3. "Schulung der Mitarbeiter") behandelt.

4) Der Datenschutzbeauftragte hat außerdem bei der Auswahl der
   in der Verarbeitung personenbezogener Daten tätigen Mitarbeiter beratend mitzuwirken. Er erfüllt diese Aufgabe, indem er die Geschäftsleitung sowohl bei der Einstellung neuer
   Mitarbeiter als auch bei der Versetzung bisheriger Mitarbeiter in vom Datenschutz betroffene Bereiche berät. Er hat
   dabei allerdings nur ein Beratungs- und kein Mitbestimmungs-
   recht. Besonders in größeren Unternehmungen bietet es sich
   für den Datenschutzbeauftragten an, generelle Einstellungs-
   grundsätze zu entwickeln, um sich bei der Auswahl neuer Mitarbeiter auf besondere Einzelfälle beschränken zu können.

Über diese im Gesetz ausdrücklich genannten Aufgaben hinaus hat
der Datenschutzbeauftragte noch weitere Einzelaufgaben zu erfüllen, um den Datenschutz sicherstellen zu können.

Er hat vor allem die nach § 6 BDSG erforderliche und bei automatisierter Datenverarbeitung an den Anforderungen der Anlage zu § 6 Abs. 1 Satz 1 BDSG auszurichtende Datensicherung zu beachten. Es sind hierzu im Gesetz keine konkreten Maßnahmen vorgeschrieben, sondern vielmehr nur Zielvorgaben genannt. Es bleibt der einzelnen Unternehmung überlassen, durch welche technischen und organisatorischen Maßnahmen sie diese realisieren möchte. Bei der Auswahl und Einführung der Maßnahmen, die unter der Berücksichtigung des Verhältnismäßigkeitsprinzips nach § 6 Abs. 1 Satz 2 BDSG erfolgen muß, sind die Fachkunde und das Urteilsvermögen des Datenschutzbeauftragten von Bedeutung.

Zu den Aufgaben des Datenschutzbeauftragten gehört es sicherzustellen, daß Speicherungen, Übermittlungen und Veränderungen personenbezogener Daten (§§ 23-25 BDSG) nur im Rahmen der gesetzlichen Datenschutzbestimmungen erfolgen, daß Benachrichtigungen und Auskünfte an Betroffene ordnungsgemäß (§ 26 BDSG) sind und daß Berichtigungen, Sperrungen und Löschungen personenbezogener Daten vorschriftsmäßig (§ 27 BDSG) durchgeführt werden. Darüber hinaus steht es ihm gemäß § 29 Satz 2 BDSG frei, sich in Zweifelsfällen an die Aufsichtsbehörde zu wenden.

Bei allen Aktivitäten muß der Datenschutzbeauftragte die jeweils gegebenen Besonderheiten der Unternehmung - z.B. ihre Organisation und geographische Streuung oder die eingesetzten Datenverarbeitungsverfahren - berücksichtigen und die Datenschutzvorschriften dementsprechend anwenden. Durch welche Einzelmaßnahmen die jeweiligen Vorschriften zu erfüllen sind, ist im Gesetz nicht konkret vorgegeben; hier bleibt dem Datenschutzbeauftragten ein verantwortungsbewußt auszufüllender Ermessensspielraum.

Die Unternehmung hat gemäß § 28 Abs. 4 BDSG die Pflicht, den betrieblichen Datenschutzbeauftragten bei der Erfüllung seiner oben beschriebenen Aufgaben zu unterstützen. Sie muß ihm die notwendigen Hilfsmittel wie Büroräume, Möbel, Telefon u.ä. zur Verfügung stellen. Auch eine Weiterbildung oder Schulung des Datenschutzbeauftragten kann zur notwendigen Unterstützung seiner Tätigkeit zählen.

Ferner sind ihm erforderlichenfalls ausreichend viele und qualifizierte Mitarbeiter zur Verfügung zu stellen. Hierbei kann es sich z.B. um Mitarbeiter handeln, die nur einzelne Teile der Unternehmung in Fragen des Datenschutzes betreuen und überwachen. Eine solche Zuteilung von Mitarbeitern kann insbesondere in grossen oder geographisch gestreuten Unternehmungen von Bedeutung sein, wenn sonst eine korrekte Aufgabenerfüllung nur schwer oder gar nicht möglich ist.

Weitere Unterstützungen, die dem Datenschutzbeauftragten gewährt werden müssen, sind freier Zugang zum Rechenzentrum und allen anderen Geschäftsräumen, die mit der Verarbeitung personenbezogener Daten in Zusammenhang stehen, sowie die Erlaubnis der Einsicht in entsprechende Geschäftsunterlagen oder Datenverarbeitungsprogramme u.ä. Darüber hinaus kann ggf. die Bildung eines Datenschutzausschusses in Betracht kommen, in dem alle mit der Kontrolle des Datenschutzes beauftragten Mitarbeiter zusammen kommen. Grundsätzlich ist die Unterstützung des Datenschutzbeauftragten bei der Erfüllung seiner Aufgaben durch die Unternehmung an den unternehmungsindividuellen Gegebenheiten auszurichten.

Unter Kostengesichtspunkten sind im Zusammenhang mit dem Datenschutzbeauftragten für die Unternehmung neben den einmalig auftretenden Kosten der Bestellung insbesondere die Bezahlung und die Pflicht, ihn bei der Erfüllung seiner Aufgaben zu unterstützen, von Bedeutung.

Bei der Bestellung eines Datenschutzbeauftragten fallen zunächst Kosten der Auswahl einer für diese Position geeigneten Person an,

da sowohl im Falle des internen als auch beim externen Datenschutzbeauftragten zeit- und damit kostenintensive Auswahlver-
fahren notwendig sind, bis ein geeigneter Bewerber zur Verfügung steht.

Bei dem eigentlichen Vorgang der Bestellung entstehen keine Kosten in nennenswerter Höhe. Es ist lediglich eine Bestellungs-
urkunde anzufertigen und zu unterschreiben.

Während die Kosten der Bestellung einmalige Kosten sind, fallen
die durch die Bezahlung des Datenschutzbeauftragten entstehenden Kosten regelmäßig an. Diese Bezahlung erfolgt bei einem externen Datenschutzbeauftragten direkt auf Grund der in Rechnung
gestellten Beträge. Beim internen Datenschutzbeauftragten ist
sie mit dem Anteil an seinen Lohn- und Gehaltskosten anzusetzen,
der dem Zeitaufwand für den Datenschutz entspricht.

Die Unterstützung des Datenschutzbeauftragten bei der Erfüllung
seiner Aufgaben, zu der die Unternehmung gemäß § 28 Abs. 4 BDSG
verpflichtet ist, verursacht zunächst Kosten durch notwendige
Hilfsmittel wie Büroräume, Möbel, Telefon u.ä., die ihm zur Verfügung gestellt werden müssen. So wird der Datenschutzbeauftragte beispielsweise einen eigenen, verschließbaren Aktenschrank
beanspruchen müssen, um die bei seiner Tätigkeit anfallenden
Aufzeichnungen über Sicherheitsrisiken und -maßnahmen ablegen zu
können. Ein solcher Aktenschrank muß dann entweder eigens ange-
schafft oder seiner bisherigen Verwendung entzogen werden und
verursacht damit Kosten.

Die Weiterbildung des Datenschutzbeauftragten verursacht Kosten
in Form von Anschaffungskosten für Literatur, Teilnahmegebühren,
Reisekosten, Spesen für Tagungen, Kongresse, Seminare u.ä.

Werden dem Datenschutzbeauftragten Mitarbeiter unterstellt, um
ihm eine angemessene Aufgabenerfüllung zu ermöglichen, verursa-

chen diese selbstverständlich ebenfalls Kosten. Ist ein solcher Mitarbeiter seine gesamte Arbeitszeit nur mit Datenschutzaufgaben befaßt, werden die Gesamtkosten seines Arbeitsplatzes - bestehend aus den Lohn- und Gehaltskosten sowie anteiligen Kosten für Schreibkräfte, Büroausstattung, Materialien etc. - hier verrechnet. Ist er nur einen Teil seiner Arbeitszeit mit solchen Aufgaben beschäftigt, darf nur der entsprechende Anteil der Gesamtkosten seines Arbeitsplatzes den Kosten des Datenschutzes zugeschlagen werden. Besonders zu beachten ist hierbei, daß keine Kosten doppelt erfaßt werden. Die Kosten eines Büros, in dem der Datenschutzbeauftragte und seine Mitarbeiter arbeiten, dürfen nicht sowohl in ihrer vollen Höhe dem Datenschutzbeauftragten zugerechnet werden als auch als anteilige Bürokosten über die Gesamtkosten der Arbeitsplätze seiner Mitarbeiter nochmals erfaßt werden.

Die Kosten der weiteren Unterstützungen, die dem Datenschutzbeauftragten gewährt werden müssen - etwa Zugang zu bestimmten Geschäftsräumen, Einsicht in relevante Geschäftsunterlagen etc. -, müssen, soweit dies möglich ist, ebenfalls erfaßt werden. Häufig treten in diesen Fällen jedoch Probleme bei der Quantifizierung dieser Kosten auf. Besteht ein Datenschutzausschuß, so müssen ebenfalls die Arbeitsplatzkosten der Ausschußmitglieder anteilig, entsprechend ihrem Arbeitsaufwand für den Ausschuß, verrechnet werden. Hinzu kommen, beispielsweise bei Mitarbeitern aus Zweigstellen, u.U. Reisekosten und Spesen sowie ggf. Kosten für ein Sitzungszimmer o.ä.

1.2. Verpflichtung der Mitarbeiter auf das Datengeheimnis

Mitarbeiter, die mit der Verarbeitung personenbezogener Daten befaßt sind, sind gemäß § 5 Abs. 2 BDSG bei der Aufnahme ihrer Tätigkeit durch die speichernde Stelle - also durch die Unternehmung - auf das Datengeheimnis zu verpflichten (§ 5 Abs. 1 BDSG).

Inhalt des Datengeheimnisses ist das Verbot, geschützte personenbezogene Daten zu einem anderen als dem zur rechtmäßigen Aufgabenerfüllung gehörenden Zweck zu verarbeiten, bekanntzugeben, zugänglich zu machen oder anderweitig zu nutzen.

Die Verpflichtung der Mitarbeiter kann auf ein entsprechend den besonderen Gegebenheiten der jeweiligen Unternehmung konkretisiertes Datengeheimnis erfolgen, um es für die Betroffenen anschaulicher zu machen. Durch diese Konkretisierung darf selbstverständlich das Datengeheimnis gemäß § 5 Abs. 1 BDSG nicht entstellt oder eingeschränkt, sondern nur näher erläutert werden.

Besondere Schwierigkeiten bei der Verpflichtung auf das Datengeheimnis bereitet die Abgrenzung des zu verpflichtenden Personenkreises. Hier können 3 Abstufungen unterschieden werden. Bei Mitarbeitern, die unmittelbar mit der Verarbeitung - d.h. der Speicherung, Übermittlung, Veränderung oder Löschung personenbezogener Daten - befaßt sind - also bei Programmierern, Datenerfassern, Operatorn, u.U. Ein- oder Verkäufern u.a. - ist es eindeutig, daß sie auf das Datengeheimnis zu verpflichten sind.

Umstritten ist dies in der juristischen Fachliteratur hingegen bei der Gruppe jener Mitarbeiter, die nicht unmittelbar, sondern nur mittelbar mit personenbezogenen Daten in Berührung kommen - z.B. Schreibkräfte, Boten oder Vervielfältiger. Bei diesen Personen, die zumindest die Möglichkeit der Einsichtnahme in zu schützende Unterlagen haben, kann es sich allerdings schon aus unternehmungseigenem Interesse anbieten, sie dem Kreis der zu Verpflichtenden zuzurechnen, auch wenn nicht endgültig und eindeutig geklärt ist, ob hierzu eine rechtliche Notwendigkeit besteht. Die dritte Gruppe umfaßt Mitarbeiter, die lediglich in der Nähe der Datenverarbeitungsanlage tätig sind - z.B. Reinigungs- oder Wartungspersonal. Die herrschende Meinung geht davon aus, daß diese Mitarbeiter i.d.R. nicht auf das Datengeheimnis verpflichtet zu werden brauchen, da sie normalerweise keine oder nur sehr geringe Mißbrauchsmöglichkeiten haben. Eine Ausnahme bilden nur wenige, hochsensible DV-Anwendungen.

Zu beachten ist ferner, daß nicht nur die Beschäftigten der DV-Abteilung oder des Rechenzentrums auf das Datengeheimnis zu verpflichten sind. Auch Mitarbeiter in den Fachabteilungen sowie freie, zeitweilige oder externe Mitarbeiter sind auf das Datengeheimnis zu verpflichten, soweit sie mit personenbezogenen Daten in Berührung kommen. Externe, etwa Techniker anderer Unternehmungen, brauchen dabei nur dann verpflichtet zu werden, wenn sie nicht bereits von ihrer eigenen Unternehmung auf das Datengeheimnis verpflichtet wurden.

Eine besondere Form ist für die Verpflichtung nicht vorgeschrieben. Sie kann z.B. durch Aufnahme entsprechender Bestimmungen in den Dienst- oder Arbeitsvertrag oder durch Ausfüllen eines entsprechenden Formulars durchgeführt werden. Umstritten ist hingegen, ob eine Bekanntmachung der Verpflichtung durch Aushang am Schwarzen Brett ausreicht, um die gegesetzliche Bestimmung zu erfüllen. Da die Unternehmung bei dieser Form der Verpflichtung im Zweifelsfall nicht nachweisen kann, daß jeder zu verpflichtende Mitarbeiter Kenntnis von der Verpflichtung erlangt hat, erscheint sie nicht ausreichend zu sein. Die Unternehmung bedarf zur Beweissicherung einer schriftlichen Bestätigung durch den Mitarbeiter.

Die Verpflichtung braucht nicht für jeden einzelnen Mitarbeiter gesondert zu erfolgen. Sammelverpflichtungen, bei denen mehrere Mitarbeiter gleichzeitig gruppenweise verpflichtet werden, sind zulässig.

Eine Verpflichtung der Mitarbeiter auf das Datengeheimnis ist selbstverständlich nur dann sinnvoll, wenn sie mit einer vor-

herigen Belehrung der Mitarbeiter über das Datengeheimnis verbunden ist. Die Belehrung kann ggf. im Rahmen einer umfangreichen Schulung vor Aufnahme der Tätigkeit erfolgen (vgl. hierzu
die nachfolgenden Ausführungen unter 1.3. "Schulung der Mitarbeiter"). Anderenfalls kann die Belehrung durch das Aushändigen
entsprechender Merkblätter, Gesetzesauszüge o.ä. erfolgen.

Bei der Verpflichtung der Mitarbeiter auf das Datengeheimnis,
insbesondere bei der Belehrung, treten vor allem Personal- und
Materialkosten auf. Personalkosten entstehen insofern, als die
Mitarbeiter für die Dauer der Verpflichtung und Belehrung von
ihrer Tätigkeit freigestellt werden müssen. Diese Kosten können
gering gehalten werden, wenn Verpflichtung und Belehrung nicht
gesondert erfolgen, sondern in Verbindung mit einer ohnehin
durchgeführten, umfangreichen Schulung der entsprechenden Mitarbeiter. Materialkosten entstehen z.B. durch die Erstellung oder
Anschaffung auszuteilender Merkblätter, Gesetzesauszüge u.ä.

Zu beachten ist, daß die Kosten des Datenschutzbeauftragten nicht
teilweise doppelt erfaßt werden. Auch soweit er sich mit der Verpflichtung der Mitarbeiter auf das Datengeheimnis befaßt, gehören
die hierdurch verursachten Kosten zu den Kosten des Datenschutzbeauftragten und dürfen nicht bei den Kosten, die die Verpflichtung auf das Datengeheimnis verursacht hat, erneut ausgewiesen
werden.

1.3. Schulung der Mitarbeiter

Unter den Aufgaben des Beauftragten für den Datenschutz ist die
Unterweisung der bei der Verarbeitung geschützter Daten tätigen
Mitarbeiter in Fragen des Datenschutzes und der Datensicherung
gemäß § 29 Satz 3 Nr. 3 BDSG eine besonders kostenintensive und
damit hier besonders bedeutsame. Die Höhe der Kosten, die der

Unternehmung durch eine Teilnahme ihrer Mitarbeiter an den Schulungsveranstaltungen entstehen, ist der Grund dafür, daß diese Kosten in einem gesonderten Punkt zusammengefaßt und nicht den Kosten für die Tätigkeit eines DSB zugerechnet werden. Dabei werden allerdings hier keine Kosten erfaßt, die beim DSB durch die Schulung entstehen, da diese bereits im Rahmen der "Bestellung und Tätigkeit eines betrieblichen Datenschutzbeauftragten" erfaßt wurden. Andernfalls würden diese Kosten doppelt erfaßt.

Durch die Schulung soll bei den mit der Verarbeitung personenbezogener Daten beschäftigten Mitarbeitern zunächst das notwendige Datenschutzbewußtsein geweckt werden. Sie sollen daraufhin insbesondere mit den für ihren Bereich relevanten Vorschriften des BDSG und anderen Bestimmungen über den Datenschutz sowie den sich daraus ergebenden praktischen Konsequenzen für ihre Tätigkeit vertraut gemacht werden.

Die Schulung muß also neben einer allgemeinen Schulung über Ziel, Sinn und Zweck des Datenschutzes auch eine auf den jeweiligen Tätigkeitsbereich des einzelnen Mitarbeiters abgestimmte spezielle Unterweisung beinhalten, welche die besonderen Verhältnisse der jeweiligen Tätigkeit berücksichtigt. So wird beispielsweise für einen mit der Dateneingabe beschäftigten Mitarbeiter die Zulässigkeit der Datenspeicherung gemäß § 23 BDSG besonders bedeutsam sein, während sie für einen bei der Datenausgabe tätigen Mitarbeiter von vergleichsweise untergeordneter Bedeutung sein dürfte. Für diesen wiederum ist etwa die in der Anlage zu § 6 Abs. 1 Satz 1 Nr. 9 BDSG vorgeschriebene Datentransportkontrolle wichtig. Jeder Mitarbeiter oder jede Mitarbeitergruppe muß daher entsprechend dem jeweiligen Tätigkeitsbereich geschult werden.

Schon aus unternehmungseigenem Interesse sollte der Kreis der zu schulenden Mitarbeiter weit gefaßt werden. Er sollte ausgerichtet werden am Kreis der Personen, die auf das Datengeheimnis verpflichtet werden.

Häufig wird eine Schulung in Datenschutz- und Datensicherungs-
fragen unternehmungsintern etwa vom DSB oder seinen Mitarbeitern
durchgeführt. Sie kann aber auch unternehmungsextern erfolgen.
Vor allem kleinere Unternehmungen werden von solchen unterneh-
mungsübergreifenden Schulungen, die z.B. von Kammern, Verbänden
oder entsprechenden Dienstleistungsunternehmungen angeboten werden, Gebrauch machen.

Die Schulung kann mündlich, also durch Unterricht, oder schriftlich erfolgen. Eine rein schriftliche Unterweisung wird dabei
häufig nicht ausreichen, da die Mitarbeiter, insbesondere solche, die mit der Organisation und der Programmierung beschäftigt
sind, umfassend über die Datenschutzbestimmungen informiert werden müssen und ihnen auch die Möglichkeit zu sofortigen Rückfra-
gen gegeben werden sollte. Auch eine rein mündliche Unterweisung
erscheint wenig sinnvoll, da es für den Mitarbeiter hilfreich
sein kann, die wichtigsten Aussagen zum Datenschutz an seinem
Arbeitsplatz jederzeit schriftlich verfügbar zu haben. Er kann
sich dann in einem Zweifelsfall u.U. sofort über die Ordnungsmäßigkeit einer Verarbeitung Klarheit verschaffen ohne gleich
den betrieblichen Datenschutzbeauftragten einschalten zu müssen.

Die geeigneteste Form der Mitarbeiterschulung in Datenschutzfragen ist somit eine von schriftlichen Unterlagen unterstützte
audiovisuelle Unterweisung.

Kosten entstehen der Unternehmung bei der Schulung zunächst durch
die zu schulenden Mitarbeiter in Höhe der Personalausfallkosten.
Findet die Schulung nicht in der Nähe des Arbeitsplatzes statt,
können zusätzlich Reisekosten und Spesen anfallen.

Die Schulung selber verursacht, sofern es sich um eine externe
Schulung handelt, Kosten in Form von Teilnahmegebühren. Findet
die Schulung als unternehmungsinterne Schulung statt, entstehen

Kosten durch die Erstellung oder Anschaffung sowie die Verteilung von Schulungs- und Informationsmaterial, wie Informations-
heften, Merkblättern, Gesetzesauszügen u.ä. Darüber hinaus können u.U. Kosten durch die Anmietung geeigneter Räumlichkeiten
oder durch die Nutzung eigener Räume entstehen. Treten bei der
Schulung unternehmungsexterne Referenten auf, so verursachen
diese Kosten in Form von Honoraren, Reisekosten und Spesen. Die
Kosten für unternehmungsinterne Referenten werden, soweit es
sich dabei um den Datenschutzbeauftragten und seine Mitarbeiter
handelt, im Rahmen der "Bestellung und Tätigkeit eines betrieblichen Datenschutzbeauftragten" erfaßt. Andernfalls, etwa wenn
ein Mitarbeiter der Organisations-, EDV- oder Personalabteilung
referiert, entstehen Kosten durch die Arbeitszeit, die diese
Mitarbeiter für die Schulung verwenden.

1.4. Unterstützung der Aufsichtsbehörde

Die nach dem jeweiligem Landesrecht zuständige Aufsichtsbehörde
hat gemäß § 30 Abs. 2 und 3 BDSG bzw. § 40 Abs. 2 BDSG gegenüber den Unternehmungen bestimmte Auskunfts- und Kontrollrechte,
während die Unternehmungen umgekehrt verpflichtet sind, die Aufsichtsbehörde bei der berechtigten Ausübung dieser Rechte zu unterstützen.

Die generelle Aufgabe der Aufsichtsbehörde als Organ der Fremdkontrolle ist die Überwachung des durchgeführten Datenschutzes.
Sie darf dabei gegenüber Unternehmungen, die personenbezogene
Daten ausschließlich für eigene Zwecke verarbeiten, nur auf die
Beschwerde eines Betroffenen oder des Datenschutzbeauftragten
hin tätig werden (Anlaßaufsicht), während sie dies gegenüber Unternehmungen, die personenbezogene Daten im Auftrag Dritter verarbeiten, auch auf eigene Initiative darf (Aufsicht von Amts wegen).

Bei ihren Kontrollen hat die Aufsichtsbehörde zunächst ein Recht auf Erteilung der Auskünfte, die der Erfüllung ihrer in § 30 Abs. 1 BDSG bzw. § 40 Abs. 1 BDSG festgelegten Aufgaben dienen. Eine verlangte Auskunft muß von der Unternehmung unverzüglich, vollständig und vor allem unentgeltlich erteilt werden. Sie kann schriftlich, z.B. in Form von Berichten, Ausarbeitungen oder Zusammenstellungen von Unternehmungsunterlagen, oder gegebenenfalls, z.B. bei Prüfungen in den Geschäftsräumen, auch mündlich gegeben werden.

Neben diesem Auskunftsrecht hat die Aufsichtsbehörde auch ein Kontrollrecht. Dies bedeutet, daß der Aufsichtsbehörde Zutritt zu den Grundstücken und Geschäftsräumen sowie Einblick in die Geschäftsunterlagen der Unternehmung gewährt werden muß, soweit dies zur Erfüllung ihrer Aufgaben nach § 30 Abs. 1 BDSG bzw. § 40 Abs. 1 BDSG nötig ist. Die Unterstützung durch die Unternehmung kann dabei z.B. in der Aufbereitung von Unterlagen und in der Bereitstellung von Räumen oder Rechnerkapazität bestehen.

Kostenwirksam sind bei der Untersützung der Aufsichtsbehörde somit insbesondere die Erteilung von Auskünften - u.U. durch das Erstellen umfangreicher Berichte - sowie die Aktivitäten, die notwendig sind, die Kontrolle durch die Aufsichtsbehörde überhaupt zu ermöglichen bzw. zu vereinfachen.

Eine weitere Verpflichtung ist die Meldepflicht gemäß § 39 BDSG für Unternehmungen, die Datenverarbeitung für fremde Zwecke betreiben. Diese Unternehmungen mit Auftragsdatenverarbeitung müssen die Aufnahme ihrer Tätigkeit binnen eines Monats bei der zuständigen Aufsichtsbehörde anmelden und dabei bestimmte, in § 39 Abs. 2 BDSG im einzelnen aufgeführte Angaben über die Unternehmung und ihre Datenverarbeitung machen. Die bei der Zusammenstellung und Übermittlung dieser Angaben entstehenden Kosten sind i.d.R. jedoch gering.

1.5. Berücksichtigung der Rechte des Betroffenen

Die Rechte des von der Datenverarbeitung Betroffenen gegenüber der speichernden Stelle werden zusammenfassend in § 4 BDSG aufgeführt. Einzelbestimmungen finden sich hingegen in den verschiedenen Abschnitten des Gesetzes, um den jeweils unterschiedlichen Notwendigkeiten Rechnung tragen zu können.

Gemäß § 4 BDSG hat der Betroffene grundsätzlich ein Recht auf Auskunft über die zu seiner Person gespeicherten Daten, sowie unter gewissen Umständen ein Recht auf Berichtigung, Sperrung oder Löschung dieser Daten.

Die Auskunft an den Betroffenen ist für Unternehmungen, die Datenverarbeitung für eigene Zwecke betreiben, in § 26 BDSG geregelt, für Unternehmungen, die Auftragsdatenverarbeitung betreiben, in § 34 BDSG. Demnach müssen die Unternehmungen den Betroffenen gemäß § 26 Abs. 1 BDSG bzw. § 34 Abs. 1 BDSG von der erstmaligen Speicherung bzw. Übermittlung von Daten zu seiner Person auf ihre Kosten in Kenntnis setzen, soweit er diese Kenntnis nicht schon auf andere Weise erlangt hat. Ferner ist dem Betroffenen gemäß § 26 Abs. 2-4 BDSG bzw. § 34 Abs. 2-4 BDSG auf Anfrage Auskunft über sämtliche zu seiner Person gespeicherten Daten zu geben. Die Auskunft sollte schon aus Beweisgründen schriftlich erteilt werden, es sei denn, daß der Betroffene ausdrücklich auf die Schriftform verzichtet.

Ergibt sich bei der Auskunft, daß die abgefragten Daten weder unzulässig noch unrichtig gespeichert waren, und mußte der Betroffene auch nicht begründet annehmen, daß dies der Fall sei, so kann die Unternehmung von ihm für die Auskunft ein Entgelt verlangen. Ansonsten muß sie dem Betroffenen die Auskunft grundsätzlich kostenfrei erteilen.

Ausnahmen von diesem Grundsatz, die im Umkehrschluß aus § 26
Abs. 3 Satz 2 dritter Halbsatz BDSG bzw. § 34 Abs. 3 Satz 2
dritter Halbsatz BDSG folgen, sind jedoch zu beachten:

- Zum einen kann die Unternehmung demnach vom Betroffenen ein
  Entgelt für die Auskunft verlangen, wenn dieser die Löschung
  von Daten verlangt, deren Kenntnis für den Zweck der Speicherung nicht mehr erforderlich ist (im 3. Abschnitt des BDSG)
  bzw. bei denen das fünfte Kalenderjahr nach der Speicherung
  abgelaufen ist (im 4. Abschnitt des BDSG). Verlangt der Betroffene in den genannten Fällen die Löschung, verliert die speichernde Stelle ihr Wahlrecht auf Sperrung oder Löschung. Auf
  der anderen Seite gewinnt sie jedoch das Recht, für die Löschung vom Betroffenen ein Entgelt zu verlangen.

- Die zweite Ausnahme besagt, daß ein Entgelt für die Auskunft
  erhoben werden kann, sofern diese sich auf besonders sensitive
  Daten bezieht und diese Daten gelöscht werden müssen, da ihre
  Richtigkeit von der Unternehmung nicht bewiesen werden kann.
  Als besonders sensitive Daten sind dabei Daten über gesundheit-
  liche Verhältnisse, strafbare Handlungen, Ordnungwidrigkeiten
  sowie religiöse oder politische Anschauungen anzusehen. Dieser
  Sachverhalt trifft selbstverständlich nur zu, wenn auch der Betroffene die richtigen Daten nicht nennen kann oder will, da
  ansonsten die unrichtigen Daten nur berichtigt werden müssen,
  jedoch weiter gespeichert werden dürfen.

Das Entgelt, das die Unternehmung für die Auskunft gegebenenfalls
vom Betroffenen verlangen kann, darf nicht über die der Auskunftserteilung direkt zurechenbaren Kosten hinausgehen. In das
Entgelt dürfen also nur Einzelkosten eingehen, z.B. Porto- oder
Materialkosten. Darüber hinaus auftretende Gemeinkosten, z.B.
die in der Regel nicht direkt zurechenbaren Personal- und Rech-
nerkosten, müssen hingegen von der Unternehmung selbst getragen

werden. Sie dürfen auch nicht anteilsmäßig hinzugerechnet werden. Ebenfalls nicht in das Entgelt eingehen dürfen Kosten, die entstanden sind, weil die Datenverarbeitung, die Datenorganisation usw. geändert wurden, um die Auskunftserteilung überhaupt erst zu ermöglichen oder praktikabler zu gestalten.

Kosten entstehen der Unternehmung durch das Recht des Betroffenen auf Auskunft demnach einerseits durch eine evtl. notwendige Benachrichtigung über die erstmalige Speicherung bzw. Übermittlung seiner Daten sowie andererseits durch die Erteilung einer von ihm verlangten Auskunft über die zu seiner Person gespeicherten Daten. Waren diese Daten unzulässig oder unrichtig gespeichert oder bestand zumindest die begründete Annahme, daß dies der Fall sei, so hat die Unternehmung die Kosten der Auskunft in voller Höhe selbst zu tragen - zu beachten sind dabei jedoch die beiden oben genannten Ausnahmen. Darf sie ein Entgelt verlangen, entstehen ihr i.d.R. dennoch zusätzliche Kosten, da das Entgelt, das sie vom Betroffenen verlangen kann, die mit der Auskunftserteilung insgesamt zusammenhängenden Kosten häufig nicht ausgleichen kann.

Neben dem Recht auf Auskunft hat der Betroffene gegenüber der Unternehmung gemäß § 27 BDSG bzw. § 35 BDSG unter bestimmten Voraussetzungen auch ein Recht auf Berichtigung, Sperrung oder Löschung der ihn betreffenden gespeicherten Daten.

Eine Übersicht darüber, wann eine Berichtigung, Sperrung oder Löschung der personenbezogenen Daten zu erfolgen hat, gibt Abbildung 2 auf Seite 43. Die oben bereits ausgeführten Fälle, in denen die Unternehmung vom Betroffenen ein Entgelt für die Auskunft verlangen kann, sind dabei durch eine stärkere Umrandung gekennzeichnet.

Eine Erstattung der durch Berichtigung oder Sperrung personenbezogener Daten entstandenen Kosten kann die Unternehmung vom Betroffenen nicht verlangen. Aus vertraglichen Beziehungen zwischen Unternehmung und Betroffenem kann sich evtl. jedoch etwas anderes ergeben, etwa bei schuldhaft falschen Angaben durch den Betroffenen. Im Normalfall jedoch muß die Unternehmung die Kosten für Berichtigungen oder Sperrungen und bis auf die genannten Ausnahmen auch für Löschungen gemäß § 27 BDSG bzw. § 35 BDSG in voller Höhe selbst tragen.

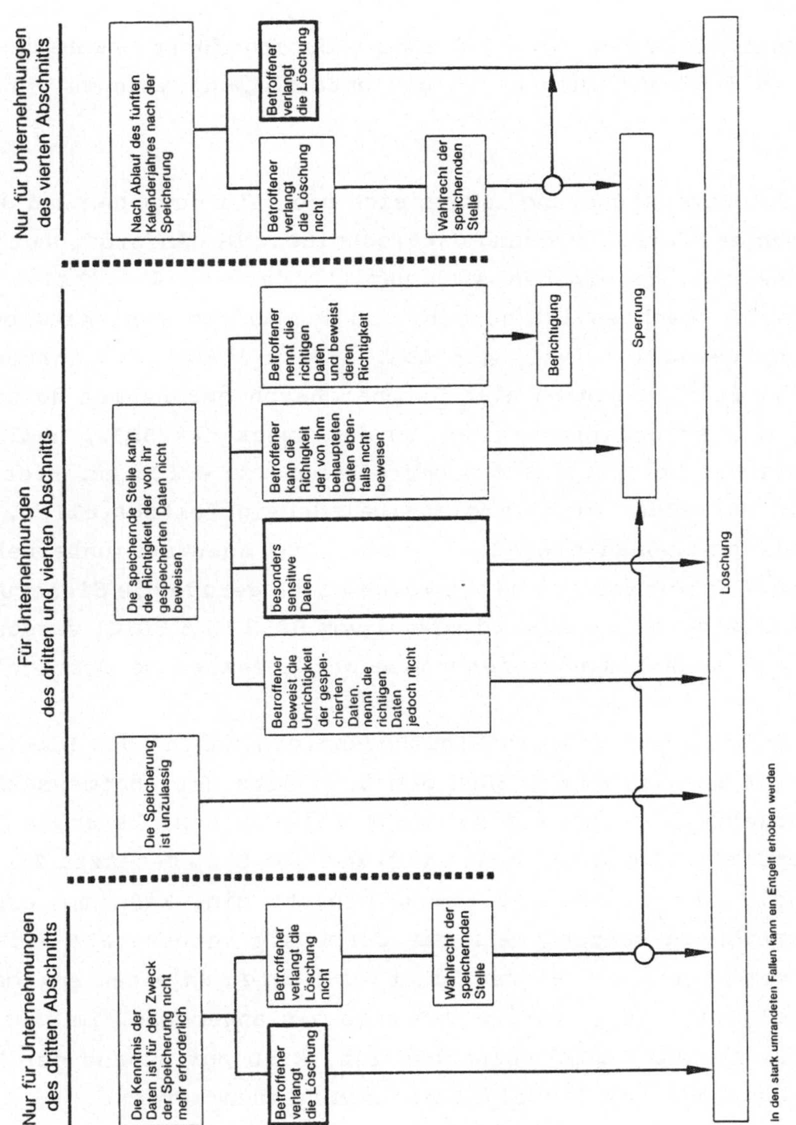

Abb. 2: Durchsetzbarkeit der Rechte des Betroffenen auf Berichtigung, Sperrung und Löschung

Quelle: GROCHLA, Erwin; WEBER, Helmut; WERHAHN, Thomas: Betrieblicher Datenschutz für Mitarbeiter – Ein Handbuch für die unternehmungsinterne Schulung. Köln 1983, S. 59.

2. Datensicherung gem. § 6 BDSG - durchgeführt sowohl auf Grund des BDSG als auch auf Grund unternehmungseigenen Interesses

Bei der Datensicherung lassen sich die Anforderungen und die Maßnahmen der Datensicherung unterscheiden. Die Anforderungen an die Datensicherung ergeben sich unmittelbar aus § 6 Abs. 1 Satz 1 BDSG. Zu beachten ist jedoch, daß der Anforderungskatalog nicht abschließend ist (vgl. § 6 Abs. 1 Satz 1 BDSG "...insbesondere ..."). Es sind danach alle Datensicherungsmaßnahmen durchzuführen, die erforderlich sind, um den Zweck des BDSG, nämlich den Schutz der Privatspäre des Betroffenen, zu erfüllen. Hierbei ist es in der Regel nicht möglich, eindeutig festzustellen, ob die jeweilige Maßnahme eindeutig vom BDSG oder aus unternehmungseigenem Interesse initiiert wurde, denn gerade die Sicherung personenbezogener Daten wird sowohl vom BDSG (§ 6 BDSG) vorgeschrieben als auch aus unternehmungseigenem Interesse durchgeführt.

Die Erfüllung der Datensicherungsanforderungen des BDSG ist gemäß § 6 Abs. 1 Satz 2 BDSG dem Grundsatz der Angemessenheit zu unterwerfen. Demnach sind nicht alle Datensicherungsmaßnahmen erforderlich, die geeignet sind, das vom BDSG gesetzte Ziel vollständig zu erreichen. Vielmehr braucht eine Maßnahme erst dann getroffen zu werden, wenn der durch sie verursachte Aufwand zu dem vom Gesetz verlangten Schutz der Daten in einem angemessenen Verhältnis steht. Ob eine Maßnahme als angemessen im Sinne von § 6 Abs. 1 Satz 2 BDSG anzusehen ist, kann nur anhand der konkreten Umstände des Einzelfalles entschieden werden.

In den nun folgenden Abschnitten soll eine kurze Darstellung der Anforderungen des BDSG an die Datensicherung in der Unternehmung (2.1) und eine Beschreibung von Maßnahmen der Datensicherung (2.2) erfolgen.

2.1. Anforderungen des BDSG an die Datensicherung

2.1.1. Zugangskontrolle

Nr. 1 der Anlage zu § 6 Abs. 1 Satz 1 BDSG verlangt,
> "... Unbefugten den Zugang zu Datenverarbeitungsanlagen, mit
> denen personenbezogene Daten verarbeitet werden, zu verweh-
> ren (Zugangskontrolle)".

Ausgehend von der Begriffsbestimmung des deutschen Normenaus-
schusses kann man die Datenverarbeitungsanlage als "die Gesamtheit der Baueinheiten, aus denen ein Rechensystem aufgebaut ist"
definieren (DIN 44 300). Diese Definition der Datenverarbeitungsanlage impliziert, daß die Zugangskontrolle nicht nur für Räumlichkeiten notwendig ist, in denen Datenendgeräte (etwa Termi-
nals) stehen, die einen Zugriff auf personenbezogene Daten erlauben, sondern auch für alle Räumlichkeiten, in denen Datenträger abgelegt oder aufbewahrt werden, sowie für Räume, in denen
periphere Geräte (etwa externe Speicher) installiert sind.

Ein zweiter noch zu klärender Begriff ist der des Befugten bzw.
des Unbefugten. Zugangsbefugt ist nur derjenige, der sich auf
Grund seiner Stellen- oder Funktionsbeschreibung zur Wahrnehmung seiner Aufgaben der Datenverarbeitungsanlage bedienen muß
und somit auf die Datenverarbeitung einwirken kann, zumindest
aber Einsicht in die Datenbestände erlangen kann. Die Zugangs-
befugnis sollte außerdem nur für denjenigen Teil der Datenverarbeitungsanlage gewährt werden, der für die Aufgabenerfüllung
unbedingt erforderlich ist.

Die Möglichkeiten der Bestimmung des Berechtigtenkreises sowie
Maßnahmen der Raumsicherung gegenüber Unbefugten sind in Kapitel 2.2. "Maßnahmen der Datensicherung" näher beschrieben.

2.1.2. Abgangskontrolle

Nr. 2 der Anlage zu § 6 Abs. 1 Satz 1 BDSG verlangt,

> "... Personen, die bei der Verarbeitung personenbezogener Daten tätig sind, daran zu hindern, daß sie Datenträger unbefugt entfernen (Abgangskontrolle)".

Die Abgangskontrolle erstreckt sich laut allgemeiner Rechtsauffassung nicht nur auf Personen, die unmittelbar in der Datenverarbeitung tätig sind, sondern auch auf solche, die die faktische Möglichkeit besitzen, Datenträger aus dem Bereich der Verarbeitung zu schützender Daten zu entfernen. Hierbei ist es unerheblich, ob sich die Daten auf dem Datenträger in Form einer Datei befinden. Nr. 2 bezieht alle Arten von Datenträgern mit ein, gleichgültig ob sie maschinell lesbar sind oder nicht, ob es z.B. Ausdrucke oder Microfiches sind. Ausschlaggebend ist, daß die Datenträger im Zusammenhang mit der Verarbeitung personenbezogener Daten genutzt werden.

Gemäß DIN 44 300 Nr. 22 ist ein Datenträger ein Mittel, auf dem Daten aufbewahrt werden können. Der Gefahr, daß auf Grund dieser weiten Definition bereits bei geringfügigsten Aufzeichnungen eine umfassende Abgangskontrolle durchgeführt werden muß, begegnet das Verhältnismäßigkeitsprinzip in § 6 Abs. 1 Satz 2 BDSG.

Abschließend sei zur Erläuterung der Abgangskontrolle noch der Begriff "entfernen" präzisiert. Gemeint ist hiermit nicht nur die Entfernung von Datenträgern aus dem Bereich der speichernden Stelle, sondern auch das Entfernen von Datenträgern aus dem Bereich der Verarbeitung personenbezogener Daten. Somit gehört auch das Umstellen eines Datenträgers an einen falschen Platz innerhalb des Datenverarbeitungsbereichs zu den von Nr. 2 erfaßten Fällen. An diesem Beispiel wird deutlich, daß das BDSG nicht nur direkte Verhinderungsmaßnahmen, sondern auch vorbeugende Präventivmaßnahmen fordert. Der Begriff des Entfernens wird deshalb so umfassend definiert, um einer Weitergabe, Verarbeitung oder Löschung personenbezogener Daten vorzubeugen. Ebenso wie es nicht darauf ankommt, wieviele personenbezogene Daten entfernt werden, ist selbstverständlich auch die Dauer der Entfernung nicht maßgebend für das Vorliegen eines Verstoßes gegen das BDSG.

2.1.3. Speicherkontrolle

Nr. 3 der Anlage zu § 6 Abs. 1 Satz 1 BDSG verlangt,

> "... die unbefugte Eingabe in den Speicher sowie die unbefugte Kenntnisnahme, Veränderung oder Löschung gespeicherter personenbezogener Daten zu verhindern (Speicherkontrolle)".

Unter 'Eingabe in den Speicher' ist jedwedes Erfassen, Aufnehmen oder Aufbewahren von zu schützenden Daten auf einen Datenträger zum Zwecke ihrer weiteren Verwendung (§2 Abs. 2 Satz 1 BDSG) zu verstehen. Unerheblich für die Speicherkontrolle ist es, ob es sich um externe Speicher oder aber um den Arbeitsspeicher selbst handelt.

Unter Kenntnisnahme ist sowohl das unmittelbare - etwa über ein Terminal - als auch das mittelbare - zum Beispiel über einen Ausdruck - geistige Aufnehmen der Daten zu verstehen.

Die beiden Begriffe der Veränderung und der Löschung sind wieder direkt im § 2 Abs. 2 Sätze 3 und 4 BDSG definiert. Demnach wird unter 'Verändern' das inhaltliche Umgestalten der Daten und unter 'Löschen' das Unkenntlichmachen gespeicherter Daten verstanden.

Schließlich ist erneut die Präzisierung des befugten Personenkreises notwendig. Schon im Rahmen der Zugangskontrolle werden
nur diejenigen Personen als befugt angesehen, zu deren rechtmäßigen Aufgaben die Verarbeitung personenbezogener Daten gehört. Eine Einengung des Personenkreises findet bei der Speicherkontrolle nur insoweit statt, als bestimmte Personen für
ihre zielgerechte Aufgabenerfüllung lediglich Zugang zu einer
Eingabestation benötigen, genauso wie andere lediglich mit der
Löschung oder Veränderung personenbezogener Daten beauftragt
sind.

2.1.4. Benutzerkontrolle

Nr. 4 der Anlage zu § 6 Abs. 1 Satz 1 BDSG verlangt,

> "... die Benutzung von Datenverarbeitungssystemen, aus denen
> oder in die personenbezogene Daten durch selbsttätige Ein-
> richtungen übermittelt werden, durch unbefugte Personen zu
> verhindern (Benutzerkontrolle)".

Im Rahmen der Benutzerkontrolle wird erstmals eine Einschränkung auf selbsttätige Einrichtungen vorgenommen, bei denen das
Datenverarbeitungssystem zur Übermittlung von Daten benutzt
wird. Hierbei bezieht sich der Gesetzgeber auf den speziellen,
nur in der automatisierten Datenverarbeitung auftretenden Fall
der Datenfernverarbeitung im On-line-Betrieb ("selbsttätige Einrichtungen"). Eine weitere Einschränkung wird durch den in § 2
Abs. 2 Ziffer 2 BDSG definierten Begriff "Übermitteln" vorgenommen. Demnach erfolgt eine Übermittlung nur dann, wenn Daten in
irgendeiner Form an Dritte weitergegeben werden. Dies wiederum
bedeutet, daß eine Übermittlung z.B. dann nicht vorliegt, wenn
eine Auftragsdatenverarbeitung im Sinne von § 31 BDSG erfolgt,
da der Auftragnehmer nicht Dritter nach § 2 Abs. 3 Nr. 2 BDSG
ist.

Anders als die Zugangskontrolle, die sich auf abgrenzbare, materielle Baueinheiten bezieht, liegt der Benutzerkontrolle der eher funktional orientierte Begriff des Datenverarbeitungssystems zugrunde. Das Datenverarbeitungssystem wird in der DIN 44 300 Nr. 99 als eine "Funktionseinheit zur Verarbeitung von Daten, nämlich zur Durchführung mathematischer, umformender, übertragender und speichernder Operationen" beschrieben. Während also Bezugspunkt der Zugangskontrolle eine räumlich-physikalische Größe ist, bezieht sich die Benutzerkontrolle auf die Funktionskomponenten Benutzer, Hardware, Software und Daten.

Ziel der Benutzerkontrolle ist es, die Nutzung des Datenverarbeitungssystems durch unbefugte Personen zu verhindern. Bei der Benutzerkontrolle wird die speichernde Stelle lediglich verpflichtet festzustellen, ob eine - etwa von der Unternehmungsleitung festgelegte - Benutzungsberechtigung vorliegt. Erst im Rahmen der Zugriffskontrolle (Nr. 5 der Anlage zu § 6 Abs. 1 Satz 1 BDSG) erfolgt eine Überprüfung der befugten Personen dahingehend, ob sie auch im Rahmen ihrer Befugnisse handeln. Hierbei hat die speichernde Stelle darauf zu achten, daß die Befugnisse und Aufgaben nicht über den datenschutzrechtlich vertretbaren Rahmen hinausgehen (vgl. hierzu auch Nr. 10 der Anlage zu § 6 Abs. 1 Satz 1 BDSG: Organisationkontrolle).

2.1.5. Zugriffskontrolle

Nr. 5 der Anlage zu § 6 Abs. 1 Satz 1 BDSG verlangt,
> "... zu gewährleisten, daß die zur Benutzung eines Datenverarbeitungssystems Berechtigten durch selbsttätige Einrichtungen ausschließlich auf die ihrer Zugriffsberechtigung unterliegenden personenbezogenen Daten zugreifen können (Zugriffskontrolle)".

Mit Hilfe der Zugriffskontrolle versucht der Gesetzgeber, den Zugriff des generell autorisierten Benutzers auf solche personenbezogenen Daten einzuengen, auf die er - z.B. autorisiert durch die Unternehmungsleitung - berechtigt zugreifen darf. Die Regelung der individuellen Zugriffsberechtigungen - etwa in Form von Stellenbeschreibungen - fällt in den Aufgabenbereich der Organisationskontrolle (Nr. 10 der Anlage zu § 6 Abs. 1 Satz 1 BDSG). Die Zugriffsberechtigung kann sich auf eine definierte Art von Daten beziehen oder auf bestimmte Tätigkeiten wie etwa nur das Speichern oder nur das Löschen. Gerade in dieser eindeutigen Festlegung der Zugriffsberechtigung liegt das besondere Problem der Zugriffskontrolle, da die einmal bestimmten Zugriffsrechte bei organisatorischen Änderungen (z.B. Umstellungen in der Personalstruktur, Änderungen der stellenbezogenen Aufgabenbereiche usw.) dementsprechend angepaßt werden müssen.

Das Ziel des Zugriffs ist es, sich den Informationswert der Daten verfügbar zu machen. Dieses Begriffsverständnis macht die ergänzende Bedeutung der Zugriffskontrolle neben der Benutzer- und der Speicherkontrolle deutlich. Während die Benutzerkontrolle die Benutzung von Datenstationen im allgemeinen regelt und sich die Speicherkontrolle nur auf die Speichereingabe und den Speicherzugriff bezieht, erfaßt die Zugriffskontrolle sämtliche Regelungen individueller Zugriffsnotwendigkeiten und -berechtigungen. Jedoch beschränkt der Gesetzgeber den Geltungsbereich der Zugriffskontrolle auf selbsttätige Einrichtungen, also auf den On-line-Betrieb. Der Zugriff zu gespeicherten Daten im Batch-Betrieb wird von ihr daher nicht abgedeckt.

2.1.6. Übermittlungskontrolle

Nr. 6 der Anlage zu § 6 Abs. 1 Satz 1 BDSG verlangt,
> "... zu gewährleisten, daß überprüft und festgestellt werden kann, an welche Stellen personenbezogene Daten durch selbsttätige Einrichtungen übermittelt werden können (Übermittlungskontrolle)".

Gemäß § 2 Abs. 2 Nr. 2 BDSG ist Übermitteln "das Bekanntgeben gespeicherter oder durch Datenverarbeitung unmittelbar gewonnener Daten an Dritte in der Weise, daß die Daten durch die speichernde Stelle weitergegeben oder zur Einsichtnahme, namentlich zum Abruf bereitgehalten werden".

Anhand dieser Definition wird eine Voraussetzung deutlich, die für die Anwendung der Übermittlungskontrolle erfüllt sein muß: die Möglichkeit der Weitergabe von Daten an Dritte. Dies bedeutet für die Unternehmung, daß die Datenweitergabe innerhalb der speichernden Stelle nicht durch die Übermittlungskontrolle erfaßt wird, da in diesem Falle keine Daten an Dritte weitergegeben werden.

Der enge sachliche Zusammenhang der Übermittlungskontrolle mit der Benutzer-, der Speicher- und der Zugriffskontrolle gibt der speichernden Stelle die Möglichkeit, durch ein abgestimmtes Maßnahmenbündel gleichzeitig mehreren der genannten Zielvorgaben gerecht zu werden. Da das Gesetz nicht eine Protokollierung aller Übermittlungsvorgänge verlangt, sondern lediglich die Nachprüfbarkeit der Übermittlungsmöglichkeiten, sind die erforderlichen Maßnahmen schon zu einem großen Teil durch diejenigen abgedeckt, die auf Grund der Anforderungen in den Nrn. 3 - 5 der Anlage zu § 6 Abs. 1 Satz 1 BDSG getroffen werden.

Obwohl gemäß BDSG lediglich eine Überprüfung der Datenübermittlungsmöglichkeiten gewährleistet sein muß, kann es im Eigeninteresse der datenverarbeitenden Stelle liegen, jede einzelne Datenübermittlung an Dritte zu protokollieren. Liegen solche Protokolle vor, ist es dem Datenschutzbeauftragten unter Berufung auf die Übermittlungskontrolle erlaubt, Einsicht in diese Protokolle zu verlangen.

2.1.7. Eingabekontrolle

Nr. 7 der Anlage zu § 6 Abs. 1 Satz 1 BDSG verlangt,
> "... zu gewährleisten, daß nachträglich überprüft und fest-
> gestellt werden kann, welche personenbezogenen Daten zu wel-
> cher Zeit von wem in Datenverarbeitungssysteme eingegeben
> worden sind (Eingabekontrolle)".

Aufgabe der Eingabekontrolle ist also weder die permanante Überwachung der Dateneingabe noch das vorbeugende Entgegenwirken
gegen die mißbräuchliche Eingabe in Datenverarbeitungssysteme,
sondern - genau wie bei der Übermittlungskontrolle - lediglich
die Sicherstellung von nachträglichen Kontrollmöglichkeiten.

Trotz dieser ex-post-Funktion der Eingabekontrolle besteht eine
abschreckende Wirkung, da Nichteingabeberechtigte mit der nachträglichen Aufdeckung ihrer Dateneingabe anhand von Protokollen
rechnen müssen. Die Protokollierung kann somit als eine der
unverzichtbaren Maßnahmen der Eingabekontrolle angesehen werden.
Mit Hilfe der Eingabekontrolle soll aber auch verhindert werden,
daß etwa die Aufzeichnung von Protokollen manipuliert, nachträg-
lich verfälscht oder sogar ganz umgangen wird. Ebenfalls in
diesen Bereich gehört die Sicherung der angefertigten Aufzeichnungen, um einer fahrlässigen oder vorsätzlichen Zerstörung
entgegenzuwirken.

Bei der Aufbewahrungsfrist - das BDSG macht generell keine Angaben über die Aufbewahrungsfristen - sollte grundsätzlich davon
ausgegangen werden, daß die Aufzeichnungen solange aufzubewahren
sind, wie es zum Zwecke der meist ohnehin durchgeführten Kontrollen von Systemleistungen üblich ist.

Problematisch bei der Protokollierung der Dateneingabe ist in
der Praxis immer wieder die Abgrenzung des einzubeziehenden Personenkreises. Da sich eine Dateneingabe oft über mehrere Stufen

vollzieht, ist es in der Regel nicht ausreichend, nur den Operator namentlich in dem Protokoll festzuhalten. In diesem Fall würden Personen wie etwa der Sachbearbeiter, der die Eingabe veranlaßt, oder auch derjenige, der das Protokoll auszuwerten hat - also Personen, die nicht direkt mit der physischen Dateneingabe befaßt sind - nicht in dem Protokoll erfaßt, obwohl auch sie - zumindest indirekt - die Möglichkeit einer unbefugten Dateneingabe haben. In der Praxis bedarf die Frage des relevanten Personenkreises daher in jedem Einzelfall einer eingehenden Prüfung. Unter Berücksichtigung des Verhältnismäßigkeitsprinzips ist der Kreis aufzuzeichnender Personen letztlich abhängig von der Sensibilität der gespeicherten Daten.

2.1.8. Auftragskontrolle

Nr. 8 der Anlage zu § 6 Abs. 1 Satz 1 BDSG verlangt,

> "... zu gewährleisten, daß personenbezogene Daten, die im Auftrag verarbeitet werden, nur entsprechend den Weisungen des Auftraggebers verarbeitet werden können (Auftragskontrolle)".

Die Auftragskontrolle ist eine Ergänzung zu den §§ 8 Abs. 2 Satz 2 und 37 BDSG, welche die Verarbeitung geschützter Daten im Auftrag in jeder der in § 1 Abs. 1 BDSG genannten Phasen nur im Rahmen der Weisungen des Auftraggebers zulassen. Der Auftraggeber hat daher in diesen Fällen eigenverantwortlich auf die Zulässigkeitsvoraussetzungen zu achten.

Die Auftragskontrolle nennt die Anforderungen an das Verhältnis Auftraggeber - Auftragnehmer und leistet so einen Beitrag zum Schutz personenbezogener Daten - d.h. dem Schutz des Betroffenen. Nr. 8 fordert Maßnahmen, die gewährleisten sollen, daß schutzwürdige Daten nicht in die Hände von nichtberechtigten, also vom Auftraggeber nicht autorisierten Personen gelangen.

Daß die Datenverarbeitung im Auftrag bei zwei rechtlich selbständigen speichernden Stellen den Anforderungen der Auftragskontrolle genügen muß, ist unbestritten. Aus Gründen einer ordnungsgemäßen Datenverarbeitung sollte jede speichernde Stelle jedoch zusätzlich prüfen, ob sich auch intern im Verhältnis zwischen Fachabteilung und DV-Abteilung die Grundsätze der Auftragskontrolle befolgt.

Von besonderer Bedeutung im Rahmen der Auftragskontrolle ist die Organisation der datenverarbeitenden Stelle. So ist durch die auftragnehmende speichernde Stelle z.B. sicherzustellen, daß unterschiedliche Aufträge so getrennt werden, daß nicht auf die Daten oder Programme eines anderen Auftrags Zugriff genommen oder in sonst irgendeiner Art und Weise Einfluß ausgeübt werden kann.

2.1.9. Transportkontrolle

Nr. 9 der Anlage zu § 6 Abs. 1 Satz 1 BDSG verlangt,

> "... zu gewährleisten, daß bei der Übermittlung personenbezogener Daten sowie beim Transport entsprechender Datenträger diese nicht unbefugt gelesen, verändert oder gelöscht werden können (Transportkontrolle)".

Ein Datentransport liegt vor, wenn personenbezogene Daten übermittelt werden. Übermitteln ist gem. § 2 Abs. 2 Nr. 2 BDSG die Bekanntgabe gespeicherter Daten an Dritte außerhalb der speichernden Stelle. Darüber hinaus liegt ein Datentransport vor beim Transport von Datenträgern, auf denen personenbezogene Daten gespeichert sind.

Nicht von der Transportkontrolle erfaßt wird somit eine Übertragung personenbezogener Daten innerhalb der speichernden Stelle. Da die Auflistung einzelner Kontrollen in der Anlage zu § 6

Abs. 1 Satz 1 BDSG jedoch nur exemplarischen Charakter hat, sind bei einer solchen Übertragung entsprechend dem allgemeinen Grundsatz in § 6 Abs. 1 BDSG ebenfalls angemessene Schutzmaßnahmen durchzuführen.

Durch die Transportkontrolle werden zunächst Maßnahmen erforderlich, die das unbefugte Lesen während des Transports verhindern sollen. Hierbei wird unter 'lesen' jede sinnliche oder technische (etwa fotografische) Aufnahme der Daten verstanden. Zusätzlich werden Maßnahmen gefordert, die das unbefugte Verändern oder Löschen der Daten verhindern. Von besonderer Bedeutung ist daher die Auswahl der für den Transport zuständigen Personen. Dieses Problem, das zum organisatorischen Aufgabenbereich der Datensicherung gehört, wird bei der Darstellung der Anforderungen der Organisationskontrolle gemäß Nr. 10 der Anlage zu § 6 Abs. 1 Satz 1 BDSG behandelt. Überschneidungen der Transportkontrolle gibt es außer mit der Organisationskontrolle auch mit der Abgangskontrolle und im Fall selbsttätiger Einrichtungen mit der Übermittlungskontrolle.

Abschließend sei darauf hingewiesen, daß die Transportkontrolle in erster Linie präventiven Charakter hat und keine ex-post-Maßnahmen fordert, wie dies etwa bei der Eingabekontrolle der Fall ist.

2.1.10. Organisationskontrolle

Nr. 10 der Anlage zu § 6 Abs. 1 Satz 1 BDSG verlangt,
> "... die innerbehördliche oder innerbetriebliche Organisation so zu gestalten, daß sie den besonderen Anforderungen des Datenschutzes gerecht wird (Organisationskontrolle)".

Die Organisationskontrolle ist im Vergleich zu den übrigen neun Kontrollen umfassender und damit übergreifend zu verstehen.

Mit ihr werden die übrigen Anforderungen an die Datensicherung noch einmal zusammengefaßt. Wie die übrigen Anforderungen gemäß der Anlage zu § 6 Abs. 1 Satz 1 BDSG gilt auch die Organisationskontrolle nur bei einer zumindest teilweise automatisierten Verarbeitung personenbezogener Daten. Sind sie jedoch relevant, beziehen sich die Kontrollen nicht etwa nur auf den automatisierten Bereich der Datenverarbeitung. Vielmehr betreffen sie dann den gesamten Weg, den die Daten von ihrer erstmaligen Speicherung bis hin zu ihrer Löschung durchlaufen müssen. Hierbei werden von der Organisationskontrolle sowohl ablauf- als auch aufbauorganisatorische Maßnahmen gefordert. Ebenso findet im Rahmen der Organisationskontrolle eine personenbezogene wie auch eine sachmittelbezogene Datensicherung statt, da eine unbefugte Veränderung, Löschung oder sonstige Einflußnahme auf personenbezogene Daten sowohl durch menschliche als auch durch technische Fehler an allen Stellen des Datenverarbeitungsprozesses begründet sein kann.

Von besonderem Interesse sind hierbei die Schnittstellen zwischen den Benutzern des Datenverarbeitungssystems und dem Datenverarbeitungssystem selbst, da es hier besonders leicht zu Übertragungsfehlern und zu einer unbefugten Einflußnahme auf personenbezogene Daten kommen kann. Gerade hieran läßt sich erkennen, daß die Organisationskontrolle nicht nur auf die Ausarbeitung umfassender Funktionspläne, sondern auch auf die Konkretisierung personenbezogener Regelungen zu beziehen ist. In den Bereich der Organisationskontrolle gehört daher neben der im Gesetz bereits geregelten Bestellung eines betrieblichen Datenschutzbeauftragten auch die Zuweisung bestimmter Datenschutzaufgaben an die Mitarbeiter der datenverarbeitenden Stelle.

Die unter Nr. 1 - 9 beschriebenen Anforderungen des BDSG an die Datensicherung können nur dann erfüllt werden, wenn ihnen geeignete organisatorische Regelungen unterstützend zur Seite gestellt werden. Es ist also nicht Aufgabe der Organisationskontrolle, weitere spezielle Anforderung an die Datensicherung aufzustellen, sondern die unter Nr. 1 - 9 genannten Anforderungen organisatorisch zu unterstützen.

2.2. Maßnahmen der Datensicherung

2.2.1. Organisatorische Maßnahmen

Im Rahmen der organisatorischen Maßnahmen ist zunächst eine Analyse des betrieblichen Datenverarbeitungs-Ist-Zustandes und der zukünftig in diesem Bereich zu erwartenden Veränderungen zu erstellen. Es werden dabei die eingesetzten Datenträger, der Ausbildungsstand der mit der Datenverarbeitung beschäftigten Mitarbeiter und die bereits vorhandenen Sicherheitseinrichtungen erfaßt. Erst auf diese Weise wird es möglich, Alternativen der Datensicherung zu generieren und der Beurteilung einzelner Maßnahmen die notwendige Diskussions- und Bewertungsgrundlage zu geben.

Neben diesen "Vorabmaßnahmen" umfassen die organisatorischen Datensicherungsmaßnahmen hauptsächlich konkrete aufbau- und ablauforganisatorische Handlungsanweisungen, die das fehlerlose Funktionieren des Sicherheitssystems gewährleisten sollen. Beispiele für organisatorische Datensicherungsmaßnahmen sind etwa:

- Zuweisung von Datenverarbeitungsberechtigungen an bestimmte Personen

Hierbei ist eine Unterscheidung der verschiedenen Datenverarbeitungsteilfunktionen festzulegen, um eine möglichst klar umrissene und differenzierte Datenverarbeitungsberechtigung zu erhalten. So bietet sich eine Unterteilung etwa in Eingabe-, Veränderungs- und Ausgabeberechtigung an, um den Kreis der jeweils Berechtigten möglichst klein zu halten. Dies würde auch dem Unternehmungsinteresse nach einem klar abgegrenzten Tätigkeits- und Verantwortungsbereich der Mitarbeiter entgegenkommen. Unregelmäßigkeiten und Fehler können so leicht zugeordnet und beseitigt werden.

Schließlich ist im Rahmen der Berechtigungszuweisung eine klare Funktionstrennung vorzunehmen. Hiernach dürfen z.B. Realisations- und Kontrollfunktionen wie etwa Protokollerstellung und Protokollkontrolle bzw. -genehmigung nicht von derselben Person durchgeführt werden.

- Aufstellung eines Organisationsplans

Ein solcher Organisationsplan gibt die fachlichen und disziplinarischen Weisungsbefugnisse zwischen den einzelnen Hierarchiestufen und Abteilungen wieder. Insbesondere interessieren hier die Beziehungen zwischen dem Datenschutzbeauftragten und den mit der Verarbeitung personenbezogener Daten beschäftigten Fachabteilungen.

- Vergabe von Ausweiskarten an die Berechtigten

Bei den Ausweiskarten kann es sich sowohl um maschinell lesbare als auch um maschinell nicht lesbare Ausweise handeln. Ob überhaupt Ausweiskarten vergeben werden müssen und welches System im Bedarfsfall ausgewählt wird, muß im Einzelfall unter Beachtung des Verhältnismäßigkeitsprinzips geprüft werden. So kann es in größeren Unternehmungen auf Grund der Anzahl der mit der Datenverarbeitung Beschäftigten aus Datensicherungsgründen notwendig sein, maschinell lesbare Ausweiskarten einzuführen. Eine derartige Notwendigkeit kann im Einzelfall auch bereits aus versicherungsrechtlichen Gründen (Vertrauensschadenversicherung) geboten sein.

- Festlegung der Datentransportwege

In der Regel wird ein möglichst kurzer, evtl. durch bauliche Maßnahmen gesicherter Transportweg ohne Datenträgerzwischenlagerung auszuarbeiten sein, um den gesamten Datentransport mit einer möglichst geringen Anzahl von Mitarbeitern durchführen zu können.

- Organisation der Datensicherung bei Datenübermittlung

  In diesem Zusammenhang muß z.B. festlegt werden, durch wen welche Daten verschlüsselt und übermittelt werden dürfen.

- Gestaltung des Arbeitsplatzes und der Arbeitszeit unter Datensicherungsgesichtspunkten

  Häufig sind Regelungen für die gleitende Arbeitszeit und den Urlaub der mit der Datenverarbeitung beschäftigten Personen sowie für die deshalb erforderliche Übergabe der Arbeitsplätze und Arbeitsunterlagen erforderlich.

- Ausarbeitung von Katastrophenplänen

  Eine derartige Planung umfaßt nicht nur ablauforganisatorische Datensicherungsmaßnahmen wie etwa Evakuierungs- und Benachrichtigungspläne, sondern auch aufbauorganisatorische Datensicherungsmaßnahmen wie Zuständigkeitsregelungen im Falle außergewöhnlicher Gefahr oder die Planung von Ausweich-Kapazitäten.

Die Grupppe der organisatorischen Datensicherungsmaßnahmen weist zahlreiche Überschneidungen mit den hardware- und softwaretechnischen, den personellen und sogar den baulichen Maßnahmen auf. Der besseren Übersichtlichkeit wegen werden diese Fälle nicht an dieser Stelle zusammen mit den übrigen und ausschließlich organisatorischen Maßnahmen behandelt, sondern in den nachfolgenden Abschnitten, die sich jeweils zusammenhängend mit den nicht-organisatorischen Datensicherungsmaßnahmen befassen.

2.2.2. Hardwaretechnische Maßnahmen

Unter hardwaretechnischen Maßnahmen werden alle in die ADV-Anlage integrierten Sicherungsmaßnahmen und alle sonstigen maschi-

nellen Anlagen und Einrichtungen verstanden. Beispiele für
solche Maßnahmen sind:

- Schlüsselschalter und Terminalschalter

  Es handelt sich hier um physische Identifikationsmerkmale, die
  nur dem Besitzer den Zugang zur ADV-Anlage erlauben. Der Nachteil eine solchen Sicherungseinrichtung ist der, daß auch Unbefugte in den Besitz der Schlüssel gelangen können, da das
  Identifikationsmerkmal "Schlüssel" unabhängig von der nutzen-
  den Person ist.

- Ausweis- und Magnetstreifenlesegeräte

  Diese Sicherungseinrichtungen sind in ihrer Wirkung und in den
  mit ihnen verbundenen Mißbrauchsgefahren mit Schlüsselschal-
  tern und Terminalschlössern vergleichbar.

- Schreib- und Lesesicherungen

  Durch aufklebbare Markierungen an Disketten oder Magnetband-
  Leseringe soll die zufällige Zerstörung gespeicherter Daten
  und Progamme durch eine Fehlbedienung der Anlage verhindert
  werden.

- Feuerfeste Stahlschränke und verschließbare Datenträger-Con-
  tainer

  Diese Datensicherungsmaßnahmen dienen der ordnungsgemäßen Aufbewahrung und dem ordnungsgemäßen Transport der Datenträger.

- Anlagen zur Vernichtung von Datenträgern

  Soweit nicht mehr benötigte Daten nicht durch einfaches Löschen oder Überspeichern des Datenträgers gelöscht werden kön-

nen, müssen sie gemeinsam mit dem jeweiligen Datenträger vernichtet werden. Reißwolf- oder Verbrennungsanlagen sind hierfür geeignete hardwaretechnische Einrichtungen.

Aufgabe der speichernden Stelle ist es, aus der großen Zahl
hardwaretechnischer Datensicherungseinrichtungen diejenigen auszuwählen, die zusammen mit den übrigen Maßnahmen der Datensicherung das vom BDSG verlangte Sicherungsniveau sicherstellen.

2.2.3. Softwaretechnische Maßnahmen

Unter softwaretechnischen Maßnahmen sind alle in Betriebs- und
Anwendungsprogrammsystemen implementierten Sicherungsmaßnahmen
zu verstehen. Hard- und Software sind dabei nicht unabhängig
voneinander, sondern müssen sinnvoll kombiniert werden, um eine
wirkungsvolle Datensicherung zu erreichen.

Beispiele für softwaretechnische Datensicherungsmaßnahmen, die
sowohl BDSG-initiiert sein können, als auch auf unternehmungseigenem Interesse beruhen können, sind:

- Softwaretechnischer Schutz vor unbeabsichtigtem oder unbefug-
  tem Eingeben, Lesen, Kopieren oder Löschen von Daten

  Derartige Datensicherungsmaßnahmen können grundsätzlich für
  alle maschinell zu verarbeitenden Daten eingeführt werden. Unter Berücksichtigung des Verhältnismäßigkeitsprinzips ist im
  konkreten Einzelfall zu klären, in welchem Umfang neben der
  schon vorhandenen hardwaretechnischen Sicherung (Tastatur-
  schlösser etc.) softwaretechnische Datensicherungsmaßnahmen
  eingeführt werden müssen.

- Festlegung eines Algorithmuses zur Überprüfung der Nutzungsbe-
  rechtigung mit Hilfe von Paßwörtern, Zahlenkombinationen etc.

Die Vorteile derartiger Erkennungsvorgänge liegen in ihrer einfachen Realisierbarkeit und in ihrem hohen Sicherheitsniveau. Es ist jedoch sicherzustellen, daß mögliche Listen mit Passwörtern nicht von Unbefugten eingesehen werden können und die Eingabe verdeckt erfolgen kann.

- Festlegung der Nutzungszeit

Mit Hilfe des 'Timed log-in' bzw. 'Timed log-out' ist es dem Nutzungsberechtigten möglich, Anfangs- und Endzeitpunkt der folgenden Nutzung(en) einzugeben, um somit eine Nutzung des Datenbestandes zu anderen Zeiten unmöglich zu machen. Nachteilig wirkt sich bei dieser Maßnahme aus, daß auch der Nutzungsberechtigte keine Möglichkeit hat, außerhalb der eingegebenen Zeit Zugriff auf die Daten zu nehmen und sich derartige softwaretechnische Sicherungsmaßnahmen somit nur bei zeitlich klar abgrenzbaren Tätigkeiten ergreifen lassen.

- Automatische Protokollführung

Für den Bereich der Veränderung und Löschung von Daten bieten sich z.B. folgende indirekten Möglichkeiten der Protokollführung an: das Verfahren des Parity-Bits und das der Blocksicherung. Bei beiden wird durch das Setzen eines oder mehrerer Prüfbits eine nachträgliche Kontrolle dadurch ermöglicht, daß dem Nutzungsberechtigten eine Veränderung der Daten durch die veränderte Stellung von zumindest zwei Prüfbits auffällt. Derartige Sicherungsmethoden mit Hilfe von Prüfbits haben den Nachteil, daß nur eine Veränderung des Datenbestandes - also nur eine Hinzufügung oder Wegnahme von Daten - festgestellt werden kann, während eine reine Einsichtnahme hierdurch nicht erkennbar wird.
Aus diesem Grund bietet sich neben einer Aufzeichnung darüber, welcher Mitarbeiter die ADV-Anlage jeweils nutzt, auch eine

Protokollierung der durchgeführten Tätigkeiten oder zumindest des Tätigkeitsbereiches, in dem Operationen durchgeführt wurden, an.

Die Vielzahl der softwaretechnischen Datensicherungsmaßnahmen läßt sich in ex-ante- und ex-post-Maßnahmen unterteilen, d.h. in Maßnahmen, die den Mißbrauch personenbezogener Daten verhindern sollen (ex ante), und in solche, die lediglich das Aufdecken einer unberechtigten Einflußnahme ermöglichen sollen (ex post). Ex-post-Maßnahmen erfüllen jedoch nur dann ihren Zweck, wenn regelmäßig eine Auswertung der Protokolle oder sonstigen Aufzeichnungen vorgenommen wird.

2.2.4 Personelle Maßnahmen

Die personellen Maßnahmen der Datensicherung wurden in der Vergangenheit in der Regel den organisatorischen Maßnahmen untergeordnet. Da jedoch menschliches Fehlverhalten - sei es bewußt oder unbewußt - als der größte Schwachpunkt im Datensicherungssystem angesehen werden kann, sollen im folgenden personelle Maßnahmen - angefangen bei der Personalauswahl und -planung bis hin zur Personalüberwachung - in einem eigenen Abschnitt vorgestellt werden. Personelle Maßnahmen sind nicht nur im Rahmen der Datensicherung erforderlich. Auch der Datenschutz verlangt z.B. mit der vom BDSG vorgeschriebenen Bestellung eines Datenschutzbeauftragten und der Verpflichtung der Mitarbeiter auf das Datengeheimnis personelle Maßnahmen. Obwohl diese BDSG-initiierten Maßnahmen primär dem Schutz der Privatsphäre dienen, werden durch sie auch Aufgaben erfüllt, die den betrieblichen Datenbestand schützen. Dem Datenschutz zugehörige Maßnahmen berühren somit durch die Art der Aufgabenerfüllung den Bereich der Datensicherung. Beispiele BDSG-initiierter oder aus unternehmungseigenem Interesse durchgeführter personeller Maßnahmen der Datensicherung sind:

- Auswahl der Mitarbeiter des DV-Bereichs unter Zugrundelegung
  der persönlichen und fachlichen Stellenanforderungsprofile

Hierbei sollte der bisherigen Tätigkeit der Bewerber besondere
Aufmerksamkeit geschenkt werden. Vor allem ist zu prüfen, ob
bei ihnen Unregelmäßigkeiten im Bereich der Datenverarbeitung
vorgekommen sind. Schließlich muß vor einer Personalentschei-
dung die grundsätzliche Einstellung des Bewerbers zum Datenschutz geklärt werden.

- Durchführung von Mitarbeiterschulungen

Diese Maßnahme ist im Rahmen des Datenschutzes neben der Auswahl und Planung der mit der Datenverarbeitung beschäftigten
Personen eine der Hauptaufgaben der Unternehmung. Nur so wird
ein aktueller Wissensstand der Mitarbeiter in Datenschutzfragen gewährleistet. Sowohl die Schulung durch interne als auch
diejenige durch externe Sachverständige kann den Anforderungen
des BDSG genügen.

- Kontrolle der Mitarbeiter

Die Kontrolle der Mitarbeiter - auch in Fragen des Datenschutzes - wird sowohl direkt durch das BDSG gefordert, als auch aus
unternehmungseigenem Interesse durchgeführt. Hierbei läßt sich
die Kontrolle zum einen stellengebunden und zum anderen perso-
nengebunden durchführen. Im Regelfall wird eine stellengebun-
dene, oftmals nur stichprobenartig durchgeführte Kontrolle genügen, während vor allem im Verdachtsfall personengebundene
Kontrollen durchgeführt werden sollten. Derartige Kontrollen
können sowohl Sichtkontrollen als auch automatische Kontrollen
sein. Die jeweilige Vorgehensweise bestimmt sich hierbei nach
den betrieblichen Gegebenheiten.

- Beendigung von Arbeitsverhältnissen

Ebenso wie die Einstellung neuer Mitarbeiter bedarf auch die
Beendigung von Arbeitsverhältnissen einer sorgfältigen Planung,
um das Datensicherungssystem nicht zu gefährden. Der ausschei-
dende Mitarbeiter ist in jedem Fall darauf zu verpflichten, die
während seiner Tätigkeit erworbenen betriebsbezogenen Kennt-
nisse nicht mißbräuchlich zu verwenden. Authentifikations-
schlüssel oder Chiffrierungs- und Dechiffrierungscodes müssen
im Bedarfsfall abgeändert werden.

2.2.5 Bauliche Maßnahmen

Ziel baulicher Datensicherungsmaßnahmen ist die unter Datensicherungsgesichtspunkten angemessene Gestaltung der Räume, in
denen DV-Anlagen untergebracht sind. Diese - als rein präventiv
anzusehenden - Maßnahmen dienen der Ergänzung hard- und softwaretechnischer, organisatorischer und personeller Maßnahmen
und sind häufig sogar eine notwendige Voraussetzung für diese.
Nur in seltenen Fällen kann jedoch auf Grund baulicher Sicherungen auf die übrigen Maßnahmen verzichtet werden. Bauliche Maßnahmen erscheinen insgesamt nur dann sinnvoll, wenn keine ar-
beitsplatzbezogene, dezentralisierte Datenverarbeitung vorliegt.

Beispiele für bauliche Datensicherungsmaßnahmen sind:

- die Unterbringung des ADV-Bereichs in einem separaten Gebäude,
- die Unterbringung der ADV-Anlagen in Räumen ohne Außenwände
  oder Fenster,
- der Einbau von Alarmanlagen und Zugangsschleusen,
- der Einbau von Klimaanlagen,
- der Einbau von Videoüberwachungsanlagen,
- die Installation von Feuermeldern und Feuerlöschanlagen,
- die Installation von Notstromaggregaten.

Hierzu kann es erforderlich sein,

- elektrische Leitungen neu verlegen zu müssen,
- Trenn- und Zwischenwände einzuziehen bzw. abzureißen,
- feuerfeste Stahltüren anzuschaffen,
- automatische Türen oder Türen mit Schnappschlössern einzubauen,
- vorhandene Türschlösser durch verlängerte Winkeleisen zu ver-
  stärken,
- Türrahmen und Türblätter durch zusätzliche Verstärkungen abzusichern,
- fest mit dem Mauerwerk verbundene Fenstergriffe und Rolläden
  einzubauen.

Aus der Vielzahl der möglichen baulichen Datensicherungsmaßnahmen konnte hier nur eine kleine Auwahl beispielhaft genannt werden. In jedem Einzelfall ist es erforderlich, auf Grund der individuellen betrieblichen Gegebenheiten die notwendigen baulichen
Maßnahmen auszuwählen. Auch hierbei ist auf die Interdependenzen
zwischen baulichen Maßnahmen und den übrigen Maßnahmen der Datensicherung - den hardwaretechnischen, den softwaretechnischen,
den organisatorischen und den personellen Maßnahmen - zu achten.

2.2.6. Versicherungstechnische Maßnahmen

Durch die bisher genannten Maßnahmen versucht die Unternehmung,
den Eintritt eines DV-Schadens soweit wie möglich auszuschlies-
sen. Es ist jedoch weder auf Grund betrieblichen Eigeninteresses
noch auf Grund der Verpflichtungen des BDSG notwendig, die mit
der automatisierten Datenverarbeitung für personenbezogene Daten
entstehenden Risiken gänzlich durch entsprechende Datensicherungsmaßnahmen zu beseitigen. Die Zulässigkeit eines Restrisikos
ergibt sich für den Geltungsbereich des BDSG aus dem Angemessen-
heitsprinzip in § 6 Abs. 1 Satz 2 BDSG. Diese Restrisiken sowie

die Risiken, die sich aus einer möglichen Verletzung der Datenschutzvorschriften des BDSG für die Unternehmung ergeben, können durch folgende Versicherungen abgedeckt werden:

- Datenschutzversicherungen,
- Sachversicherungen,
- Folgekostenversicherungen,
- Computer-Mißbrauch-Versicherungen.

Die Notwendigkeit einer Datenschutzversicherung ergab sich für die Unternehmungen erstmals durch die Verabschiedung des BDSG, da die sich hieraus ergebenden Schadensersatz- und Prozeßkostenrisiken von den herkömmlichen Versicherungsformen nicht abgedeckt wurden. Eine Nichtbeachtung der durch das BDSG erlassenen Auflagen kann zivilrechtliche Folgen (Haftung gemäß § 823 Abs. 2 BGB) haben und darüber hinaus bei Ordnungswidrigkeiten zu Geldbußen bis DM 50.000,- (§ 42 BDSG) führen. Bei Straftaten beträgt das Strafmaß höchstens ein Jahr Freiheitsstrafe oder, wenn die Straftat wissentlich oder gegen Entgelt begangen wurde, zwei Jahre Freiheitsstrafe (§ 41 BDSG).

Im Falle der Datenschutzversicherungen bieten die Versicherungsunternehmungen zum einen eine Haftpflichtversicherung (zur Deckung von Prozeßfolgekosten) und zum anderen eine spezielle Rechtsschutzversicherung (zur Deckung der eigentlichen Prozeßkosten) an.

Die Haftpflichtversicherung deckt alle Vermögensschäden (also keine Personen- oder Sachschäden) ab, die durch Fehler der betrieblichen Datenverarbeitung hervorgerufen wurden. Hierbei muß jedoch beachtet werden, daß durch diese Versicherung nur unmittelbare, durch die Verletzung von Vorschriften des BDSG verursachte Vermögensschäden Dritter sowie auf Grund der Verletzung eines Persönlichkeitsrechts entstandene, immaterielle Schäden abgedeckt werden. Nicht versichert sind also alle dem Versicherungsnehmer selbst zugefügten materiellen und immateriellen Vermögensschäden. Aus diesem Grund empfiehlt sich für die datenverarbeitende Stelle der zusätzliche Abschluß einer Vertrauensschaden- sowie einer Computer-Mißbrauch-Versicherung. Wie bei anderen Versicherungsformen auch, ist bei der Datenschutzsicherung die Haftung des Versicherers für vorsätzliches Handeln des Versicherungsnehmers ausgeschlossen, wobei die datenverarbeitende Stelle für Verstöße ihrer Angestellten und Organe im Rahmen des Gesetzes verantwortlich ist.

Die Rechtsschutzversicherung deckt in Fragen des Datenschutzes alle Prozeßkosten ab, die sich bei der Verteidigung gegen den Vorwurf einer Straftat oder einer Ordnungswidrigkeit (gem. §§ 41, 42 BDSG) ergeben. Ebenso werden hierdurch auch die mit der gerichtlichen Abwehr von Ansprüchen Betroffener auf Auskunft, Berichtigung, Sperrung und Löschung verbundenen Kosten gedeckt. Die Rechtsschutzversicherung bietet sich somit als sinnvolle Ergänzung zur oben dargestellten Haftpflichtversicherung an.

Sachversicherungen sind neben Einbruch-, Diebstahl-, Feuer-, Wasser-, Montage- und Transportversicherungen auch Schwachstromanlagen- und Datenträgerversicherungen. Während die Schwachstromanlagenversicherung die Zentraleinheit sowie die peripheren Geräte gegen unvorhergesehene Ereignisse, höhere Gewalt und Entwendung versichert, bietet die Datenträgerversicherung Schutz für den Material- und Informationsverlust des Datenträgers. Durch die Folgekostenversicherung wird ein Ersatz für Fixkosten und entgangene Gewinne geleistet (Betriebsunterbrechungs-Versicherungen) sowie der Mehrkostenteil getragen, der entsteht, wenn eine Anlage auf Grund eines Sachschadens nicht mehr genutzt werden kann und auf eine andere, meist betriebsexterne Anlage ausgewichen werden muß (Mehrkostenversicherungen).

Die Computer-Mißbrauch-Versicherung deckt in erster Linie den Vermögensschaden des Versicherungsnehmers ab. Diese Versicherung kommt in der Regel auch für vorsätzlich von Mitarbeitern verursachte Vermögensschäden auf. Im Unterschied zur Vertrauensschadenversicherung sind bei der Computer-Mißbrauch-Versicherung dabei alle Mitarbeiter des Versicherungsnehmers und nicht nur namentlich genannte Personen eingeschlossen.

Bei der Prämiengestaltung fällt die Abhängigkeit der versicherungstechnischen Maßnahmen von den baulichen, technischen, personellen und organisatorischen Maßnahmen der Datensicherung auf. So ist in Bezug auf bauliche Gegebenheiten mit einem Zuschlag zur Grundprämie zu rechnen, wenn sich die Datenverarbeitungsanlage neben Naßräumen oder unter der Erdoberfläche befindet. Ebenso hat der Sicherungsstandard von Hard- und Software, wie auch die Anzahl der mit der Datenverarbeitung Beschäftigten Auswirkungen auf die Prämienfestsetzung. Vorhandene organisatorische Datensicherungsmaßnahmen spielen insbesondere bei der Prämiengestaltung der personengebundenen Datenverarbeitungsversicherungen eine Rolle. Die Höhe der zu zahlenden Prämien richtet sich schließlich nach der gewählten Deckungssumme, der Zahl der Betroffenen, über die Daten gespeichert sind, und der Sensitivität der gespeicherten Daten. Es sei hinsichtlich der Prämienfestsetzung zusammenfassend darauf hingewiesen, daß eine Berechnung der Prämie immer unternehmungsindividuell erfolgen muß, um den jeweiligen Voraussetzungen durch eine entsprechende Prämiengestaltung gerecht werden zu können.

3. Mittelbare Beeinflussung der DV durch das BDSG

Bisher wurden ausschließlich unmittelbare Auswirkungen des BDSG
auf die betriebliche Datenverarbeitung behandelt. Diese konkre-
tisieren sich für die Unternehmung in Maßnahmen, die entweder
ausschließlich auf Grund der Vorschriften des BDSG durchgeführt
wurden oder bei denen die Verpflichtung des BDSG zumindest mit
ausschlaggebend für ihre Realisierung war. Daneben treten aber
auch Beeinflussungen der DV auf, die zwar aufgrund des BDSG entstanden sind, aber nicht in direkten Maßnahmen des Datenschutzes
und der Datensicherung bestehen. Da diese mittelbaren Beeinflussungen der DV durch das BDSG ebenfalls Kosten verursachen können, müssen sie in einem Katalog möglicher Kostenquellen des Datenschutzes ebenso berücksichtigt werden wie die direkten Maßnahmen.

Mittelbare Beeinflussungen können insbesondere darin bestehen,
daß die Unternehmung technisch mögliche und aus betrieblicher
Sicht sinnvolle Auswertungen, Bearbeitungen, Verarbeitungen
oder sonstige Nutzungen von Datenbeständen unterlassen muß, weil
diese nach dem BDSG unzulässig sind. Auch in den Fällen, in denen die Frage der Zulässigkeit umstritten ist und die Unternehmung die Nutzung nur deshalb unterläßt, um nicht, wenn auch un-
beabsichtigt, ggf. gegen das BDSG zu verstoßen, handelt es sich
um eine mittelbare Beeinflussung der DV durch das BDSG.

Neben der völligen Unterlassung einer DV-Nutzung kann es für die
Unternehmung u.U. auch in Betracht kommen, statt der aus betrieblichen Gründen möglichen und sinnvollen DV-Nutzung eine
technisch oder organisatorisch kompliziertere Lösung zu wählen,
weil die einfachere Lösung nach den Vorschriften des BDSG unzulässig ist oder zumindest der Unternehmung als unzulässig erscheint. Auch dies ist eine mittelbare Beeinflussung.

Außer den bisher genannten Möglichkeiten sind weitere mittelbare
Beeinflussungen denkbar. Ein Hardware-Hersteller etwa muß u.U.

für seine Produkte, die in anderen Ländern bereits auf dem Markt sind, für den Geltungsbereich des BDSG Zusatzeinrichtungen entwickeln, um den Anforderungen der deutschen Gesetze zu genügen. Ein Software-Haus kann sich aus dem gleichen Grund gezwungen sehen, in seine ansonsten marktreifen Programme zusätzliche Datenschutz- und Datensicherungsroutinen einzubauen.

Die Unterlassung einer DV-Nutzung, deren Ersatz durch eine kompliziertere Lösung und die weiteren mittelbaren Beeinflussungen der DV durch das BDSG verursachen bei der betroffenen Unternehmung in der Regel Kosten.

Bei der Unterlassung einer DV-Nutzung auf Grund von Vorschriften des BDSG werden diese Kosten dabei meist nicht in Ausgaben bestehen, sondern in einem Gewinn- oder Nutzenentgang (Opportunitätskosten). Diese sind jedoch häufig nur sehr schwer zu quantifizieren. Wieviel der Unternehmung die DV-Nutzung "wert" gewesen wäre, wenn sie hätte durchgeführt werden dürfen, wird sie nur selten angeben können. Selbst eine grobe Schätzung wird vielfach nicht möglich sein.

Bei dem BDSG-initiierten Wechsel von einer einfachen DV-Nutzung zu einem komplizierteren Verfahren treten ebenfalls Opportunitätskosten auf. Die technisch oder organisatorisch kompliziertere Lösung wird meist teurer sein als die einfachere. Bleibt der Nutzen bei beiden Alternativen gleich, müssen die Mehrkosten der komplizierteren Lösung dem BDSG angelastet werden. Hat die kompliziertere Alternative einen höheren oder niedrigeren Nutzen als die einfachere, treten die gleichen Quantifizierungsprobleme auf wie bei einer BDSG-bedingten Unterlassung einer DV-Nutzung.

Die als weitere mittelbare Beeinflussungen genannten Beispiele verursachen Kosten durch die notwendig gewordenen Anpassungen der Geräte oder Programme an die Anforderungen des BDSG. Diese

Änderungskosten dürften relativ einfach zu ermitteln sein. Eine Anpassung an das BDSG kann im Extremfall dazu führen, daß die Herstellung und der Verkauf der Geräte oder Programme völlig eingestellt werden müssen. In diesem Fall sind die entgangenen Gewinne als Kosten einer mittelbaren Beeinflussung durch das BDSG anzusehen.

4. Mitwirkung am Gesetzgebungsverfahren des BDSG

Zahlreiche Unternehmungen der deutschen Wirtschaft haben aktiv an der Erstellung des Gesetzestextes in den Jahren vor 1977 teilgenommen und sich auch später an der Diskussion um eine Novellierung des BDSG beteiligt - beides kostenverursachende Tätigkeiten, die ohne ein Datenschutzgesetz nicht hätten durchgeführt werden müssen.

4.1. Verabschiedung

Zwischen der ersten Absichtserklärung im parlamentarischen Raum, den Datenschutz gesetzlich zu regeln, und der Verabschiedung sowie der Verkündung des BDSG vergingen mehrere Jahre. So forderte der Deutsche Bundestag bereits am 28. März 1969 in einer Entschließung die alsbaldige Regelung der Datenschutzprobleme. Verkündet und damit rechtskräftig wurde das "Gesetz zum Schutz vor Mißbrauch personenbezogener Daten bei der Datenverarbeitung" (BDSG) jedoch erst am 1. Februar 1977. In dieser langen Zeit wurden das Gesetz bzw. der Gesetzesentwurf und das gesamte Problemfeld des Datenschutzes von allen beteiligten Seiten intensiv diskutiert.

Innerhalb dieser Diskussion fand u.a. im Bundestag eine Anhörung von Experten, Interessenvertretern und anderen Beteiligten statt. Viele Verbände, Kammern und sonstige Interessengruppen führten Informations- und Diskussionsveranstaltungen durch. In Fachzeitschriften erschienen zahlreiche Artikel, Berichte, Stellungnahmen und Kommentare zum Themenbereich. Es werden sogar spezielle Fachzeitschriften neu gegründet. Auch die übrigen Medien wie Tages- und Wochenzeitungen, Zeitschriften, Rundfunk und Fernsehen berichteten zum Teil ausführlich über die Datenschutzdiskussion und die einzelnen Schritte der damit verbundenen Gesetzgebung.

An dieser Diskussion und der Gesetzgebung beteiligten sich zahlreiche Unternehmungen der deutschen Wirtschaft. Ihre Vertreter nahmen an zahlreichen Veranstaltungen teil, veröffentlichten eigene Stellungnahmen und wirkten an der Diskussion des Gesetzestextes mit.

Den Unternehmungen entstanden durch diese Teilnahme selbstverständlich Kosten. Durch die Teilnahme von Mitarbeitern an Informations- und Diskussionsveranstaltungen entstanden insbesondere Reisekosten, Spesen und Personalausfallkosten. Die Erarbeitung eigener Stellungnahmen sowie die Beobachtung der aktuellen Diskussion verursachten neben Personalausfallkosten vor allem Materialkosten. Hinzu kamen Gemeinkosten wie Telefon-, Porto- oder Kopierkosten.

4.2. Novellierung

Mit der Verabschiedung des BDSG war die Diskussion um den Datenschutz und seine rechtliche Regelung nicht beendet. Schon kurz nach der Verabschiedung forderten verschiedene Seiten eine Novellierung des BDSG, da ihnen verschiedene Regelungen nicht ausreichend erschienen. Im Frühjahr 1982 wurde schließlich durch den Bundesinnenminister ein Referentenentwurf zur Novellierung des BDSG vorgelegt. In der Begründung hierzu heißt es, die Datenverarbeitung solle "für den betroffenen Bürger noch transparenter werden". Die Notwendigkeit einer Novellierung, grundsätzliche Fragen der Datenschutzgesetzgebung sowie insbesondere der Referentenentwurf wurden in der folgenden Zeit kontrovers und zum Teil leidenschaftlich diskutiert, wobei diese Auseinandersetzung bisher nicht zu einem Abschluß gekommen ist.

Als unmittelbar vom BDSG Betroffene beteiligten und beteiligen sich an dieser Novellierungsdiskussion wiederum zahlreiche Unternehmungen. Dies geschieht in der gleichen Form wie bei der

Verabschiedung des BDSG, also durch Teilnahme an Informations- und Diskussionsveranstaltungen, Erstellung eigener und Kenntnisnahme fremder Stellungnahmen. Auch die hierdurch verursachten Kosten entsprechen denen aus der Zeit vor der Verabschiedung des Gesetzes. So entstehen vor allem Personalausfallkosten, Reisekosten und Materialkosten.

5. Nutzenaspekte des Datenschutzes

Bisher wurden ausschließlich kostenverursachende Aspekte der Datenschutzgesetzgebung behandelt. Daneben können den Unternehmungen durch die gesetzlichen Bestimmungen jedoch durchaus auch Nutzeneffekte entstanden sein, die im folgenden kurz behandelt werden sollen.

Da es sich bei der vorliegenden Untersuchung um eine betriebswirtschaftliche, also unternehmungsbezogene Arbeit handelt, wurde der gesellschaftliche, politische oder juristische Nutzen des BDSG - etwa der Schutz der Privatphäre des Betroffenen - nicht in die Erhebung einbezogen. Untersuchungsgegenstand ist ausschließlich der betriebliche Nutzen, der für die Unternehmungen mit der Erfüllung der gesetzlichen Vorschriften des BDSG verbunden ist oder zumindest verbunden sein kann.

Diese betrieblichen Nutzenaspekte können unterschieden werden in

- Nutzen, die bei der betrieblichen Datenverarbeitung entstehen,
- Nutzen, die sich für die Mitarbeiter ergeben, und
- Nutzen, die im Kontakt zu Lieferanten und Kunden wirksam werden.

Für die betriebliche Datenverarbeitung können durch die Vorschriften des BDSG u.U. folgende positive Effekte entstehen:

- Die Überprüfung, welche Vorschriften des BDSG für die jeweilige Unternehmung relevant sind, sowie insbesondere die Überlegungen, wie die einzelnen vom BDSG auferlegten Verpflichtungen erfüllt werden können, werden häufig der Anlaß für eine grundsätzliche Überprüfung der Ablauforganisation innerhalb der betrieblichen Datenverarbeitung sein. Bei dieser Überprüfung können eventuelle Schwachstellen erkannt und beseitigt werden.

- Die Datenverarbeitung wird auf Grund einer übersichtlicheren
Organisation der Datenbestände oder einer klareren Aufgaben-
zuweisung u.U. rationeller durchgeführt.

- Durch zusätzliche Schutzmaßnahmen, die BDSG-relevante Störun-
gen oder Ausfälle im Verarbeitungsprozeß ausschließen sollen,
kann die Datenverarbeitung ferner zuverlässiger werden.

- Durch eine systematischere Struktur kann die Qualität der Da-
tenverarbeitungsergebnisse, also der Daten und Dateien, verbessert werden.

- Redundanzen innerhalb der Datenverarbeitung, z.B. die mehrfa-
che Führung derselben Datei an verschiedenen Stellen, können
aufgedeckt und vermindert werden.

- Die Notwendigkeit einer vollständigeren und zeitnäheren Doku-
tation kann deutlich werden, wodurch auch eine bessere Prüfung
aller Vorgänge möglich wird.

- Unternehmungsinterne Regelungen für die Datenübermittlung und
die übrigen Phasen der Datenverarbeitung können angeregt werden.

- Die Erstellung oder Verbesserung einer Übersicht über alle
vorhandenen Sicherungsmaßnahmen kann durchgeführt werden.

- Anhand dieser Übersicht können die einzelnen Sicherungsmaßnahmen sowie die Abstimmung der Maßnahmen untereinander überprüft
werden. Darüber hinaus kann auf diese Weise leichter kontrolliert werden, ob die Anforderungen des BDSG hinreichend erfüllt sind.

- Eine Verbesserung der Datensicherung im unternehmungseigenen
Interesse, etwa der Schutz nicht-personenbezogener Daten, kann

erreicht werden. So können beispielweise für den Schutz von nicht-personenbezogenen Geschäftsdaten unternehmungsintern die gleichen oder ähnliche Richtlinien erlassen werden, wie sie für personenbezogene Daten im BDSG festgelegt sind.

Neben diesen positiven Effekten bei der betrieblichen Datenverarbeitung sind insbesondere solche Nutzenaspekte zu beachten, die für die Mitarbeiter der Unternehmung entstehen können:

- Allgemein wurden und werden die Mitarbeiter durch die öffentliche Diskussion der Datenschutzthematik für Fragen des Datenschutzes und der Datensicherung sensibilisiert und stehen der Problematik aufgeschlossener gegenüber als vorher. Das Sicherheitsbewußtsein der Mitarbeiter wurde auf diese Weise erhöht, so daß sie von sich aus auf grobe Datenschutzverfehlungen in ihrem Bereich achten.

- Bei vielen Mitarbeitern wurde ein gesteigertes Bewußtsein für die Belange der Betroffenen geweckt. Sie unterlassen daher häufig Speicherungen, Übermittlungen und sonstige Verarbeitungen, deren Zuverlässigkeit ihnen fraglich erscheint, oder konsultieren zunächst den Datenschutzbeauftragten. Die Unternehmungsleitung kann so auf unerlaubte Verarbeitungen hingewiesen werden und diese unterlassen oder ändern.

- Durch das gestiegene Datenschutzbewußtsein kann bei den Mitarbeitern eher mit Verständnis für die Durchführung erforderlicher Datenschutz- und Datensicherungsmaßnahmen gerechnet werden. Mit Hinweis auf die Anforderungen des BDSG können daher auch unbequeme oder aufwendige Maßnahmen leichter durchgesetzt werden. Die Akzeptanzprobleme können verringert werden.

- Das Vertrauen der Mitarbeiter und des Betriebsrates in die Ordnungsmäßigkeit der Datenverarbeitung, insbesondere soweit sie die Verarbeitung personenbezogener Daten der Mitarbeiter betrifft, kann gestützt werden. Sehen die Mitarbeiter, daß die Unternehmung bei der Datenverarbeitung verantwortungsbewußt und dem BDSG gemäß vorgeht, kann ein häufig vorhandenes Mißtrauen gegen die Verarbeitung personenbezogener Daten der Mitarbeiter zumindest teilweise abgebaut werden. Auf diese Weise kann es in diesem Bereich zu einem verbesserten Verhältnis zwischen Unternehmungsleitung einerseits sowie Mitarbeitern und Betriebsrat andererseits kommen.

Über die Nutzenaspekte, die der Unternehmung bei der betrieblichen Datenverarbeitung und im Verhältnis zu ihren Mitarbeitern entstehen, hinaus sind schließlich noch positive Effekte denkbar, die sich im Kontakt zu Kunden und Lieferanten ergeben:

- Im Verhältnis sowohl zu Kunden als auch zu Lieferanten wird, ähnlich wie im Verhältnis zu den Mitarbeitern, eine vertrauensvollere Zusammenarbeit möglich, wenn bekannt ist, daß die Unternehmung mit allen bei ihr gespeicherten Daten verantwortungsbewußt und im Sinne des BDSG umgeht. Insbesondere bei geheimen oder zumindest nicht für eine breite Öffentlichkeit bestimmten Daten werden die Geschäftspartner Wert auf die Gewissheit legen, daß diese Daten bei der Unternehmung ordnungsgemäß verarbeitet oder gespeichert werden und nicht von jedermann abgefragt oder sogar verfälscht werden können. Dies gilt selbstverständlich nicht nur für personenbezogene, sondern auch für nicht-personenbezogene Daten.

- Hinsichtlich tatsächlicher oder potentieller Kunden ergeben sich durch einen umfangreichen und ordnungsgemäß durchgeführten Datenschutz zusätzliche Möglichkeiten der public relation.

Durch diese Art von Öffentlichkeitsarbeit kann eine Imagepfle-
ge, häufig sogar eine -verbesserung erreicht werden. Vor allem
Unternehmungen, die über große Bestände personenbezogener Daten
verfügen - etwa Banken, Versicherungen und Versandhäuser - werden bestrebt sein, durch entsprechende public relation ein sol-
ches Image zu erhalten.

Diese Aufzählung möglicher Nutzenaspekte, die für eine Unternehmung mit der Durchführung des Datenschutzes verbunden sein können, kann sicherlich keinen Anspruch auf Vollständigkeit erheben. Sie sollte jedoch aufzeigen, daß das BDSG von den Unternehmungen nicht nur kostenverursachende Datenschutzmaßnahmen verlangt, sondern daß mit dem Gesetz auch positive Effekte verbunden
sein können.

Ein Problem besteht bei den Nutzenaspekten darin, daß sie sich
nicht oder nur sehr schwer quantifizieren lassen. Es handelt
sich fast ausschließlich um immaterielle Werte - etwa ein ver-
bessertes Verhältnis zu Mitarbeitern und Geschäftspartnern oder
eine verbesserte Qualität der Daten und Dateien -, die sich nur
schwer in Geldeinheiten ausdrücken lassen. Die Nutzenaspekte
können daher quantitativ nur in begrenztem Umfang den entsprechenden Kosten gegenübergestellt werden.

b) Datenschutz und Datensicherung bei Verbänden und Kammern

Neben den Unternehmungen entstanden und entstehen auch den In-
teressenverbänden und Kammern der deutschen Wirtschaft im Zusammenhang mit dem BDSG Kosten unterschiedlicher Art. Zum einen haben sich die Verbände und Kammern an der Diskussion der Gesetzentwürfe sowie später an der Novellierungsdiskussion beteiligt,
zum anderen müssen sie in ihrem eigenen Bereich die entsprechenden Vorschriften des BDSG erfüllen.

1. Mitwirkung am Gesetzgebungsverfahren des BDSG

1.1. Verabschiedung

Bevor das BDSG am 1. Februar 1977 verkündet und damit rechtskräftig wurde, war der Problemkreis einer gesetzlichen Regelung des
Datenschutzes mehrere Jahre lang sowohl in der Öffentlichkeit als
auch im parlamentarischen Rahmen sehr kontrovers diskutiert worden.

An dieser Diskussion, auf die im Zusammenhang mit der Beteiligung
von Unternehmungen bereits oben eingegangen wurde, nahmen auch
zahlreiche Verbände und Kammern teil. Deren Engagement erstreckte
sich zum einen nach außen auf eine Vetretung ihrer Mitglieder
bei der Diskussion, zum anderen nach innen auf Rücksprachen mit
diesen, um sie über den aktuellen Stand der Diskussion zu informieren und ihre Meinungen dazu zu hören. An der Diskussion nahmen die Verbände und Kammern teil, indem sie selber Diskussions-,
Informations- und sonstige Veranstaltungen organisierten oder
sich an Veranstaltungen anderer Gruppierungen beteiligten. Auch
an der Anhörung im Bundestag waren einige von ihnen stellvertre-
tend für die Unternehmungen der Wirtschaft beteiligt. Ferner ver-

öffentlichten viele Verbände und Kammern Stellungnahmen zur Datenschutzproblematik in Zeitungen, Zeitschriften, Runkfunk, Fernsehen und anderen Medien.

Im Kontakt zu ihren Mitgliedern hatten die Verbände und Kammern die Aufgabe, diese durch entsprechende Informationsveranstaltungen oder -schriften über den Verlauf des Diskussion, zu erwartende Reglementierungen und sich daraus ergebende Auswirkungen für die einzelne Unternehmung zur informieren. Ferner hatten sie ihre Mitlgieder dabei zu beraten, wie sie sich angemessen auf die neuen Anforderungen vorbereiten können.

Kosten entstanden den Verbänden und Kammern bei ihren Mitarbeitern im Zusammenhang mit der Verabschiedung des BDSG vor allem in Form von Personalkosten, Reisekosten und Spesen, da sich ihre Mitarbeiter laufend über den Stand der Diskussion informieren mußten, eigene Aktivitäten zu organisieren hatten, sowie bei Veranstaltungen Dritter die Meinung des Verbandes oder der Kammer zu vertreten hatten. Darüber hinaus entstanden Materialkosten durch die Erstellung von Informationsschriften, Rundschreiben u.ä.

1.2. Novellierung

Bereits seit Bestehen des BDSG wird von den verschiedenen Parteien und Interessengruppen über die Zweckmäßigkeit einzelner Regelungen gestritten. Über die Frage der Zweckmäßigkeit kam man dann schnell zu der Diskussion, ob und, wenn ja, wie das BDSG zu novellieren sei. Auch an dieser Novellierungsdiskussion, die bereits oben beschrieben wurde, beteiligten und beteiligen sich zahlreiche Kammern und Verbände. Dies geschieht in der gleichen Form wie bei der Verabschiedung, so daß auch die möglichen Kostenarten unverändert bleiben. Lediglich die Kostenhöhen können auf Grund unterschiedlicher Ausprägungen der einzelnen Aktivitäten variieren.

2. Sonstige Datenschutz- und Datensicherungsaktivitäten

Über die Mitwirkung am Gesetzgebungsverfahren zum BDSG hinaus bestehen bei den Verbänden und Kammern weitere Datenschutz- und Datensicherungsaktivitäten. Viele von ihnen führen beispielsweise regelmäßig Datenschutz- und Datensicherungsschulungen für Datenschutzbeauftragte oder sonstige Mitarbeiter ihrer Mitglieder durch. Soweit für diese Schulungen und vergleichbaren Veranstaltungen Teilnahmegebühren in kostendeckender Höhe erhoben werden, entstehen hier bei den Verbänden und Kammern keine zusätzlichen Datenschutz- und Datensicherungskosten. Ebenso verhält es sich mit Schulungs- oder Informationsmaterialien, Untersuchungsergebnissen und ähnlichen Dokumenten, die von den Verbänden und Kammern erstellt werden.

Zusätzliche Datenschutz- und Datensicherungskosten entstehen bei den Verbänden und Kammern schließlich dadurch, daß sie selbst als speichernde Stelle auch in ihrem eigenen Bereich die Vorschriften des BDSG erfüllen müssen.

Für Verbände und andere Interessenvertretungen gelten dabei die im dritten und vierten Abschnitt des BDSG genannten Vorschriften über nicht-öffentliche Stellen, also die gleichen wie für privatrechtliche Unternehmungen. Sie haben somit beispielsweise einen Datenschutzbeauftragten zu bestellen, Mitarbeiter auf das Datengeheimnis zu verpflichten und entsprechend zu schulen, die Rechte der Betroffenen zu berücksichtigen und eine angemessene Datensicherung durchzuführen. Durch die Erfüllung dieser Anforderungen entstehen bei einem Verband die gleichen Kosten wie sie bei einer vergleichbaren Unternehmung entstehen würden. Die oben zu den Unternehmungen gemachten Aussagen gelten daher entsprechend.

Die Industrie- und Handelskammern hingegen fallen als Anstalten des öffentlichen Rechts unter den zweiten Abschnitt des BDSG, der die Datenverarbeitung der Behörden und sonstigen öffentlichen Stellen regelt. Sie unterliegen der Aufsicht durch den Landesbeauftragten für den Datenschutz und müssen ebenso wie alle anderen speichernden Stellen ihre bei der Datenverarbeitung tätigen Mitarbeiter auf das Datengeheimnis verpflichten, die Rechte der Betroffenen berücksichtigen sowie eine angemessene Datensicherung durchführen. Bis auf die Kosten des betrieblichen Datenschutzbeauftragten entstehen den Kammern somit ebenfalls Kosten ähnlicher Art und Höhe wie einer vergleichbaren privaten Unternehmung.

c) Datenschutz und Datensicherung bei privaten Haushalten und
   im öffentlichen Bereich

Bei privaten Haushalten und im öffentlichen Bereich können, ebenso wie bei Unternehmungen sowie Verbänden und Kammern, Daten-
schutz- und Datensicherungskosten entstehen. Da es sich bei der
vorliegenden Untersuchung jedoch um eine betriebswirtschaftlich
orientierte Arbeit handelt, soll auf die ohne Zweifel vorhandenen kostenrelevanten Datenschutz- und Datensicherungsaspekte
der privaten Haushalte und des öffentlichen Bereichs nicht näher
eingegangen werden. Sie sollen hier nur der Vollständigkeit hal-
ber kurz angedeutet werden.

Bei privaten Haushalten entstehen Datenschutz- und Datensicherungskosten insbesondere dadurch, daß eine Privatperson als Betroffener gegenüber einer speichernden Stelle sein Recht auf Auskunft über alle zu seiner Person gespeicherten Daten wahrnimmt.
Während nämlich bei den übrigen Rechten des Betroffenen, also
dem Recht auf Benachrichtigung bei der erstmaligen Speicherung
bzw. Übermittlung seiner Daten und dem Recht auf Berichtigung,
Sperrung oder Löschung unrichtiger Daten, von der speichernden
Stelle für ihre erbrachte Leistung kein Entgelt erhoben werden
darf, ist dies beim Recht auf Auskunft anders. Hier kann die
speichernde Stelle vom Betroffenen ein Entgelt verlangen, sofern
die Daten nicht unrichtig oder unzulässig gespeichert waren und
auch kein Grund zu der Annahme bestand, daß dies Fall sei. Das
Entgelt darf dabei nicht über die direkt der Auskunftserteilung
zurechenbaren Kosten hinausgehen. Durch dieses vom Betroffenen
zu zahlende Entgelt nebst eventuellen Porto-, Schreib- oder Telefonkosten können somit auch für die privaten Haushalte Datenschutzkosten entstehen.

Sofern Privatpersonen sich an der Diskussion des BDSG oder des
Datenschutzes allgemein beteiligt haben oder beteiligen, sind
hier ebenfalls entsprechende Datenschutzkosten angefallen.

Auch im öffentlichen Bereich verursachte und verursacht der Datenschutz zum Teil erhebliche Kosten. Zunächst entstanden beim Deutschen Bundestag und anderen damit befaßten staatlichen Einrichtungen durch die Diskussion der Datenschutzproblematik und die anschließende Verabschiedung des BDSG sowie durch die Diskussion der Novellierungsentwürfe Kosten in nur schwer zu ermittelnder Höhe.

Auch der vom Bundespräsidenten auf Vorschlag der Bundesregierung ernannte Bundesbeauftragte für den Datenschutz (§§ 17-21 BDSG), der die Einhaltung des BDSG und anderer Gesetze über den Datenschutz bei Behörden und sonstigen öffentlichen Stellen des Bundes kontrolliert, verursacht Kosten. Ihm ist gemäß § 17 Abs. 5 Satz 3 1. Halbsatz BDSG die für die Erfüllung seiner Aufgaben notwendige Personal- und Sachausstattung zur Verfügung zu stellen. Da diese gemäß § 17 Abs. 5 Satz 3 2. Halbsatz BDSG im Einzelplan des Bundesministers des Inneren unter einem eigenen Titel auszuweisen ist, lassen sich die Kosten des Bundesbeauftragten für den Datenschutz relativ leicht ermitteln.[1]

Weitere Datenschutzkosten im öffentlichen Bereich entstehen durch die nach jeweiligem Landesrecht zuständigen Aufsichtsbehörden (§§ 30 und 40 BDSG). Jede Aufsichtsbehörde überwacht in ihrem Zuständigkeitsbereich die Ausführung des BDSG und anderer Vorschriften über den Datenschutz bei öffentlichen und nicht-öffentlichen Stellen. Sie wird bei nicht-öffentlichen Stellen, die ausschließlich Datenverarbeitung für eigene Zwecke betreiben, nur auf Antrag eines Betroffenen oder eines betrieblichen Datenschutzbeauftragten hin tätig (Anlaßaufsicht), bei Stellen, die geschäftsmäßige Datenverarbeitung für fremde Zwecke betreiben, kann sie dies auch auf eigene Veranlassung hin (Aufsicht von Amts wegen). Zu Aufsichtsbehörden im Sinne des BDSG wurden in den meisten Bundesländern die Innenministerien oder die Landes-

---

[1] Der Etat des Bundesdatenschutzbeauftragten betrug im Geschäftsjahr 1984 2,359 Mio. DM.

beauftragen für den Datenschutz ernannt. Bei diesen Behörden können die auf Grund des BDSG zusätzlich entstandenen Kosten zumeist relativ einfach und genau erhoben werden. Probleme kann es allenfalls geben, wenn eine exakte Zuordnung von einzelnen Kosten zum BDSG oder zum jeweiligen Landesdatenschutzgesetz nicht möglich sein sollte.

Schließlich entstehen im öffentlichen Bereich Kosten durch den Datenschutz, den alle Behörden und sonstigen öffentlichen Stellen durchführen müssen, sofern sie Datenverarbeitung betreiben. Die entsprechenden Vorschriften befinden sich im zweiten Abschnitt des BDSG (§§ 7-16 BDSG) sowie in den allgemeinen Vorschriften des ersten Abschnitts. Demnach haben diese Behörden und sonstigen öffentlichen Stellen bestimmte Angaben über die von ihnen oder in ihrem Auftrag gespeicherten personenbezogenen Daten - z.B. die Art der Daten, den Zweck der Speicherung u.ä. - im Veröffentlichungsblatt für amtliche Bekanntmachungen bekanntzugeben (§ 12 Abs. 1 BDSG; Ausnahmen von dieser Regelung nennt § 12 Abs. 2 BDSG). Daneben haben die betreffenden Behörden und sonstigen öffentlichen Stellen, ebenso wie alle datenverarbeitenden Unternehmungen, die Rechte der Betroffenen auf Auskunft, Berichtigung, Sperrung und Löschung der zu ihrer Person gespeicherten Daten zu berücksichtigen, ihre Mitarbeiter auf das Datengeheimnis zu verpflichten und entsprechend zu schulen sowie eine angemessene Datensicherung durchzuführen. Es entstehen ihnen dabei jeweils ähnliche Kosten wie vergleichbaren, nicht öffentlichen Unternehmungen, wobei auch die Probleme bei der Erhebung dieser Kosten ähnlich sein dürften.

II. Differenzierung der Datenschutz- und Datensicherungsmaßnah-
    men nach Kriterien der Kostenrechnung

a) Allgemeines

Bisher wurden alle Kostenquellen des Datenschutzes und der Datensicherung aufgelistet, die auf das Gesetzgebungsverfahren und
die Durchführung des BDSG zurückgeführt werden können. Für diese
Untersuchung sind jedoch der Datenschutz und die Datensicherung
bei Verbänden und Kammern, bei privaten Haushalten und im öffentlichen Bereich von untergeordneter Bedeutung. Vielmehr stehen
hier die kostenrelevanten Auswirkungen des BDSG auf die Unternehmungen der Wirtschaft im Mittelpunkt. Von besonderem Interesse sind dabei schließlich die betrieblichen Maßnahmen des Datenschutzes und der Datensicherung, soweit sie ausschließlich auf
Grund des BDSG durchgeführt werden. Sind neben der gesetzlichen
Verpflichtung auch sonstige, z.B. unternehmungseigene Gründe für
die Durchführung einer Maßnahme von Bedeutung, ist zumindest der
Anteil der durch die Maßnahme verursachten Kosten, der auf das
BDSG entfällt, Gegenstand der vorliegenden Untersuchung.

Während oben auf die einzelnen Anforderungen des BDSG eingegangen wurde, auf Grund derer Datenschutz- und Datensicherungsmaßnahmen durchgeführt werden müssen, wird im folgenden ein Klas-
sifizierungsschema entwickelt, welches eine Differenzierung der
Datenschutz- und Datensicherungsmaßnahmen nach Kriterien der Kostenrechnung ermöglicht. Diese Differenzierung ist unabhängig
davon, welche Anforderung des BDSG durch die einzelne Maßnahme
erfüllt wird. Dies erscheint sinnvoll, da Maßnahmen, die unter
Kostengesichtspunkten der gleichen Kategorie zugerechnet werden
müssen, durchaus zur Erfüllung sehr unterschiedlicher Anforderungen eingesetzt werden können. Im Extremfall kann sogar eine
einzige Maßnahme - insbesondere im Bereich der Datensicherung

gemäß § 6 BDSG - gleichzeitig die Erfüllung mehrerer Anforderungen ermöglichen. Selbstverständlich darf auch in einem solchen Fall diese Maßnahme bei der Differenzierung nach Kriterien der Kostenrechnung nur einmal berücksichtigt werden, da durch sie auch nur einmal Kosten verursacht werden.

Insgesamt wurden bei der Differenzierung fünf Kriterien berücksichtigt, nach denen die einzelnen Maßnahmen unterschieden werden können. Diese Kriterien sind:

- der Zeitpunkt der Maßnahmenimplementierung,
- die Ursächlichkeit der Maßnahmen,
- die Durchführungshäufigkeit der Maßnahmen,
- der Wiederholungsgrad der Maßnahmen und
- die Innovationstiefe der Maßnahmen.

Die Kriterien werden nachfolgend näher erläutert. Sie ermöglichen die Bildung von fünf Differenzierungsebenen, von denen anschließend insgesamt neun sachlich sinnvolle und auf das Untersuchungsergebnis bezogene, also kostenorientierte Maßnahmenklassen abgeleitet werden konnten.

b) Zeitpunkt der Maßnahmenimplementierung

Eine erste Differenzierung der Datenschutz- und Datensicherungsmaßnahmen kann nach dem Zeitpunkt ihrer Implementierung erfolgen. Die Maßnahmen sind entweder vor oder nach dem Inkrafttreten des BDSG durchgeführt worden. Als Datum des Inkrafttretens soll hier der 1. Januar 1978 angesehen werden, an dem gemäß § 47 Satz 1 BDSG die meisten Vorschriften des Gesetzes wirksam wurden. Zwar traten gemäß § 47 Satz 2 BDSG abweichend davon einige Vorschriften - z.B. die Verpflichtungen, einen betrieblichen Datenschutzbeauftragten zu bestellen und eine angemessene Datensicherung durchzuführen - zu anderen Zeitpunkten in Kraft, aus Gründen der Praktikabilität erscheint es jedoch sinnvoll, hier von nur einem Datum auszugehen. Da am 1. Januar 1978 die meisten Vorschriften des BDSG in Kraft traten, soll dieses Datum hier als Stichtag gelten. Die sukzessive Einführung des BDSG, durch die eine bessere Anpassung der datenverarbeitenden Stellen an die Vorschriften des Gesetzes ermöglicht werden sollte, bleibt also bei dieser ersten Differenzierung der Maßnahmen noch unberücksichtigt. Die Maßnahmen können somit zunächst unterschieden werden in solche, die vor dem 1.1.1978, und solche, die nach dem 1.1.1978 implementiert wurden.

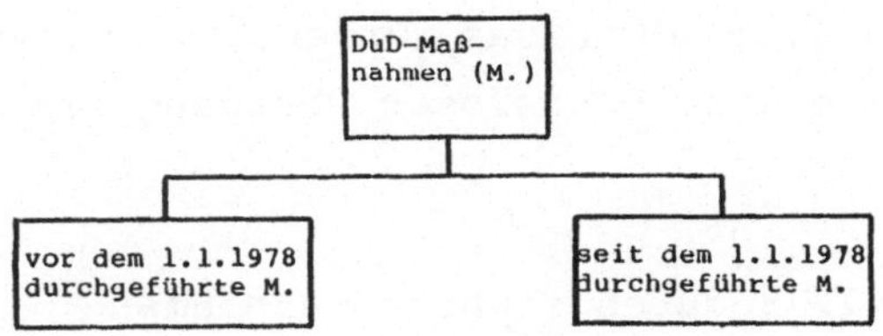

Abb. 3: Differenzierungsebene I: Differenzierung der Maßnahmen nach dem Zeitpunkt ihrer Implementierung

1. Vor dem 1.1.1978 durchgeführte Maßnahmen

Bereits vor dem 1.1.1978 betrieben die Unternehmungen Datenschutz und vor allem Datensicherung. Hierunter fallen einerseits die Bestellung eines Datenschutzbeauftragten, die gemäß § 47 Satz 2 Nr. 2 BDSG bereits zum 1.7.1977, also ein halbes Jahr vor den übrigen vom BDSG vorgeschriebenen Maßnahmen erfolgen mußte, andererseits freiwillig, also aus betrieblichem Eigeninteresse durchgeführte Maßnahmen der Datensicherung.

Durch die freiwilligen Maßnahmen wollten die Unternehmungen sich selbst, ihre Mitarbeiter, Kunden oder Lieferanten vor unerwünschter Kenntnisnahme, Veränderung, Verarbeitung o.ä. ihrer Daten schützen. Dabei kamen nicht nur personenbezogene Daten in Betracht, sondern beispielsweise auch Firmenunterlagen, Produktionszahlen u.ä. Ferner stellten sich viele Unternehmungen durch freiwillige Maßnahmen schon vor dem 1.1.1978 auf die seither geltenden Vorschriften des BDSG ein, etwa indem sie bereits in der Zeit zwischen der Verkündung des BDSG am 1.2.1977 und seinem Inkrafttreten am 1.1.1978 ihre Mitarbeiter mit den einschlägigen Vorschriften vertraut machten oder die betriebliche Datensicherung entsprechend den Anforderungen des BDSG umstellten. Durch diese frühzeitige Einstellung auf das zu erwartende BDSG und die zeitliche Vorwegnahme der Erfüllung von Vorschriften, die ohnehin zum 1.1.1978 wirksam wurden, sollte beim Inkrafttreten des Gesetzes ein reibungsloser Übergang ermöglicht werden.

2. Seit dem 1.1.1978 durchgeführte Maßnahmen

Nachdem am 1.1.1978 die Mehrzahl der Vorschriften des BDSG in Kraft getreten ist, haben alle Unternehmungen die sie betreffenden Vorschriften des BDSG zu erfüllen. Während also vor dem 1.1.1978 bis auf die oben erwähnte Ausnahme des Datenschutzbeauftragten, der zum 1.7.1977 bestellt werden mußte, keine gesetzlichen oder sonstigen bindenden Verpflichtungen der Unternehmungen zu einem umfassenden Datenschutz einschließlich einer entsprechenden Datensicherung bestanden, ist dies seither im BDSG verbindlich vorgeschrieben. Darüber hinaus werden aber auch weiterhin zahlreiche Maßnahmen, die vom BDSG nicht vorgeschrieben sind, von den Unternehmungen freiwillig, also aus betrieblichem Eigeninteresse durchgeführt. Es handelt sich dabei vor allem um Datensicherungsmaßnahmen, die über die vom BDSG vorgegebenen Zielvorgaben noch hinausgehen, sowie um die Sicherung nicht personenbezogener und damit vom BDSG nicht geschützter Daten.

Zusammenfassend läßt sich sagen, daß vor dem 1.1.1978 von den Unternehmungen Datensicherung grundsätzlich auf freiwilliger Basis betrieben wurde, während seit dem 1.1.1978 sowohl der gesetzlich vorgeschriebene Datenschutz und die im BDSG verankerte Datensicherung als auch freiwillige Maßnahmen durchgeführt werden. Ausnahmen von dieser grundsätzlichen Trennung sind die Bestellung eines betrieblichen Datenschutzbeauftragten, die bereits zum 1.7.1977 erfolgen mußte, und Maßnahmen, die zwar freiwillig, jedoch im Hinblick auf das zu erwartende BDSG vor dem 1.1.1978 durchgeführt wurden. Überschneidungen dergestalt, daß Maßnahmen zur Erfüllung des Gesetzes schon aus betrieblichem Eigeninteresse ohnehin durchgeführt worden wären, werden dabei häufig vorkommen, insbesondere da vom BDSG im § 6 BDSG und in der Anlage zu § 6 Abs. 1 Satz 1 BDSG für die Datensicherung keine konkreten Maßnahmen, sondern lediglich die zu erfüllenden Zielvorgaben genannt werden.

c) Ursächlichkeit der Maßnahmen

Außer nach dem Zeitpunkt ihrer Implementierung können die Maßnahmen des Datenschutzes und der Datensicherung danach differenziert werden, ob sie von betrieblichem Eigeninteresse verursacht wurden oder auf das BDSG zurückgeführt werden können. Da vielfach bestimmte Maßnahmen zwar zur Erfüllung des Gesetzes notwendig sind, aus betrieblichem Eigeninteresse aber ohnehin durchgeführt worden wären, ist eine exakte Zuordnung häufig problematisch.

Wird die Maßnahme in der gleichen Art und Intensität durchgeführt, in der sie auch ohne Bestehen des BDSG durchgeführt worden wäre, ist sie den Maßnahmen auf Grund betrieblichen Eigeninteresses zuzuordnen. Die Zuordnung muß jedoch strengenommen in jeder Abrechnungsperiode neu geprüft werden, da der Unterneh-

mung durch die gesetzliche Verpflichtung nach Inkrafttreten des
BDSG nicht mehr die Möglichkeit bleibt, diese Maßnahme ersatzlos
zu streichen, auch wenn das betriebliche Eigeninteresse inzwischen weggefallen ist.

Probleme bei der Zuordnung einer Maßnahme zum betrieblichen
Eigeninteresse oder zum BDSG ergeben sich außerdem, wenn die
Maßnahme auch ohne Bestehen des BDSG grundsätzlich durchgeführt
worden wäre, jedoch durch die Anpassung an die Vorschriften des
Gesetzes nun in veränderter Art und Weise oder veränderter Intensität durchgeführt wird. In welchem Verhältnis diese Maßnahme
und damit auch ihre Kosten dann dem betrieblichen Eigeninteresse
und dem BDSG zugerechnet werden muß, kann häufig nicht bestimmt
oder höchstens grob geschätzt werden.

Ähnlich verhält es sich mit Maßnahmen, die durch eine neue und
BDSG-initiierte Maßnahme überflüssig werden, ohne gesetzliche
Verpflichtung zu der neuen Maßnahme aber aus betrieblichem Eigeninteresse auch weiterhinb durchgeführt worden wären. Die Kosten, die durch solche Maßnahmen verursacht worden wären und nun
letztlich durch das BDSG eingespart werden können, müssen von
den Kosten der BDSG-initiierten Maßnahme subtrahiert und den Kosten des betrieblichen Eigeninteresses zugerechnet werden, da
Kosten in dieser Höhe auch unabhängig vom BDSG entstanden wären
und somit nicht dem BDSG angelastet werden dürfen. Das BDSG verursacht in diesem Fall nur Kosten in Höhe der Mehrkosten, die
der Unternehmung durch die BDSG-initiierte Maßnahme im Vergleich
zu der ansonsten durchgeführten Maßnahme entstehen.

Besondere Schwierigkeiten ergeben sich bei der Trennung in BDSG-
initiierte und unabhängig vom BDSG durchgeführte Datenschutz-
und Datensicherungsmaßnahmen dadurch, daß nicht hinreichend genau festgestellt werden kann, in welcher Art und Weise und in
welchem Umfang bei den Unternehmungen nach dem 1.1.1978 Daten-

schutz und Datensicherung betrieben würde, wenn es das BDSG nicht gäbe. Die Unternehmungen haben bei ihren Entscheidungen im Bereich Datenschutz und Datensicherung spätestens seit dem Inkrafttreten des BDSG versucht, durch entsprechende Maßnahmen sowohl das betriebliche Eigeninteresse als auch die Forderungen des BDSG zu erfüllen. Dies geschieht jedoch nicht getrennt nach Eigeninteresse und BDSG, sondern kombiniert. Es läßt sich daher häufig nicht sagen, wie die Entscheidung ohne die Existenz des BDSG ausgefallen wäre. Somit läßt sich auch nicht eindeutig bestimmen, welcher Teil der Maßnahmen und damit auch welcher Teil der Kosten ausschließlich dem BDSG zuzurechnen ist. Als wenig sinnvoll erscheint es, alle Maßnahmen, die 1976 oder noch früher durchgeführt wurden, als vom BDSG unabhängig anzusehen, diese dann mit den heutigen Maßnahmen zu vergleichen und dabei den darüber hinausgehenden Teil als vom BDSG verursacht anzunehmen. In dieser Zeit hat die technische Entwicklung außerordentliche Fortschritte gemacht, denen entsprechend verbesserte und kostenintensivere Sicherungen gegenübergestellt werden mußten. Zudem wäre durch die allgemeine gesellschaftliche und politische Entwicklung zweifellos auch ohne BDSG eine Sensibilisierung für Datenschutzfragen eingetreten, so daß die Unternehmungen schon von daher wahrscheinlich weitergehende Maßnahmen eingeführt hätten.

Zusammenfassend läßt sich sagen, daß sich eine exakte Differenzierung der Maßnahmen nach ihrer Ursächlichkeit in Maßnahmen auf Grund betrieblichen Eigeninteresses und BDSG-initiierte Maßnahmen nicht immer vollziehen läßt. Trotz dieser Unschärfen in einzelnen Bereichen erscheint eine Differenzierung nach dem Kriterium der Ursächlichkeit der Maßnahmen, gegebenenfalls auf der Grundlage von Schätzungen, unumgänglich. Ohne diese Trennung könnte die Zuweisung eines bestimmten Teils der bei Datenschutz- und Datensicherungsmaßnahmen insgesamt entstehenden Kosten zum BDSG nicht erfolgen.

Eine Trennung in Maßnahmen auf Grund betrieblichen Eigeninteresses und BDSG-initiierte Maßnahmen kann sowohl bei vor dem 1.1. 1978 durchgeführten Maßnahmen vorgenommen werden als auch bei seit dem 1.1.1978 durchgeführten Maßnahmen.

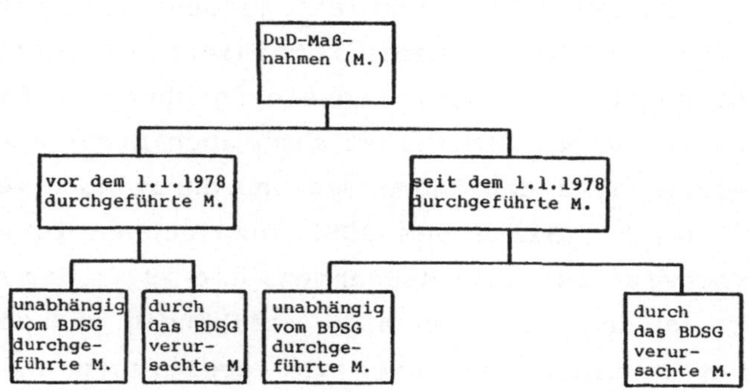

Abb. 4: Differenzierungsebene II: Differenzierung der Maßnahmen
nach ihrer Ursächlichkeit

1. Unabhängig vom BDSG durchgeführte Maßnahmen

Bei den meisten Unternehmungen liegt es auch im eigenen Interesse, einen wirksamen Datenschutz, vor allem aber eine wirksame Datensicherung durchzuführen. Sie wollen dadurch die gespeicherten oder verarbeiteten Daten vor fehlerhafter Verarbeitung, Mißbrauch oder Zerstörung sichern. Gegenstand der Sicherungen sind dabei - anders als beim BDSG - nicht nur personenbezogene Daten. Die Unternehmungen sind vielmehr daran interessiert, alle Daten angemessen zu sichern, also z.B. auch unternehmungsbezogene Daten. Unterschiedlich sensitive Daten werden dabei entsprechend ihrer Bedeutung auch unterschiedlich stark gesichert. Auf diese Weise sollen für alle Daten ein angemessener Schutz erreicht und die Fehler-, Mißbrauchs- und Verlustrisiken bei vertretbarem Aufwand möglichst gering gehalten werden.

Auf Grund betrieblichen Eigeninteresses wurden sowohl vor als
auch nach Inkrafttreten des BDSG Datensicherungsmaßnahmen durchgeführt. Hierbei handelt es sich insbesondere um Maßnahmen zur
Sicherung nicht-personenbezogener Daten sowie um Datensicherungsmaßnahmen, die über die in § 6 BDSG gestellten Anforderungen
noch hinausgehen.

2. Durch das BDSG verursachte Maßnahmen

Das BDSG verlangt von den Unternehmungen die Durchführung des
Datenschutzes und einer angemessenen Datensicherung.

Zu einer ordnungsgemäßen Durchführung des Datenschutzes gehören
dabei:

- die Bestellung und Tätigkeit eines betrieblichen Datenschutzbeauftragten,
- die Verpflichtung der Mitarbeiter auf das Datengeheimnis,
- die Schulung der Mitarbeiter in Fragen des Datenschutzes und
  der Datensicherung,
- die Unterstützung der Aufsichtsbehörde und
- die Berücksichtigung der Rechte des Betroffenen.

Für die Datensicherung werden demgegenüber im Gesetz keine konkreten Maßnahmen vorgeschrieben, sondern es wird nur ein Anfor-
derungsrahmen abgesteckt (Ziffern 1-10 der Anlage zu § 6 Abs. 1
Satz 1 BDSG), der durch entsprechende Maßnahmen auszufüllen ist.
Es werden also im Gesetz Zielvorgaben gegeben, wobei es den Unternehmungen überlassen bleibt, mit welchen Maßnahmen sie diese
im einzelnen erreichen. Maßnahmen brauchen dabei nur durchgeführt
zu werden, soweit ihr Aufwand in einem angemessenen Verhältnis
zum angestrebten Schutzzweck steht.

Durch das BDSG verursachte Maßnahmen werden selbstverständlich in erster Linie seit dem Inkrafttreten des BDSG, also, unter Beachtung der oben angeführten Einschränkungen, seit dem 1.1.1978 durchgeführt. Aber auch vor diesem Datum wurden bereits Maßnahmen durch das BDSG verursacht. Zum einen trat durch die sukzessive Einführung des BDSG die Verpflichtung zur Bestellung eines Datenschutzbeauftragten bereits am 1.7.1977 in Kraft, zum anderen richteten sich viele Unternehmungen durch entsprechende Maßnahmen schon frühzeitig auf das zu erwartende BDSG ein. Sie prüften dazu die bisher schon aus Eigeninteresse durchgeführten Maßnahmen daraufhin, inwieweit sie die Anforderungen des BDSG erfüllen, und ergänzten sie gegebenenfalls schon vor dem 1.1. 1978 durch geeignete Maßnahmen, um den Übergang fließender zu gestalten und unerwarteten Schwierigkeiten frühzeitig begegnen zu können.

Da es sich bei vor dem 1.1.1978 durchgeführten Maßnahmen jedoch nur um Ausnahmen handelt, sollen sie im folgenden nicht weiter differenziert werden. Ebenso bleiben die unabhängig vom BDSG durchgeführten Maßnahmen im folgenden unberücksichtigt, da sie nicht Gegenstand dieser Untersuchung sind. Auf den nachfolgend dargestellten Differenzierungsebenen werden daher nur noch die seit dem 1.1.1978 durchgeführten und durch das BDSG verursachten Maßnahmen berücksichtigt.

d) Durchführungshäufigkeit der Maßnahmen

Die nach dem 1.1.1978 durch das BDSG verursachten Maßnahmen können nach der Häufigkeit ihrer Durchführung in einmalig und in wiederholt durchgeführte Maßnahmen unterteilt werden. Diese Differenzierung ist deshalb für die vorliegende Untersuchung von besonderer Bedeutung, weil die Maßnahmen entsprechend ihrer Durchführungshäufigkeit einmalig bzw. mehrfach Kosten verursachen.

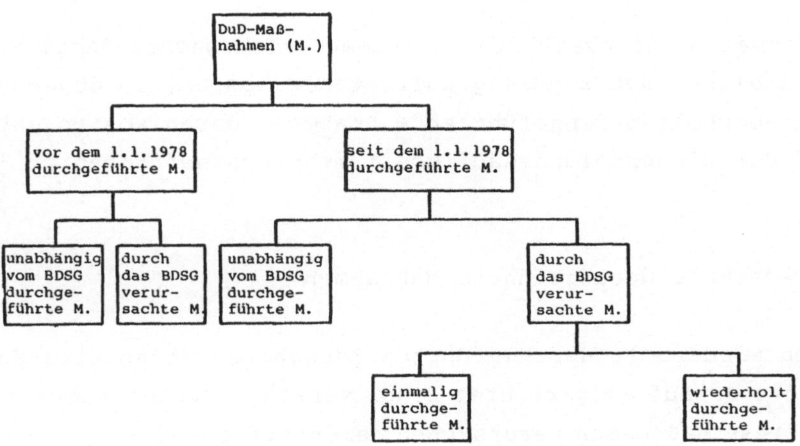

Abb. 5: Differenzierungsebene III: Differenzierung der Maßnahmen nach ihrer Durchführungshäufigkeit

1. Einmalig durchgeführte Maßnahmen

Alle Maßnahmen, die nicht darauf ausgerichtet sind, mehrfach
durchgeführt zu werden, werden hier als einmalig durchgeführte
Maßnahmen bezeichnet.

Es handelt sich bei diesen einmalig durchgeführten Maßnahmen vor
allem um Änderungen und Überprüfungen des betrieblichen Datenschutzes und der Datensicherung. Wird beispielsweise dem Datenschutzbeauftragten ein Büro eingerichtet oder das bisherige Büro
besser ausgestattet, so handelt es sich um eine einmalig durchgeführte Maßnahme. Weitere Beispiele sind einmalige Schulungsaktionen für alle bei der Datenverarbeitung beschäftigten Mitarbeiter, um sie mit den wichtigsten Vorschriften des BDSG vertraut zu machen, die Vergitterung der Fenster im Rechenzentrum,
um eine Zugangskontrolle zu ermöglichen, oder die Erstellung
einer Liste aller Datensicherungsmaßnahmen, um die angemessene
Erfüllung aller Anforderungen der Anlage zu § 6 BDSG zu überprüfen.

Die einmalig durchgeführten Maßnahmen verursachen dabei selbstverständlich auch einmalig auftretende Kosten, im Gegensatz zu den wiederholt durchgeführten Maßnahmen, deren Kosten entsprechend der Wiederholungshäufigkeit mehrfach auftreten.

2. Wiederholt durchgeführte Maßnahmen

Zu den wiederholt durchgeführten Maßnahmen zählen alle Maßnahmen, die darauf ausgerichtet sind, mehrfach durchgeführt zu werden. Diese Maßnahmen verursachen dementsprechend auch wiederholt Kosten und werden, wie die folgende Differenzierung zeigt, entweder fallweise oder permanent durchgeführt.

Beispiele für wiederholt durchgeführte Maßnahmen sind die Tätigkeit des Datenschutzbeauftragten, eine regelmäßige Schulung verschiedener Mitarbeiter in Fragen des Datenschutzes und der Datensicherung, die Beantwortung von Anfragen der Betroffenen oder eine Kontrolle von Personen, die das Rechenzentrum verlassen wollen.

e) Wiederholungsgrad der Maßnahmen

Alle wiederholt durchgeführten Maßnahmen werden entweder fallweise, also beim Eintreten bestimmter Bedingungen - beispielsweise der Anfrage eines Betroffenen oder der Einstellung neuer Mitarbeiter - oder laufend, also unabhängig vom Eintreten bestimmter Bedingungen durchgeführt. Während die fallweise durchgeführten Maßnahmen somit variable Kosten verursachen, verursachen die laufend durchgeführten Maßnahmen fixe Kosten.

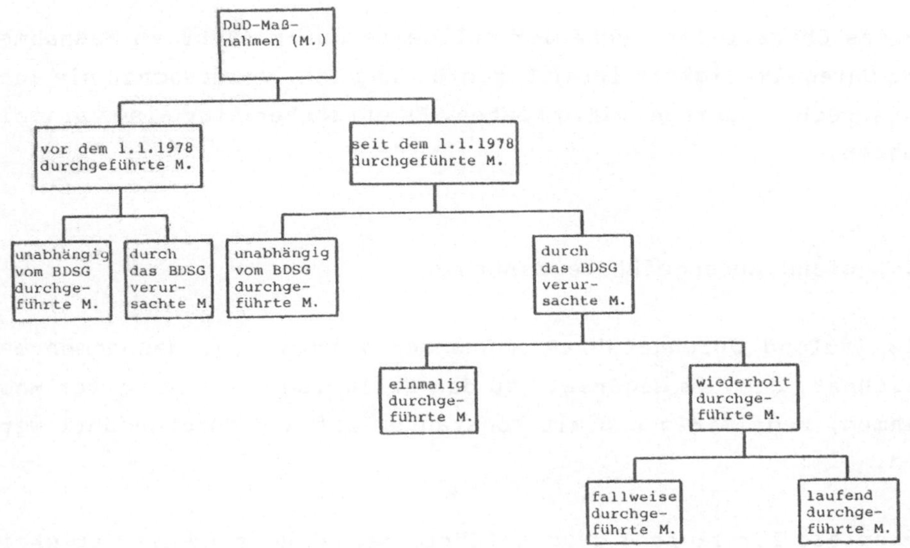

Abb. 6: Differenzierungsebene IV: Differenzierung der Maßnahmen nach ihrem Wiederholungsgrad

1. Fallweise durchgeführte Maßnahmen

Fallweise durchgeführte Maßnahmen zeichnen sich dadurch aus, daß
sie nicht regelmäßig und mit konstantem Aufwand durchgeführt
werden, sondern nur dann, wenn sich beim Eintreten bestimmter Bedingungen die Gelegenheit oder die Verpflichtung zu ihrer Durchführung ergibt.

Beispiele für fallweise durchgeführte Maßnahmen können die Beantwortung von Anfragen Betroffener, die Verpflichtung neuer Mitarbeiter auf das Datengeheimnis, die Sicherung des Transports
von Datenträgern mit geschützten Daten und die Protokollierung
von Übermittlungen besonders sensitiver Daten an Dritte sein.
Alle diese Maßnahmen zählen jedoch nur dann zu den fallweise
durchgeführten Maßnahmen, wenn sie in unregelmäßigen Zeitabstän-
den oder mit wechselndem Aufwand durchgeführt werden.

Da das Charakteristische der fallweise durchgeführten Maßnahmen
die Unregelmäßigkeit ihrer Durchführung ist, verursachen sie auch
entsprechend unregelmäßig Kosten. Es entstehen hier also variable
Kosten.

2. Laufend durchgeführte Maßnahmen

Als laufend durchgeführte Maßnahmen werden hier Maßnahmen bezeichnet, die, im Gegensatz zu den fallweise durchgeführten Maßnahmen, regelmäßig und mit konstantem Aufwand durchgeführt werden.

Beispiele für laufend durchgeführte Maßnahmen sind die Tätigkeit
des betrieblichen Datenschutzbeauftragten, eine regelmäßige Schulung von Mitarbeitern in Fragen des Datenschutzes und der Datensicherung, ein Zugangskontrollsystem zum Rechenzentrum oder eine
doppelte Bestandsführung bei allen personenbezogenen Daten, um
eine Datenverfälschung oder einen Datenverlust zu verhindern oder
zu erschweren.

Da laufend durchgeführte Maßnahmen im hier verstandenen Sinne
permanent und mit konstanter Intensität durchgeführt werden, verursachen sie entsprechend auch Kosten in gleichbleibender Höhe.
Abgesehen von möglichen langfristigen Veränderungen verursachen
laufend durchgeführte Maßnahmen somit fixe Kosten.

f) Innovationstiefe der Maßnahmen

Eine letzte Differenzierung der Maßnahmen kann schließlich danach erfolgen, ob sie auf Grund des BDSG bei der betreffenden
Unternehmung völlig neu eingeführt werden mußten oder ob es sich
um vom BDSG verursachte Intensivierungen bereits unabhängig vom
BDSG durchgeführter Maßnahmen handelt.

Diese Differenzierung kann bei allen BDSG-initiierten Maßnahmen
vorgenommen werden.

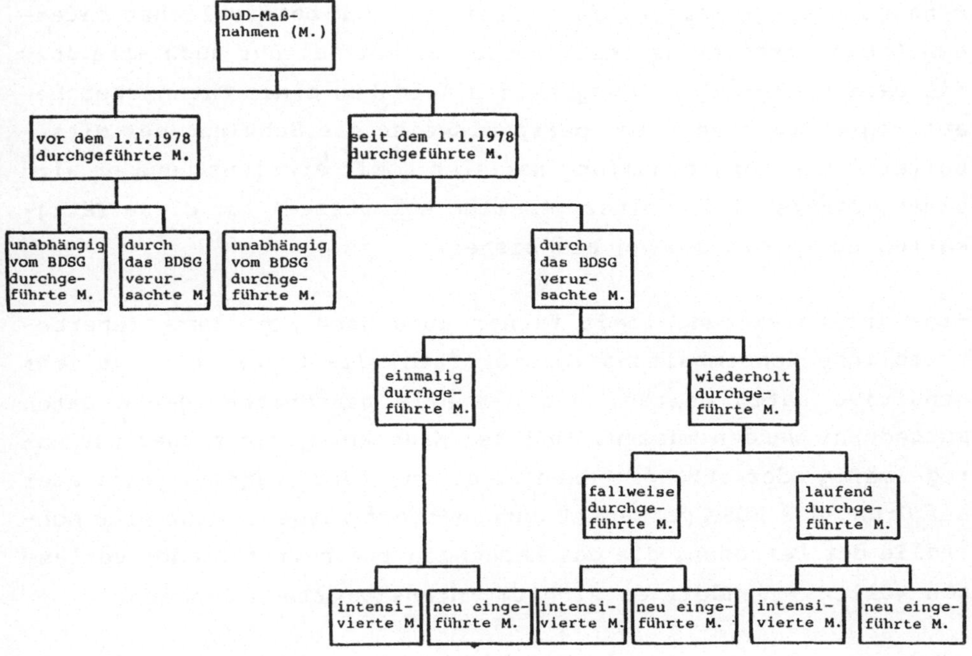

Abb. 7: Differenzierungsebene V: Differenzierung der Maßnahmen
        nach ihrer Innovationstiefe

1. Intensivierte Maßnahmen

Unter intensivierten Maßnahmen werden in der vorliegenden Untersuchung Maßnahmen verstanden, die in ähnlicher Weise auch schon
unabhängig vom BDSG durchgeführt wurden, jedoch auf Grund der
Vorschriften des Gesetzes jetzt in erweitertem Umfang durchgeführt werden müssen.

Um eine solche Intensivierung handelt es sich beispielsweise,
wenn ein Mitarbeiter, der schon vor der Verabschiedung des BDSG

innerbetrieblich für die Datensicherheit verantwortlich war und deshalb regelmäßig alle Datensicherungseinrichtungen kontrollierte sowie im Falle von Schwachstellen dem Vorstand Verbesserungsvorschläge machte, am 1. Juli 1977 zum betrieblichen Datenschutzbeauftragten bestellt wurde. Er hat seither auch alle über die Datensicherung hinausgehenden Aufgaben eines Datenschutzbeauftragten wahrzunehmen, beispielsweise die Schulung der Mitarbeiter. Sein Aufgabenumfang hat sich somit erweitert und er wird einen größeren Teil seiner gesamten Arbeitszeit für diese Tätigkeiten aufwenden müssen als bisher.

Eine Intensivierung liegt ferner auch dann vor, wenn innerbetriebliche Geheimhaltungsvorschriften, die früher nur für sehr sensitive Daten galten, nun auf alle personenbezogenen Daten ausgedehnt werden müssen. Auch bei Maßnahmen, die früher nur unregelmäßig oder stichprobenweise durchgeführt wurden, jetzt aber auf Grund des BDSG permanent durchgeführt werden - etwa eine Kontrolle der Personen, die das Rechenzentrum betreten oder verlassen wollen - handelt es sich um intensivierte Maßnahmen.

Bei den intensivierten Maßnahmen kann dem BDSG nur der Teil der Kosten zugerechnet werden, der über die Kosten hinausgeht, die auch ohne das Gesetz entstanden wären. Diese zusätzlichen Kosten sind in der Praxis nur schwer zu ermitteln, da die Unternehmungen, wie oben bereits eingehend dargestellt, häufig nicht genau angeben können, welchen Teil der Maßnahmen sie auch ohne die Verpflichtung durch das BDSG und damit unabhängig von diesem durchgeführt hätten.

2. Neueingeführte Maßnahmen

Neueingeführte Maßnahmen sind Maßnahmen, die vor der Verabschiedung des BDSG von den Unternehmungen noch nicht, auch nicht in modifizierter Form praktiziert wurden. Sie wurden damit aller Wahrscheinlichkeit nach nicht unabhängig vom BDSG eingeführt.

Eine solche neueingeführte Maßnahme kann zum Beispiel die Bestellung und Unterstützung des betrieblichen Datenschutzbeauftragten sein, sofern es in der Unternehmung vorher keine vergleichbare Stelle gegeben hat. Die Maßnahmen zur Berücksichtigung der Rechte des Betroffenen wurden häufig ebenfalls neu eingeführt, da die Unternehmungen vielfach kein oder nur ein geringes Eigeninteresse an solchen Maßnahmen haben.

Auch im Bereich der Datensicherung können Maßnahmen neu eingeführt sein. Bestand etwa vor dem Inkrafttreten des BDSG keine Möglichkeit festzustellen, welche personenbezogenen Daten zu welcher Zeit von wem in ein Datenverarbeitungssystem eingegeben worden sind, so muß dies seither im Rahmen der vorgeschriebenen Eingabekontrolle (Anlage zu § 6 Abs. 1 Satz 1 Nr. 7 BDSG) gewährleistet sein. Bei diesen Maßnahmen der Eingabekontrolle handelt es sich dann ebenfalls um neueingeführte Maßnahmen.

Die Kosten der neueingeführten Maßnahmen müssen in voller Höhe dem BDSG zugerechnet werden, da sie ausschließlich und in vollem Umfang auf Grund des BDSG durchgeführt werden.

III. Zusammenfassung

Als Abschluß des qualitativen Untersuchungsergebnisses wird im
folgenden in Form eines Schaubildes eine zusammenfassende Übersicht über die möglichen Kostenquellen des Datenschutzes und der
Datensicherung gegeben. Dem Schaubild liegt dabei die gleiche
Systematik zugrunde wie der obigen Darstellung. Der Datenschutz
und die Datensicherung in den Unternehmungen wurden dort jedoch
aus zwei verschiedenen Blickrichtungen beschrieben: zum einen
unter dem Gesichtspunkt der Anforderungen des BDSG, welche die
Unternehmungen durch geeignete Maßnahmen erfüllen müssen, zum
anderen unter dem Gesichtspunkt der Differenzierung dieser Da-
tenschutz- und Datensicherungsmaßnahmen nach Kriterien der Kostenrechnung. Da in das Schaubild systematischerweise jedoch nur
einer der beiden Aspekte aufgenommen werden konnte, wurde auf
die bei dieser Untersuchung weniger wichtige Differenzierung
nach den einzelnen Verpflichtungen des BDSG verzichtet.

Insgesamt ergeben sich bei der Übersicht 15 Bereiche, in denen
BDSG-initiierte Kosten unterschiedlicher Art angefallen sein können und die nicht weiter differenziert wurden. Diese Bereiche
wurden dann auf eine Kostenzeile projiziert, so daß sich insgesamt 15 Kostenblöcke ergeben, die zusammen den Gesamtblock "Kosten des Datenschutzes und der Datensicherung" repräsentieren.
Da nur die den Unternehmungen durch das BDSG entstandenen Kosten
Gegenstand der vorliegenden Untersuchung sind, wurden nur zu den
Blöcken 1-12 empirische Untersuchungen über die Höhe der Kosten
vorgenommen. Das Ergebnis wird im nachfolgenden Teil C der Arbeit dargestellt. Abb. 8 macht jedoch deutlich, daß damit die
der Volkswirtschaft entstandenen Gesamtkosten des Datenschutzes
und der Datensicherung nicht vollständig erfaßt werden konnten.
Die den Kammern und Verbänden, den privaten Haushalten und vor
allem dem gesamten öffentlichen Bereich durch das BDSG entstandenen Mehrkosten werden im folgenden nicht weiter untersucht. Zumindest indirekt - z.B. über Beiträge und Steuern - müssen jedoch
auch sie von der Wirtschaft getragen werden.

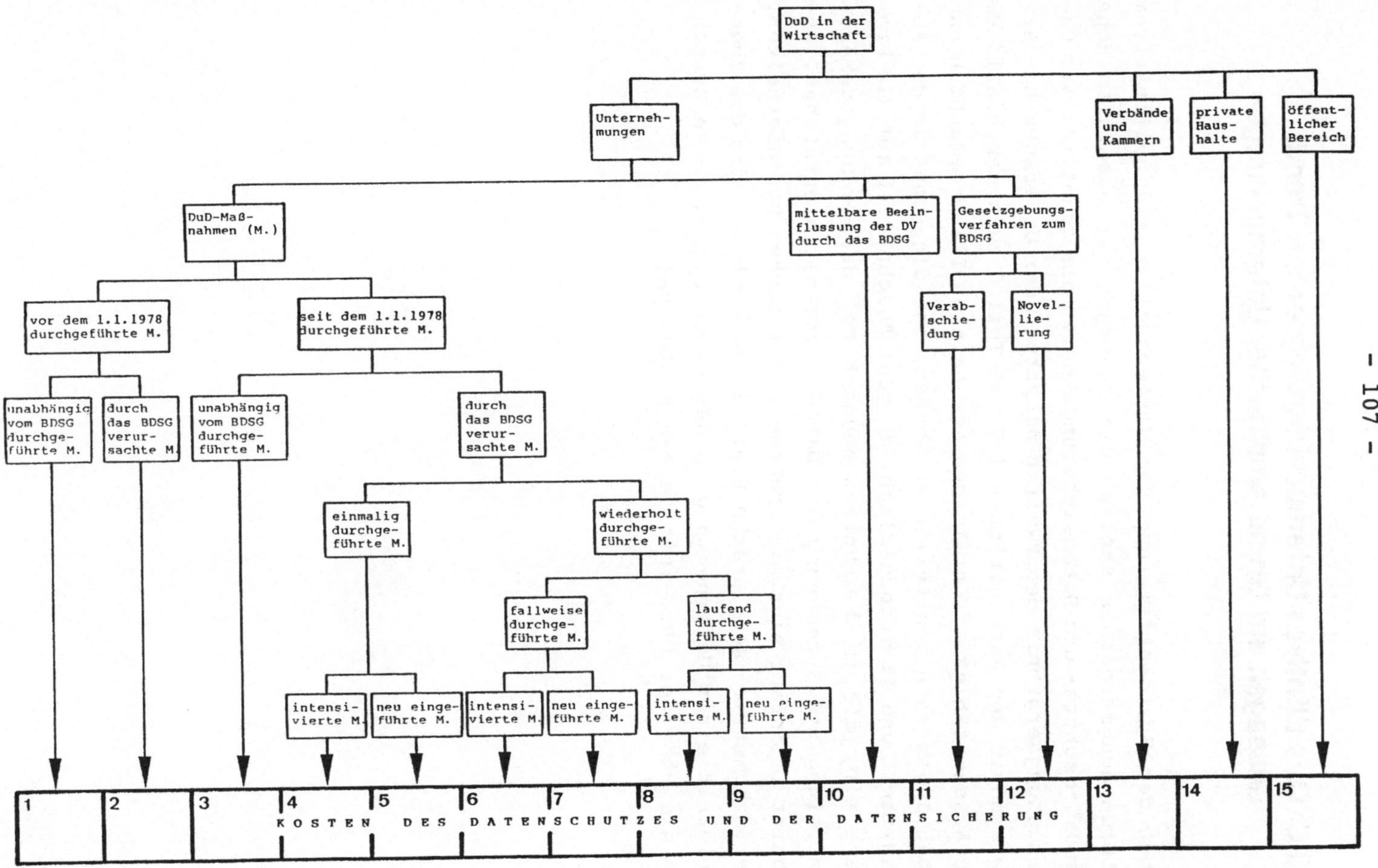

Abb. 8: Systematische Darstellung der Kostenquellen des Datenschutzes und der Datensicherung

Teil C: Quantitatives Untersuchungsergebnis – Trendaussagen auf Grund empirischer Untersuchungen

Neben der Systematisierung der Kostenquellen als qualitativem Untersuchungsergebnis stellen die Aussagen zur absoluten Höhe der Datenschutz- und Datensicherungskosten als quantitatives Untersuchungsergebnis den zweiten Hauptteil der Untersuchung dar. Sie sind in den Abschnitten III-V von Teil C zusammengefaßt. Um die Aussagefähigkeit der in den Abschnitten III-V gemachten Angaben angemessen beurteilen zu können, ist die Kenntnis der Abschnitte I und II erforderlich. So geht Abschnitt I auf die Probleme ein, die in den Unternehmungen bei der ordnungsgemäßen Ermittlung und Zurechnung der Datenschutzkosten entstehen. Abschnitt II befaßt sich mit branchenspezifischen Besonderheiten. Hierin kommt der sehr starke Einfluß zum Ausdruck, den die Zugehörigkeit einer Unternehmung zu der einen oder anderen Branche auf die Höhe der BDSG-initiierten Kosten hat.

I. Probleme bei Ermittlung und Zurechnung der Datenschutzkosten
   in der Praxis

Um die Kosten des Datenschutzes und der Datensicherung empirisch ermitteln zu können, mußte sich die Untersuchung insbesondere mit zwei Problemen auseinandersetzen:

- Zum einen werden die Datenschutzkosten von den Unternehmungen entweder gar nicht oder nur sehr unvollständig separat erfaßt und ausgewiesen.

- Zum anderen ist eine exakte Trennung der gesamten Datenschutzkosten in BDSG-initiierte Kosten und Kosten auf Grund unternehmungseigenen Schutzinteresses nur in seltenen Fällen möglich.

Zu beiden Problemen wird im folgenden ausführlich Stellung genommen.

a) Unzulängliche Erfassung der Datenschutzkosten in der Praxis

Wenn von der unzulänglichen Erfassung der Datenschutzkosten durch die Unternehmungen die Rede ist, muß zwischen folgenden Bereichen unterschieden werden:

- Erfassung einmaliger bzw. laufender Kosten des Datenschutzes
- Unternehmungen mit einem hauptamtlichen bzw. mit einem nebenamtlichen Datenschutzbeauftragten.

Aus der Gegenüberstellung der beiden genannten Bereiche lassen lassen sich vier Fälle ableiten (vgl. Abb. 9), die im folgenden näher beschrieben werden sollen.

	Unternehmungen mit hauptamtlichem DSB	Unternehmungen mit nebenamtlichem DSB
Erfassung einmaliger Kosten des Datenschutzes	Fall 1	Fall 2
Erfassung laufender Kosten des Datenschutzes	Fall 3	Fall 4

Abb. 9: Ableitung von vier, hinsichtlich der Unzulänglichkeit bei der Erfassung der Datenschutzkosten in der Praxis unterschiedlichen Fällen

Die Untersuchungen haben ergeben, daß ein Zusammenhang besteht zwischen der Existenz eines hauptamtlichen Datenschutzbeauftragten auf der einen Seite und dem Willen der Unternehmungsleitung, die Datenschutzkosten separat auszuweisen, bzw. der Fähigkeit der Mitarbeiter, diesen Willen zu realisieren, auf der anderen Seite. Die Gründe für diesen Zusammenhang und die im einzelnen in einer solchen Kostenstelle verrechneten Kosten werden weiter unten erläutert (vgl. Teil C. III. a) "Kosten auf Grund von Datenschutz- und Datensicherungsmaßnahmen"). An dieser Stelle soll jedoch deutlich gemacht werden, daß in Unternehmungen mit hohem Datenschutzbewußtsein - die Bestellung eines hauptamtlichen, unternehmungseigenen Datenschutzbeauftragten kann als ein Indiz für ein hohes Datenschutzbewußtsein angesehen werden - auch das Kostenbewußtsein für die Datenschutzmaßnahmen relativ ausgeprägt ist. Umgekehrt betrachtet läßt sich daher feststellen, daß in Unternehmungen, die einen internen Datenschutzbeauftragten bestellt haben, der seine Aufgaben nebenamtlich, also zusätzlich zu anderen betrieblichen Pflichten wahrnimmt, die mit dem Datenschutz verbundenen Kosten nur in Ausnahmefällen separat erfaßt und ausgewiesen werden.

Da nun die überwiegende Mehrzahl der Unternehmungen in der Bundesrepublik Deutschland keinen hauptamtlichen, sondern einen nebenamtlichen Datenschutzbeauftragten bestellt hat, die Kosten des Datenschutzes also i.d.R. nicht bereits von den Unternehmungen selbst ermittelt werden, ergaben sich bei der empirischen Erhebung zahlreiche Probleme. Um den vorgegebenen Rahmen der Untersuchung nicht unangemessen zu überschreiten, muß zunächst von der Richtigkeit der Kostenschätzungen in den befragten Unternehmungen ausgegangen werden. Stichprobenweise wurden die Angaben einer tiefergehenden Plausibilitätsprüfung unterzogen. Durch das gewählte Verfahren ist sichergestellt, daß die ermittelten Werte den wahren Kostenhöhen in jeder der befragten Unternehmungen so nah wie möglich kommen. Einer Verallgemeinerung der Zahlen und ihrer Hochrechnung auf die Gesamtkosten des Datenschutzes in der Bundesrepublik Deutschland sind jedoch auf Grund der genannten Restungenauigkeiten sehr enge Grenzen gesetzt.

Die Untersuchungen haben nicht nur ergeben, daß die Bestellung eines haupt- bzw. eines nebenamtlichen Datenschutzbeauftragten einen Hinweis darauf gibt, ob die Kosten des Datenschutzes relativ genau oder nur näherungsweise auf der Basis von Schätzungen ermittelt werden können. In beiden Fällen bringt vielmehr auch die Art der Kosten unterschiedliche Probleme bei ihrer Quantifizierung mit sich. Es hat sich gezeigt, daß grundsätzlich die Kosten eines einmaligen, nach einer überschaubaren Zeit abgeschlossenen Vorgangs leichter von den befragten Unternehmungen genannt werden konnten als die laufenden Kosten des Datenschutzes. Eine Ausnahme bilden hier allein diejenigen laufenden Kosten, die unmittelbar mit der Tätigkeit des betrieblichen Datenschutzbeauftragten zusammenhängen. Diese laufenden Kosten des Datenschutzes - z.B. die Personalkosten des Datenschutzbeauftragten und seiner Mitarbeiter, die Kosten für Büromaterial oder Reisen - lassen sich mit einem hohen Genauig-

keitsgrad. ermitteln. Das Gros der laufenden Datenschutzkosten
fällt jedoch - genauso wie die entsprechenden Maßnahmen - in
den Fachabteilungen an. Denn an der Stelle, an der mit personenbezogenen Daten umgegangen werden muß, müssen auch die Datenschutzmaßnahmen eingesetzt werden.

Die in den Fachabteilungen verursachten Kosten des Datenschutzes
und der Datensicherung konnten jedoch von keiner der befragten
Unternehmungen hinreichend exakt quantifiziert werden. Somit
wurden bezüglich der Datenschutzkosten "vor Ort" in den Fachabteilungen eigene Berechnungen angestellt. Der eng gefaßte Rahmen
der Untersuchung setzte diesen im Einzelfall sehr aufwendigen
Erhebungen jedoch enge Grenzen. Bei der Interpretation der weiter unten genannten Zahlen ist daher immer zu berücksichtigen,
daß sie nur einen Teil der tatsächlich angefallenen Kosten widerspiegeln. Der sehr ins Gewicht fallende Bereich der laufenden
Datenschutzkosten in den Fachabteilungen konnte nur unzureichend
berücksichtigt werden, da diese Kosten von den Unternehmungen
nicht separat erfaßt, sondern mit anderen Kosten gemeinsam verrechnet werden.

Die in Abb. 9 genannten vier Fälle unterscheiden sich daher hinsichtlich der Schwierigkeiten, die Kosten des Datenschutzes zu
ermitteln. Bei Fall 1 - die Unternehmung hat einen hauptamtlichen Datenschutzbeauftragten bestellt und es sollen die Kosten
eines einmaligen, abgeschlossenen Vorgangs ermittelt werden -
sind die Probleme am geringsten. Bei Fall 4 - der Datenschutzbeauftragte ist nur nebenamtlich tätig und es sollen die laufenden
Kosten von Datenschutzmaßnahmen quantifiziert werden - stellten
sich die umfangreichsten Probleme. Die Fälle 2 und 3 nehmen eine
mittlere Position ein.

b) Trennung der Datenschutzkosten in BDSG-initiierte Kosten und
   Kosten auf Grund unternehmungseigenen Schutzinteresses

Eine Aufteilung aller betrieblichen Kosten für den Schutz und
die Sicherung der Daten in Kosten, die auf solche Maßnahmen zurückgehen, die auch ohne eine gesetzliche Verpflichtung, also
bereits aus unternehmungseigenem Interesse durchgeführt werden
oder würden auf der einen Seite und Kosten, die ausschließlich
durch BDSG-initiierte Maßnahmen verursacht werden auf der anderen
Seite, wurde in keiner der befragten Unternehmungen durchgeführt
und dürfte auch generell unüblich sein. Für den empirischen Teil
der Untersuchung ist eine derartige Aufteilung jedoch von besonderer Bedeutung. Denn nur wenn sich die BDSG-initiierten Kosten
von denjenigen auf Grund unternehmungseigenen Schutzinteresses
trennen lassen, können Aussagen über die Höhe der Mehrkosten,
gemacht werden, die von diesem Gesetz in der Wirtschaft verursacht werden. Der Genauigkeitsgrad dieser Aussagen hängt somit
unmittelbar ab von der Möglichkeit, die genannten Kostenquellen
voneinander abzugrenzen.

Folgende Probleme sind die Ursache dafür, daß in der Praxis eine
Trennung der Datenschutzkosten in BDSG-initiierte Kosten und Kosten auf Grund unternehmungseigenen Schutzinteresses nicht immer
problemlos vorgenommen werden kann:

- Eignung der Datenschutzmaßnahmen zur Erfüllung sowohl gesetzlicher als auch unternehmungseigener Anforderungen an den Datenschutz

Zahlreiche in den Unternehmungen praktizierte Datenschutzmaßnahmen - insbesondere die Maßnahmen der Datensicherung gem. §
6 BDSG - eignen sich dazu, gleichermaßen gesetzliche und unternehmungseigene Anforderungen an den Datenschutz zu erfüllen. In zahlreichen Fällen werden sie gerade wegen dieser

Eignung aus einem großen Katalog möglicher Alternativen ausgewählt. An der Maßnahme selbst läßt sich deshalb allerdings
der Grund für ihre Einführung nicht eindeutig erkennen.

- Fehlende Dokumentation der Motive für die Einführung der jeweiligen Datenschutzmaßnahme

Wenn schon in zahlreichen Fällen die jeweilige Datenschutzmaßnahme selbst keinen eindeutigen Schluß darauf zuläßt, welchem
Bereich die durch sie verursachten Kosten zugerechnet werden
müssen, dann müssen die Motive, die zu ihrer Einführung geführt haben, herangezogen werden. Diese Motive waren jedoch in
keiner der untersuchten Unternehmungen hinreichend dokumentiert.

- Fehlende Dokumentation der Motive für die Beibehaltung einer
  bereits eingeführten Datenschutzmaßnahme in nachfolgenden Perioden

Selbst wenn bei der einen oder anderen Datenschutzmaßnahme geklärt werden konnte, aus welchem Grund sie ursprünglich einmal
veranlaßt wurde, sagt das noch nichts darüber aus, warum sie
auch zu späteren Zeitpunkten beibehalten wurde. So ist es
durchaus denkbar, daß eine Maßnahme ursprünglich allein aufgrund des BDSG initiiert werden mußte, im Laufe der Zeit jedoch - auf Grund geänderter betrieblicher Notwendigkeiten -
aus unternehmungseigenem Interesse beibehalten wird. Die durch
die Maßnahme verursachten Kosten müßten demnach zu Anfang
allein dem BDSG zugerechnet werden und erst in späteren Perioden aufgeteilt werden nach der Verursachung durch das BDSG
bzw. das unternehmungseigene Interesse. Auch diese Motive
waren in keiner der untersuchten Unternehmungen dokumentiert.

Durch die im Rahmen der Untersuchung durchgeführten Interviews
konnten die genannten Probleme abgeschwächt werden. Sie insge-

samt durch umfangreiche empirische Ermittlungen gänzlich auszu-
räumen, hätte jedoch den Rahmen des Projektes beiweitem überstiegen und wäre letztlich auch mit noch so großem Aufwand nicht
vollständig möglich gewesen. Bei der Auswertung der nachfolgend
genannten quantitativen Werte sind daher die Grenzen zu beachten, die der Interpretation der Zahlen durch die problematische
Trennung der Datenschutzkosten in BDSG-initiierte Kosten und
Kosten auf Grund unternehmungseigenen Schutzinteresses - ebenso
wie durch die oben beschriebene unzulängliche Erfassung der Datenschutzkosten durch die Unternehmungen - gesetzt sind.

II. Branchenspezifische Besonderheiten der Datenschutz- und
    Datensicherungskosten

Die an der Untersuchung beteiligten 66 Unternehmungen rechneten
sich selbst einer der folgenden sechs Branchen zu:

- Industrie,
- Kreditwirtschaft,
- Versicherungswirtschaft,
- Handel,
- Service-Rechenzentrum,
- Beratung/Dienstleistung/Werbung.

Soweit in einer Unternehmung Umsätze in mehreren der genannten
Bereiche anfielen, entschied der umsatzstärkste Teilbereich
über die Zuordnung der gesamten Unternehmung. Die absolute Zahl
der beteiligten Unternehmungen je Branche und ihre prozentuale
Verteilung zeigt Abb. 2 in Anhang 1.

Die quantitative Erhebung der Datenschutz- und Datensicherungskosten zeigt sehr deutlich, welche erheblichen Unterschiede
diesbezüglich zwischen den verschiedenen Branchen bestehen. Die
Ursache hierfür liegt in dem generell sehr unterschiedlich hohen
Gefahrenpotential, das für den Bestand der Unternehmung aus
einem Datenmißbrauch oder einer Verfälschung der Daten entsteht.
So legen Unternehmungen, deren Geschäftsbeziehungen auf einem
besonderen Vertrauensverhältnis zwischen ihnen und ihren Kunden
beruhen, wie Kreditinstitute und Versicherungen, seit jeher
größten Wert auf die Geheimhaltung der von ihnen verarbeiteten
personenbezogenen Daten. Gleiches gilt für Unternehmungen wie
Auskunfteien oder Detekteien, bei denen die Speicherung, Verarbeitung und Weitergabe personenbezogener Daten den Gegenstand
ihrer betrieblichen Tätigkeit ausmachen. Im Bereich des Einzel-
handels sind es vor allem die Versandhäuser, die zum Schutz und

zur Sicherung ihrer Kundendateien die Kosten auch außergewöhnlicher Maßnahmen nicht scheuen. Eine Liste solcher Beispiele
ließe sich noch sehr lange fortsetzen. Allen aufgeführten Fällen ist gemeinsam, daß auf Grund unternehmungseigener Schutzin-
teressen, unabhängig vom BDSG und bereits lange vor der Verabschiedung des Gesetzes die in der Unternehmung verarbeiteten
personenbezogenen Daten einem besonderen Schutz unterlagen.

Im Gegensatz dazu wird in Unternehmungen anderer Wirtschaftsbe-
reiche - z.B. in Industrieunternehmungen - traditionell keine
Notwendigkeit gesehen, die anfallenden personenbezogenen Daten
einem intensiveren Schutz zu unterziehen als er für alle übrigen, nicht-personenbezogenen Daten ohnehin gilt. Es ist im Ge-
genteil sogar häufig zu beobachten, daß in diesen Unternehmungen gerade bestimmte nicht-personenbezogene Daten - beispielsweise Daten aus dem Bereich Forschung und Entwicklung - einem
weitaus höheren Datenschutzstandard unterworfen werden als die
personenbezogenen Daten, weil in diesen Fällen die Geheimhaltung der nicht-personenbezogenen Daten für den Bestand der Unternehmung von ähnlicher Bedeutung ist wie die Geheimhaltung der
Kundendaten z.B. für Banken und Versicherungen. Die Verarbeitung
personenbezogener Daten und damit der notwendige Aufwand für
ihren Schutz haben für Industrieunternehmungen im Gegensatz zu
Banken und Versicherungen - um bei diesem nur beispielhaft gewählten Gegensatzpaar zu bleiben - schon deshalb nicht dieselbe
Bedeutung, weil es sich bei den Kunden und Lieferanten von Industrieunternehmungen i.d.R. nicht um natürliche, sondern um
juristische Personen handelt. Der Schutz der Daten juristischer
Personen ist jedoch nicht Gegenstand des BDSG. Die hierdurch
verursachten Kosten zu ermitteln, war daher nicht die Aufgabe
der vorliegenden Untersuchung.

Neben den Unterschieden zwischen den verschiedenen Branchen
hinsichtlich der Höhe des Datenschutzaufwandes für die von

ihnen verarbeiteten personenbezogenen Daten zeigten sich im
Rahmen der empirischen Untersuchung auch zahlreiche branchen-
übergreifende Gemeinsamkeiten. So wurden die personenbezogenen
Daten der eigenen Mitarbeiter unabhängig von der Branchenzugehörigkeit dem notwendigen Schutz unterworfen. Die Unterschiede
im Datenschutzstandard zwischen den Unternehmungen werden in
diesem Fall nicht durch die jeweilige Branche verursacht. Sie
haben andere Ursachen, z.B. die von Unternehmung zu Unternehmung
unterschiedliche Einsicht in die generelle Notwendigkeit des Datenschutzes.

Aus den branchenspezifischen Besonderheiten ergibt sich für die
Höhe der BDSG-initiierten Kosten, daß im allgemeinen Unternehmungen, die auch unabhängig von der gesetzlichen Verpflichtung
einen hohen Datenschutzstandard verfolgen und demzufolge bereits aus Eigeninteresse bereit sind, auch hohe Datenschutzkosten zu tragen, durch das BDSG in geringerem Maße betroffen
sind, als Unternehmungen, die ohne das BDSG den Datenschutz
auf einem weitaus niedrigeren Niveau realisieren würden. Bran-
chenunabhängig sind die Mehrkosten, die das BDSG beim Schutz
der unternehmungseigenen Personaldaten verursacht hat. Diesbezüglich finden sich in allen Bereichen Unternehmungen, die bereits von einem hohen Datenschutzniveau ausgingen und daher
nur geringe oder gar keine Mehrkosten zu tragen hatten, und
solche, für die die Umsetzung der Anforderungen des Gesetzes
mit erheblichen Mehrkosten verbunden war.

III. Die Entwicklung der Datenschutz- und Datensicherungskosten
     seit Verabschiedung des BDSG

Grundlage der nachfolgenden Ausführungen sind die Angaben, die
die befragten Unternehmungen in den Frage- und Erhebungsbögen
gemacht haben. Die Zahlen, auf denen die Interpretation basiert,
sind in Anhang 1 ausführlich dargestellt. Sie werden ergänzt
durch die Erkenntnisse aus den Expertengesprächen.

Als Stichtag für den Beginn der Kostenuntersuchung gilt der 1.
Januar 1978, da seit diesem Tag bis auf § 6 BDSG alle Vorschriften des Gesetzes in Kraft sind. § 6 BDSG und die hierzu gehören-
de Anlage traten am 1. Januar 1979 in Kraft.

Die Gliederung des nachfolgenden Teils der Untersuchung bringt
zum Ausdruck, daß bei den Folgekosten des BDSG grundsätzlich
drei Kostenquellen unterschieden werden müssen:

- Kosten auf Grund von Datenschutz- und Datensicherungsmaßnahmen

  Es ist naheliegend, daß bei einer Erhebung der gesetzlichen
  Folgekosten zunächst untersucht wird, welche zusätzlichen Maßnahmen von den betroffenen Unternehmungen durchgeführt werden
  müssen, um den Anforderungen gerecht werden zu können.

- Kosten auf Grund mittelbarer Beeinflussung der Datenverarbeitung durch das BDSG

  Neben den unmittelbar kostenwirksamen Datenschutzmaßnahmen ist
  auch ein mittelbarer Einfluß des Gesetzes auf die Kosten der
  Datenverarbeitung selbst zu beobachten. Hierzu gehören die
  Kosten, die zwar auf Grund des Gesetzes den Unternehmungen
  entstanden sind, jedoch nicht direkt durch Datenschutzmaßnahmen hervorgerufen wurden.

- Kosten auf Grund von Aktivitäten im Zusammenhang mit der Verabschiedung bzw. Novellierung des BDSG

Hierunter werden alle Kosten zusammengefaßt, die von den Unternehmungen getragen werden mußten oder müssen, weil sie sich an der Beratung und Diskussion des Gesetzentwurfs bzw. der Novellierungsentwürfe beteiligten. Auch hier handelt es sich nicht um Kosten, die unmittelbar von Maßnahmen des Datenschutzes verursacht wurden. Sie dürfen dennoch bei einer Gesamtkostenerhebung nicht unberücksichtigt bleiben, da auch sie ohne das BDSG nicht enstanden wären.

Die in den drei genannten Kostenquellen den befragten Unternehmungen entstandenen gesetzlichen Folgekosten werden nachfolgend näher erläutert.

a) Kosten auf Grund von Datenschutz- und Datensicherungsmaßnahmen

Bei der Darstellung der Kosten, die den Unternehmungen durch
die Datenschutz- und Datensicherungsmaßnahmen entstanden sind,
wird zunächst die Gesamthöhe aller diesbezüglichen Kosten behandelt. Eine Aufteilung dieser Gesamtkosten in BDSG-initiierte
Kosten und Kosten auf Grund unternehmungseigenen Schutzinteresses erfolgt erst im anschließenden zweiten Schritt.

1. Gesamthöhe der Kosten von Maßnahmen des Datenschutzes und
   der Datensicherung

Zu Beginn der Ausführungen sei besonders darauf hingewiesen,
daß im folgenden im wesentlichen reine Trendaussagen über die
Höhe der Datenschutzkosten und ihre Entwicklung in den Jahren
1976 - 1982 gemacht werden. Im Mittelpunkt stehen dabei ausschließlich einzelwirtschaftliche Größen. Das bedeutet, daß die
gesamten Zahlen grundsätzlich nur die Kostensituation in der
einen, befragten Unternehmung widerspiegeln. Eine Hochrechnung
der Datenschutzkosten bei den untersuchten Unternehmungen auf
die entsprechenden Kosten der gesamten Volkswirtschaft ist mit
den vorliegenden Untersuchungsergebnissen nur in sehr engen
Grenzen möglich. Die Anzahl der durch die Frage- und Erhebungsbögen bzw. die Expertengespräche einbezogenen Unternehmungen und
die hierdurch gewonnenen Erkenntnisse erlauben jedoch die im
folgenden gemachten Trendaussagen, da derartige Aussagen bei der
Darstellung der Verhältnisse in einer Branche oder in der gesamten Volkswirtschaft auf die Angabe von absoluten Zahlen weitgehend verzichten.

Ferner bleibt im folgenden zu berücksichtigen, daß die Kostensituation von Unternehmung zu Unternehmung sehr unterschiedlich
ist, der Untersuchungsgegenstand stellte sich somit als sehr he-

terogen dar. Zu Trendaussagen konnte es daher nur kommen, wenn sich die Entwicklung relativ deutlich abzeichnete. Dennoch ist es bei nahezu jeder Aussage möglich, Unternehmungen anzuführen, deren individuelle Kostenentwicklung nicht derjenigen der jeweiligen Branche oder der Mehrheit der übrigen Unternehmungen im allgemeinen entspricht. Der Aussagegehalt der getroffenen Feststellungen wird durch die einzelnen atypischen Gegenbeispiele jedoch nicht beeinträchtigt.

Bei der Auswertung der Angaben über die Höhe der Datenschutzkosten ergaben sich nennenswerte Unterschiede vor allem hinsichtlich der folgenden beiden Kriterien:

- Gesamthöhe der Kosten bei Unternehmungen mit bzw. ohne Kostenstelle "Datenschutz",

- Gesamthöhe der Kosten bei Unternehmungen unterschiedlicher Branchen.

Hierauf wird im folgenden näher eingegangen.

1.1. Gesamthöhe der Kosten bei Unternehmungen mit bzw. ohne Kostenstelle "Datenschutz"

Die Untersuchung hat generell ergeben, daß in Unternehmungen, die für ihre gesamten Datenschutzkosten oder zumindest für einen bestimmten, leichter abgrenzbaren Teil eine eigene Kostenstelle eingerichtet haben, das Kostenbewußsein, also das Wissen darum, daß die Datenschutzmaßnahmen mit einem teilweise erheblichen Mehraufwand für die Unternehmung verbunden sind, bedeutend höher ist als in solchen Unternehmungen, die keine separate Kostenstelle für ihre Datenschutzkosten eingerichtet haben. Dies verdeutlicht Abb. 16 in Anhang 1.

In dieser Abbildung werden die 23 der insgesamt 54 an der Erhebungsbogenaktion beteiligten Unternehmungen, die über die gesamte Höhe oder einen Teil ihrer Datenschutzkosten keine Angaben machten, näher aufgeschlüsselt:

- 16 der 23 Unternehmungen hatten keine Kostenstelle "Datenschutz". Bei 7 Unternehmungen war dagegen eine Kostenstelle vorhanden, so daß die hierzu angegebenen Werte in die Auswertung einbezogen werden konnten. Bei den genannten 7 Unternehmungen bezieht sich ihre Aussage, keine Angaben über die Höhe der Datenschutzkosten machen zu können, daher ausschließlich auf die Kosten, die nicht in der Kostenstelle verrechnet wurden.

- 5 der 23 Unternehmungen räumten ein, daß Datenschutzkosten überhaupt bzw. über die in der Kostenstelle angesetzten Kosten hinaus zwar angefallen seien, sie jedoch ohne eine Kostenstelle auch für diese, bisher nicht gesondert ausgewiesenen Kosten keine Angaben über deren Höhe machen könnten. Die übrigen 18 Unternehmungen gaben an, daß in ihrer Unternehmung überhaupt keine Datenschutzkosten angefallen seien bzw. außerhalb der entsprechenden Kostenstelle keine weiteren Datenschutzkosten entstanden seien.

Zur näheren Aufschlüsselung der 23 Unternehmungen, die im Rahmen der Erhebungsbogenaktion keine Angaben zu ihren Datenschutzkosten gemacht haben - soweit diese Unternehmungen über eine Kostenstelle "Datenschutz" verfügen, sind nur die Datenschutzkosten gemeint, die nicht in der Kostenstelle verrechnet werden - lassen sich demnach folgende Verhältniszahlen angeben:

Unternehmungen mit einer Kostenstelle für einen Teil ihrer Datenschutzkosten	zu	Unternehmungen ohne Kostenstelle "Datenschutz"
(1) 7	zu	16

Unternehmungen mit der Angabe von Datenschutzkosten dem Grunde, aber nicht der Höhe nach	zu	Unternehmungen mit der Angabe, daß Datenschutzkosten bei ihnen weder dem Grunde noch der Höhe nach angefallen seien
(2) 5	zu	18

Die eingangs geäußerte These, die Existenz einer Kostenstelle "Datenschutz" deute i.d.R. auf ein ausgeprägteres Kostenbewußtsein in der jeweiligen Unternehmung hin, wird weiter erhärtet, wenn man die in der Verhältniszahl (1) genannten Werte weiter untersucht. Auch dies ergibt sich aus Abb. 16 in Anhang 1.

- Von den 7 Unternehmungen, die außer in der eigenen Kostenstelle "Datenschutz" keine weiteren Datenschutzkosten angaben, äußerten 4, daß sie sehr wohl von der Existenz weiterer, nicht in der Kostenstelle verrechneter Datenschutzkosten ausgingen, allerdings über deren Höhe nichts aussagen könnten. Lediglich die übrigen 3 Unternehmungen äußerten die Ansicht, daß außer den in der Kostenstelle ausgewiesenen keine weiteren Datenschutzkosten angefallen seien.

- Bei den 16 Unternehmungen ohne eigene Kostenstelle "Datenschutz" ist das Bild noch deutlicher. 15 Unternehmungen gaben an, daß bei ihnen überhaupt keine Datenschutzkosten angefallen seien, während gemäß den eigenen Angaben nur bei einer Unternehmung die Datenschutzmaßnahmen mit Kosten verbunden waren, zu deren Höhe mangels einer eigenen Kostenstelle jedoch keine Angaben gemacht werden konnten.

Hinsichtlich des Verhältnisses

Unternehmungen mit der Angabe von Datenschutzkosten dem Grunde, aber nicht der Höhe nach	zu	Unternehmungen mit der Angabe, daß Datenschutzkosten bei ihnen weder dem Grunde noch der Höhe nach angefallen seien

ergibt sich damit für die 7 Unternehmungen mit einer eigenen Kostenstelle "Datenschutz" ein Verhältnis von

(3)   4   zu   3

und für die 16 Unternehmungen ohne eine Kostenstelle "Datenschutz" ein Verhältnis von

(4)   1   zu   15

Insbesondere in (4) zeigt sich sehr deutlich, wie stark die Existenz einer gesonderten Kostenstelle "Datenschutz" und das diesbezügliche Kostenbewußtsein korrelieren.

Zur weiteren Erhärtung dieser These lassen sich auch die in der Verhältniszahl (2) genannten Werte weiter aufschlüsseln:

- Von den 5 Unternehmungen, welche Datenschutzkosten dem Grunde nach einräumten, nur über deren Höhe keine Angaben machen konnten, hatten 4 für bestimmte, leichter abgrenzbare Kosten eine gesonderte Kostenstelle und nur eine Unternehmung keine Kostenstelle "Datenschutz".

- Noch deutlicher wird das Bild bei den 18 Unternehmungen, nach deren Angaben bei ihnen überhaupt keine Datenschutzkosten angefallen sind. 15 von ihnen hatten auch keine Kostenstelle "Datenschutz". Bei den übrigen 3 mit Kostenstelle bezieht sich die Aussage, es seien keine Datenschutzkosten angefallen, nur auf die nicht in der Kostenstelle verrechneten Datenschutzkosten.

Hinsichtlich des Verhältnisses

Unternehmungen mit   Unternehmungen ohne
einer Kostenstelle   Kostenstelle "Datenfür einen Teil ihrer   zu   schutz"
Datenschutzkosten

ergibt sich damit für die Unternehmungen mit der Angabe von Datenschutzkosten dem Grunde, aber nicht der Höhe nach ein Verhältnis von

(5)   4   zu   1

und für die 18 Unternehmungen mit der Angabe, daß Datenschutzkosten bei ihnen weder dem Grunde noch der Höhe nach angefallen seien, ein Verhältnis von

(6)   3   zu   15.

Zusammenfassend läßt sich festhalten, daß die Existenz einer Kostenstelle "Datenschutz" das Kostenbewußtsein der jeweiligen Unternehmung für die mit den Datenschutzmaßnahmen verbundenen Kosten erheblich geschärft hat. Die Existenz einer Kostenstelle für Datenschutzmaßnahmen führte bei den betroffenen Unternehmungen regelmäßig zu der Angabe höherer Datenschutzkosten als bei Unternehmungen ohne Kostenstelle. Der Grund hierfür liegt allem Anschein nach allein in dem höheren Kostenbewußtsein bei Unternehmungen mit einer Kostenstelle für den Datenschutz im Gegensatz zu solchen Unternehmungen, die über eine solche Kostenstelle nicht verfügen. Von der Angabe unterschiedlicher Kostenhöhen auf ein jeweils unterschiedliches Datenschutzniveau zu schließen, ist auf Grund der vorliegenden empirischen Erhebung nicht möglich. Bei der Untersuchung zeigte sich vielmehr, daß Unternehmungen trotz gleichen Datenschutzstandards sehr unterschiedliche Angaben über die Höhe der ihnen entstandenen Datenschutzkosten machen. Der Unterschied liegt allein darin, daß in Unternehmungen ohne Kostenstelle für den Datenschutz die Schätzwerte für die entstandenen Datenschutzkosten in der Regel niedriger ausfallen als die im Rahmen der Kostenrechnung ermittelten und in einer eigenen Kostenstelle ausgewiesenen Datenschutzkosten.

1.2. Gesamthöhe der Kosten bei Unternehmungen unterschiedlicher Branchen

Die Datenschutzkosten zeigten in den Jahren 1976 bis 1982 in der Mehrheit der untersuchten Fälle folgende Entwicklung:

- leichter Anstieg von 1976 auf 1977,
- leichter Anstieg von 1977 auf 1978,
- ungefähr gleichbleibend 1978 und 1979,
- leichter Kostenrückgang 1980 und 1981,
- leichter Anstieg von 1981 auf 1982.

Insgesamt ist zwischen 1976 und 1982 ein leichter Anstieg der gesamten Datenschutzkosten zu verzeichnen, der über die Lohn- und Preissteigerungsrate hinausgeht. Wie hoch die Datenschutzkosten in absoluten Zahlen waren wird nachfolgend branchenindividuell ausgeführt.

1.2.1. Industrieunternehmungen

Bei der Darstellung der Datenschutzkosten in den untersuchten Industrieunternehmungen wird unterschieden zwischen

- Industrieunternehmungen _mit_ Kostenstelle "Datenschutz" und
- Industrieunternehmungen _ohne_ Kostenstelle "Datenschutz".

Bei den Industrieunternehmungen mit einer eigenen Kostenstelle "Datenschutz" können die in dieser Kostenstelle ausgewiesenen und die darüber hinaus angefallen Datenschutzkosten getrennt dargestellt werden.

Die Höhe der in einer eigenen Kostenstelle "Datenschutz" ausgewiesenen Kosten bei den 10 untersuchten Industrieunternehmungen,

die über eine solche Kostenstelle verfügen, ergibt sich aus Abb.
10 in Anhang 1. Hierbei zeigt sich ein sehr einheitliches Bild.
Vor 1977 verrechneten von den 10 Unternehmungen nur 2 ihre Datenschutzkosten in einer eigenen Kostenstelle. Bei ihnen entstanden danach in dieser Zeit Kosten zwischen DM 5.000 und DM
10.000 pro Jahr. 1977 stiegen diese Kosten rapide an. Sie betrugen in diesem Jahr in der Regel zwischen DM 50.000 und DM
200.000. Niedriger waren die Angaben für 1977 nur in zwei Fällen. Eine Unternehmung gab an, daß Kosten zwischen DM 20.000
und DM 30.000 entstanden seien; eine andere Unternehmung wies
1977 Datenschutzkosten zwischen DM 1.000 und DM 5.000 aus. In
dieser Unternehmung hat sich die Höhe der Datenschutzkosten nach
eigenen Angaben bis heute nicht mehr verändert. Bei den übrigen
Industrieunternehmungen stiegen die in der eigenen Kostenstelle
ausgewiesenen Datenschutzkosten zwischen 1977 und 1978 nochmals
an und erreichten ein Niveau von DM 70.000 bis DM 500.000. Bis
auf die eine genannte Unternehmung hatte zwischen 1978 und 1982
keine der befragten Industrieunternehmungen niedrigere Datenschutzkosten als DM 70.000 pro Jahr. Die innerhalb der Kostenstelle "Datenschutz" ausgewiesenen Kosten scheinen sich schließlich auf dem genannten Niveau von DM 70.000 bis DM 500.000 jährlich stabilisiert zu haben. Dieser noch sehr weit gesteckte Rahmen läßt sich bei genauerer Analyse der Untersuchungsergebnisse
dahingehend präzisieren, daß in den beiden letzten Jahren des
Beobachtungszeitraums - also 1981 und 1982 - die Datenschutzkosten in der Mehrzahl der Fälle zwischen DM 100.000 und DM
500.000 betrugen.

Die in der Kostenstelle ausgewiesenen Datenschutzkosten haben
sich somit bei den 10 Unternehmungen mit einer eigenen Kostenstelle in den Jahren 1978 bis 1982 weitgehend auf einen Betrag
zwischen DM 70.000 und DM 500.000 jährlich stabilisiert. Für
diese Industrieunternehmungen wurde ermittelt, wie hoch der
Anteil der in der Kostenstelle ausgewiesenen Datenschutzkosten

an den Gesamtkosten der Datenverarbeitung ist. Das Ergebnis zeigt Abb. 12 in Anhang 1. Hieraus ergibt sich, daß zu Beginn - also 1977 - der Anteil der in der Kostenstelle ausgewiesenen Datenschutzkosten an den Gesamtkosten der Datenverarbeitung relativ niedrig war. Er betrug zwischen 0,26% und 0,40%. Ab 1978 stieg dieser Anteil jedoch kontinuierlich an. Seit 1981 scheint er sich jedoch erneut - allerdings auf einem höheren Niveau - zu stabilisieren. Der Anteil der in der Kostenstelle ausgewiesenen Datenschutzkosten an den Gesamtkosten der Datenverarbeitung liegt seit 1981 bei den 10 untersuchten Industrieunternehmungen, die über eine eigene Kostenstelle für den Datenschutz verfügen, konstant zwischen 0,41% und 0,81%.

Bei den befragten 10 Industrieunternehmungen mit einer eigenen Kostenstelle "Datenschutz" fielen über die in dieser Kostenstelle angegebenen Kosten hinaus weitere Kosten des Datenschutzes an. Die jeweils angegebene Höhe dieser Kosten ergibt sich aus Abb. 17 in Anhang 1. Hiernach gaben für die Jahre 1976 bis 1982 drei Unternehmungen an, daß Datenschutzkosten außerhalb der Kostenstelle zwar angefallen seien, sie jedoch über die Höhe dieser Kosten keine Angaben machten könnten. Nur eine der befragten 10 Industrieunternehmungen gab an, daß außerhalb ihrer Kostenstelle überhaupt keine Datenschutzkosten angefallen seien. Die übrigen 6 Industrieunternehmungen gaben in jedem Fall Datenschutzkosten außerhalb der Kotenstelle "Datenschutz" von mehr als DM 5.000 pro Jahr an. Bei vier der befragten 10 Industrieunternehmungen lagen diese Datenschutzkosten zwischen 1977 und 1982 über DM 70.000 jährlich. Bei 2 Industrieunternehmungen lagen sie sowohl 1977 als auch erneut 1982 sogar über DM 500.000 jährlich. Betrachtet man neben der Angabe der absoluten Höhe der Datenschutzkosten in den genannten Jahren ihre Entwicklung, so stellt man fest, daß zwischen 1977 und 1979 ein leichter Anstieg der Datenschutzkosten zu verzeichnen ist und daß sich die Datenschutzkosten seit 1980 auf einem relativ gleichbleibenden Niveau gehalten haben.

19 befragte Industrieunternehmungen verfügten nicht über eine
eigene Kostenstelle für ihre Datenschutzkosten. Soweit sie dennoch Angaben über die Höhe dieser Kosten machten, unterscheiden
sich diese Angaben in zweierlei Hinsicht von den Angaben derjenigen Industrieunternehmungen, die über eine eigene Kostenstelle
verfügen:

- Zum einen handelt es sich vollständig um Schätzwerte. Bei den
  Industrieunternehmungen mit einer eigenen Kostenstelle mußten
  dagegen nur diejenigen Datenschutzkosten geschätzt werden, die
  außerhalb der Kostenstelle angefallen waren.

- Zum anderen handelt es sich um die Gesamthöhe der Datenschutzkosten in den jeweiligen befragten Industrieunternehmungen.
  Da bei den Unternehmungen mit einer eigenen Kostenstelle differenziert werden konnte zwischen den Kosten innerhalb und
  außerhalb dieser Kostenstelle, darf nur die Gesamtsumme dieser beiden Angaben mit den nachfolgend erläuterten Zahlen für
  Industrieunternehmungen ohne eine eigene Kostenstelle verglichen werden. Nur diese Gesamtsumme gibt die insgesamt in den
  Unternehmungen mit eigener Kostenstelle angefallenen Datenschutzkosten wieder.

Die von den 19 untersuchten Industrieunternehmungen ohne eine
eigene Kostenstelle "Datenschutz" gemachten Angaben über die
Höhe ihrer Datenschutzkosten ergeben sich aus Abb. 21 in Anhang
1. Das auf den ersten Blick hinsichtlich der Kostenhöhe und
ihrer Entwicklung zwischen 1976 und 1982 relativ uneinheitliche
Bild läßt dennoch folgende generellen Aussagen zu:

- Zwischen 1978 und 1982 haben sich hinsichtlich der absoluten
  Höhe der Datenschutzkosten zwei deutlich voneinander abgrenzbare Gruppen herausgebildet. Die jährlichen Kosten lagen in
  der Regel entweder über DM 200.000 oder unter DM 50.000. Da-

bei ist zu beobachten, daß die Zahl der Unternehmungen mit jährlichen Datenschutzkosten von über DM 200.000 deutlich kleiner ist als die Zahl derjenigen Unternehmungen, die laut eigenen Angaben jährliche Datenschutzkosten von unter DM 50.000 hatten.

- Hinsichtlich der Entwicklung der Datenschutzkosten im Beobachtungszeitraum läßt sich feststellen, daß zwischen 1976 und 1978 ein deutlicher erster Höhepunkt der gesamten Datenschutzkosten zu verzeichnen war. Zwischen 1978 und 1980 sind in zahlreichen Fällen die Datenschutzkosten sogar zurückgegangen. Seit 1981 ist auf breiterer Front erneut ein Anstieg der Datenschutzkosten zu beobachten.

Vergleicht man die Höhe der Datenschutzkosten in Industrieunternehmungen ohne eigene Kostenstelle für den Datenschutz mit der Summe der Datenschutzkosten in Industrieunternehmungen mit einer eigenen Kostenstelle für diese Kosten, so stellt man fest, daß Unternehmungen mit einer eigenen Kostenstelle im allgemeinen höhere Datenschutzkosten angeben als Unternehmungen ohne eine solche Kostenstelle. Wie oben bereits ausgeführt liegt der Grund hierfür nicht etwa in einem generell niedrigeren Datenschutzniveau in Unternehmungen ohne eigene Kostenstelle, sondern vielmehr in dem unterschiedlich stark ausgeprägten Kostenbewußtsein und der unterschiedlichen Fähigkeit, die entstandenen Datenschutzkosten exakt zu ermitteln. Aus diesem Grund kann davon ausgegangen werden, daß in den untersuchten Industrieunternehmungen ohne eigene Kostenstelle "Datenschutz" die tatsächlichen Kosten i.d.R. höher sind als von den Unternehmungen selbst geschätzt.

Zusammenfassend läßt sich hinsichtlich der Datenschutzkosten in Industrieunternehmungen mit und ohne eigener Kostenstelle für den Datenschutz festhalten, daß sich diese Kosten nach einem deutlichen Höhepunkt in den Jahren 1977 bis 1979 inzwischen weitgehend stabilisiert haben. Bei der Mehrzahl der Industrie- unternehmungen liegen die Datenschutzkosten derzeit zwischen DM 5.000 und DM 70.000 jährlich. Bei einigen großen Industrie- unternehmungen sind Datenschutzkosten von mehr als DM 200.000 zu beobachten. In einigen Fällen übersteigen die Datenschutz- kosten diesen Wert jedoch noch um ein Vielfaches.

1.2.2. Kreditinstitute

Bei der Erläuterung der Datenschutzkosten der Kreditinstitute wird unterschieden zwischen

- Kreditinstituten _mit_ einer eigenen Kostenstelle für den Daten- schutz und
- Kreditinstituten _ohne_ eigene Kostenstelle für den Datenschutz.

Bei den Kreditinstituten mit einer eigenen Kostenstelle für den Datenschutz kann darüber hinaus differenziert werden in diejeni- jenigen Kosten, die in der Kostenstelle ausgewiesen wurden, und solche Datenschutzkosten, die über die in der Kostenstelle aus- gewiesenen Kosten hinaus angefallen sind. Diese Unterteilung entspricht derjenigen der vorangegangenen Darstellung der Daten- schutzkosten bei Industrieunternehmungen.

Von den 12 namhaften Kreditinstituten, die in die Untersuchung einbezogen wurden, verfügten 5 über eine eigene Kostenstelle "Datenschutz". Die Höhe der in dieser Kostenstelle in den Jah- ren 1977 bis 1982 ausgewiesenen Datenschutzkosten ergibt sich aus Abb. 13 in Anhang 1. Hierin zeigt sich, daß bei einem insge- samt leichten Anstieg der Datenschutzkosten von 1977 auf 1978 und nochmals einem Anstieg zwischen 1979 und 1981 zum Ende des Untersuchungszeitraums - also 1982 - jährliche Datenschutzkosten zwischen DM 50.000 und DM 500.000 in der eigenen Kostenstelle pro Kreditinstitut ausgewiesen wurden. Drei der 5 Kreditinstitute mit einer eigenen Kostenstelle gaben für 1982 Datenschutzkosten in Höhe von DM 70.000 bis DM 200.000 an. Zu Beginn des Beobachtungszeitraumes - also 1977 - lagen diese Datenschutzkosten zwischen DM 30.000 und DM 70.000.

Zusammenfassend läßt sich zu den in einer eigenen Kostenstelle ausgewiesenen Datenschutzkosten von 5 untersuchten Kreditinstituten sagen, daß im Laufe von 2 Perioden der Kostensteigerung zwischen 1977 und 1982 die ausgewiesenen Datenschutzkosten zum Ende des Beobachtungszeitraumes von DM 30.000 bis DM 70.000 auf DM 70.000 bis DM 200.000 pro Jahr gestiegen sind.

Nur 2 der 5 Kreditinstitute mit einer eigenen Kostenstelle für den Datenschutz gaben weitere Datenschutzkosten außerhalb der Kostenstelle an. Ein Kreditinstitut nannte von 1976 bis 1982 durchgehend einen Betrag von mehr als DM 500.000 jährlich. Das andere Kreditinstitut gab an, daß ausgehend von einem Betrag zwischen DM 50.000 und DM 70.000 im Jahr 1977 die Datenschutz- und Datensicherungskosten außerhalb der Kostenstelle zwischen 1978 und 1982 gleichbleibend DM 10.000 bis DM 20.000 jährlich betrugen. Von den übrigen drei Kreditinstituten mit einer eigenen Kostenstelle für den Datenschutz, die keine Angaben über die außerhalb der Kostenstelle angefallenen Datenschutzkosten machten, gab ein Kreditinstitut an, daß Kosten zwar angefallen seien, aber über deren absolute Höhe deshalb keine Angaben gemacht werden könnten, weil es sich ja ausschließlich um Schätzwerte handeln müsse. Nach Angaben der übrigen 2 Kreditinstitute sind Datenschutzkosten außerhalb der Kostenstelle nicht angefallen.

Von den 12 untersuchten Kreditinstituten verfügten 7 nicht über eine eigene Kostenstelle für die bei ihnen anfallenden Datenschutzkosten. Bei diesen Unternehmungen geben die genannten Zahlen die Gesamthöhe aller in der Unternehmung angefallenen Datenschutzkosten an. Bei 2 dieser 7 Kreditinstitute betrugen die jährlichen Datenschutzkosten zwischen 1976 und 1978 zwischen DM 200.000 und DM 500.000. Sie stiegen von 1978 bis 1980 nochmals an und betrugen seitdem durchgehend bis 1982 mehr als DM 500.000. Ein Kreditinstitut gab an, daß Datenschutzkosten erst seit 1979 angefallen seien. Von diesem Zeitpunkt an betrugen die Kosten nach eigenen Angaben durchgehend zwischen DM 1.000 und DM 5.000 pro Jahr. 4 der insgesamt 12 untersuchten Kreditinstitute machten die Angabe, daß bei ihnen zwischen 1976 und 1982 Datenschutzkosten überhaupt nicht angefallen seien.

Faßt man die Untersuchungsergebnisse bei den Kreditinstituten zusammen, so kann man folgendes festhalten:

- Knapp 50% der untersuchten Kreditinstitute verfügen über eine eigene Kostenstelle für ihren Datenschutzaufwand.

- Die in der Kostenstelle ausgewiesenen Datenschutzkosten betragen i.d.R. zwischen DM 70.000 und DM 200.000 pro Jahr.

- Nimmt man bei den Kreditinstituten, die über eine Kostenstelle "Datenschutz" verfügen, auch die Datenschutzkosten hinzu, die nicht in der Kostenstelle ausgewiesen werden, und vergleicht sie mit den Datenschutzkosten, die in solchen Kreditinstituten angefallen sind, die nicht über eine eigene Kostenstelle für den Datenschutz verfügen, so stellt man fest, daß in der überwiegenden Zahl der Fälle die Gesamtkosten des Datenschutzes und der Datensicherung über DM 200.000 pro Jahr liegen.

1.2.3. Versicherungen

Da nur 4 Versicherungsunternehmungen an der Erhebungsbogenaktion teilgenommen haben, verbieten sich auf Grund des Mangels an hin-

reichendem empirischen Material an dieser Stelle weitergehende
Angaben über die absolute Höhe der Datenschutzkosten in diesem
Bereich. Faßt man jedoch die Untersuchungsergebnisse der genann-
ten 4 Versicherungsunternehmungen mit den Erkenntnissen aus den
Expertengesprächen im Versicherungsbereich zusammen, ergibt sich
folgender Gesamteindruck der Branche:

- Hinsichtlich der Kosten des Datenschutzes und der Datensicherung entsprechen die Verhältnisse bei Unternehmungen der Versicherungswirtschaft in vielen Punkten denen bei Unternehmungen der Kreditwirtschaft.

- Das Kostenniveau scheint jedoch bei Versicherungen im Durchschnitt etwas niedriger zu sein als bei Kreditinstituten. Bei
  den untersuchten Versicherungen lagen die Datenschutz- und
  Datensicherungskosten insgesamt in einem Bereich zwischen DM
  50.000 und DM 200.000 pro Jahr.

- Bei sehr großen Versicherungsunternehmungen liegen die Daten-
  schutz- und Datensicherungskosten insgesamt jedoch ähnlich wie
  bei Kreditinstituten weit über DM 500.000 jährlich.

1.2.4. Handel

Insgesamt beteiligten sich 7 Unternehmungen aus dem Bereich Handel an der Erhebungsbogenaktion. Nähere Angaben zur absoluten
Höhe und zur Entwicklung der Datenschutzkosten sind daher auf
Grund der zu geringen empirischen Basis ähnlich wie bei den
Versicherungsunternehmungen nicht möglich. Trendaussagen verbieten sich jedoch nicht. Sie stützen sich außer auf die Angaben
der 7 an der Erhebungsbogenaktion beteiligten Unternehmungen
auf die im Bereich Handel geführten Expertengespräche. Hiernach
ergibt sich folgendes Bild:

- Die untersuchten Handelsunternehmungen, bei denen nach eigenen Angaben keine Datenschutzkosten angefallen sind, verfügen auch durchweg über keine eigene Kostenstelle für den Datenschutz. Auch im Bereich Handel bestätigt sich damit der allgemeine Trend, daß die Existenz einer Kostenstelle "Datenschutz" das Kostenbewußtsein auf diesem Gebiet erhöht.

- Wie bei zahlreichen Unternehmungen anderer Branchen, so kann man auch im Bereich Handel einen leichten Höhepunkt der Datenschutz- und Datensicherungskosten im Jahr 1978 feststellen. Anschließend ist bis ca. 1980 ein leichter Abfall der gesamten Datenschutzkosten zu verzeichnen. Zwischen 1980 und 1982 kam es erneut zu einer Aufwärtsbewegung. Die Datenschutz- und Datensicherungskosten lagen im letzten Jahr des Beobachtungszeitraums - also 1982 - zwischen DM 45.000 und DM 200.000. Nur in einer der befragten Unternehmungen wurden zwischen 1976 und 1982 jährliche Kosten in konstanter Höhe von mehr als DM 1 Mio. pro Jahr angegeben.

- Bei der einen Unternehmung aus dem Bereich Handel, die über eine eigene Kostenstelle für den Datenschutz verfügte, sind die hier ausgewiesenen Beträge im Beobachtungszeitraum ebenfalls leicht angestiegen. Sie betrugen am Ende des Beobachtungszeitraums (1982) DM 85.000.

1.2.5. Übrige Branchen

Da aus den Bereichen "Beratung/Dienstleistung/Werbung" und "Service-Rechenzentrum" insgesamt nur 3 Unternehmungen an der Erhebungsbogenaktion teilnahmen, können für diese Branchen keine empirisch fundierten Aussagen über die Höhe der Datenschutzkosten gemacht werden. Unternehmungen anderer Branchen wurden nicht in die Untersuchung einbezogen.

2. BDSG-initiierter Teil der Kosten

Im vorangegangenen Abschnitt "Gesamthöhe der Kosten von Maßnahmen des Datenschutzes und der Datensicherung" wurde nicht unterschieden zwischen solchen Datenschutzmaßnahmen die die Unternehmungen auf Grund ihres eigenen Schutzinteresses praktizierten, und solchen Maßnahmen, die ausschließlich auf Grund entsprechender Verpflichtungen durch das BDSG durchgeführt werden mußten. Diese Unterscheidung wird deshalb für die entsprechenden Kosten in den nachfolgenden Kapiteln vorgenommen. Bei der Darstellung der BDSG-initiierten Kosten des Datenschutzes wird in zwei Schritten vorgegangen:

- Zunächst werden die BDSG-initiierten Kosten brancheninindividuell dargestellt.
- Anschließend wird ausgeführt, wie sich die BDSG-initiierten Datenschutzkosten auf die einzelnen Verpflichtungen des Gesetzes aufteilen.

2.1. Höhe der BDSG-initiierten Kosten bei Unternehmungen unterschiedlicher Branchen

2.1.1. Industrieunternehmungen

Bei der Darstellung des Teils der gesamten Datenschutz- und Datensicherungskosten, der auf Verpflichtungen des BDSG zurückgeführt werden kann, wird - ebenso wie bei der vorangegangenen Darstellung der Gesamtkosten des Datenschutzes - unterschieden zwischen

- Industrieunternehmungen _mit_ einer eigenen Kostenstelle "Datenschutz" und
- Industrieunternehmungen _ohne_ eigene Kostenstelle "Datenschutz".

Die nachfolgenden Aussagen darüber, welcher Prozentsatz der gesamten Datenschutz- und Datensicherungskosten dem BDSG zuzurechnen ist, stützt sich in erster Linie auf die Angaben der im Rahmen der Erhebungsbogenaktion befragten Unternehmungen. Diese Angaben wurden in ausgesuchten und exemplarischen Fällen durch persönliche Gespräche in den jeweiligen Unternehmungen überprüft.

Bei den 10 befragten Industrieunternehmungen mit einer eigenen Kostenstelle "Datenschutz" ergab - wie oben bereits dargestellt - die Darstellung derjenigen Datenschutz- und Datensicherungskosten, die in der jeweiligen Kostenstelle ausgewiesen werden, ein sehr einheitliches Bild. Dieses einheitliche Bild setzt sich bei der Darstellung desjenigen Teils der Gesamtkosten, der dem BDSG zugerechnet werden muß, fort (vgl. Abb. 11 in Anhang 1). Nahezu alle Industrieunternehmungen mit einer eigenen Kostenstelle "Datenschutz" gaben an, daß die in dieser Kostenstelle ausgewiesenen Kosten zu 100% dem BDSG zuzurechnen seien. Von den vier befragten Industrieunternehmungen, die sich dieser eindeutigen Aussage nicht anschließen konnten, hat lediglich eine Unternehmung Datenschutzkosten von nennenswerter Bedeutung. Es handelt sich in diesem einen Fall um eine Unternehmung, die erst im Jahr 1980 eine Kostenstelle "Datenschutz" eingerichtet hat. Nach eigenen Angaben sind seitdem, also zwischen 1980 und 1982, nur 71% bis 80% der in der Kostenstelle ausgewiesenen Datenschutzkosten dem BDSG zuzurechnen. Da in absoluten Zahlen in der Kostenstelle dieser Industrieunternehmung 1980 zwischen DM 100.000 und DM 200.000 und seit 1981 jährlich zwischen DM 200.000 und DM 500.000 ausgewiesen wurden, bedeutet dies, daß 1980 der BDSG-initiierte Anteil zwischen DM 70.000 und DM 160.000 betrug und in den Jahren 1981 und 1982 jeweils zwischen DM 140.000 und DM 400.000 lag.

Zusammenfassend läßt sich festhalten, daß in den 10 befragten Industrieunternehmungen mit einer eigenen Kostenstelle "Datenschutz" die in der Kostenstelle ausgewiesenen Kosten nahezu vollständig dem BDSG zuzurechnen sind. Die absolute Höhe der BDSG-initiierten Datenschutzkosten entspricht daher weitgehend den oben bereits dargestellten, von den befragten Industrieunternehmungen in der eigenen Kostenstelle ausgewiesenen Gesamtkosten.

Die 10 Industrieunternehmungen mit einer eigenen Kostenstelle "Datenschutz" gaben an, daß über die in dieser Kostenstelle ausgewiesenen Kosten hinaus noch weitere Datenschutzkosten in ihrer Unternehmung angefallen seien (vgl. S. 129 sowie Abb. 17 in Anhang 1). Mit welchem Prozentsatz diese Kosten dem BDSG zugerechnet werden können, ergibt sich aus Abb. 18 in Anhang 1. Hierin zeigt sich, daß 5 der befragten 10 Industrieunternehmungen den Anteil der BDSG-initiierten Kosten nicht nennen konnten bzw. angaben, daß dieser Anteil 0% betrage. Bei 2 weiteren Unternehmungen betrug nach eigenen Angaben der BDSG-initiierte Anteil an den nicht in der Kostenstelle verrechneten Kosten des Datenschutzes und der Datensicherung 1% - 10% bzw. 21% - 30%. Nur 2 Industrieunternehmungen gaben an, daß auch die außerhalb der Kostenstelle "Datenschutz" angefallenen Datenschutz- und Datensicherungskosten zu 100% dem BDSG zuzurechnen seien. Hierbei handelt es sich um die zwei Industrieunternehmungen, die zwischen 1978 und 1981 übereinstimmend Datenschutzkosten zwischen DM 200.000 und DM 500.000 außerhalb ihrer Kostenstelle geschätzt hatten. Bei der einen dieser 2 Industrieunternehmungen blieb auch 1982 das Datenschutzkostenniveau auf der angegebenen Höhe, bei der anderen stieg es 1982 auf mehr als DM 500.000. Angesichts der Tatsache, daß 5 Industrieunternehmungen keine Angaben zu dem BDSG-initiierten Anteil der außerhalb der Kostenstelle angefallenen Datenschutzkosten machen konnten bzw. mitteilten, daß dieser Anteil 0% betrage, und ferner angesichts der Tatsache, daß der BDSG-initiierte Anteil bei zwei weiteren Unternehmungen als sehr gering eingeschätzt wurde, muß man davon ausgehen, daß die Fälle, in denen die außerhalb der Kostenstelle angefallen Datenschutzkosten zu 100% dem BDSG zugerechnet wurden, die Ausnahme darstellen.

Zusammenfassend läßt sich daher festhalten, daß bei den Industrieunternehmungen, die über eine eigene Kostenstelle "Datenschutz" verfügen, die außerhalb dieser Kostenstelle angefallenen Datenschutzkosten in einigen Fällen zu einem geringen Prozentsatz, in der Regel jedoch gar nicht dem BDSG zugerechnet werden können.

Bei den 19 untersuchten Industrieunternehmungen ohne eigene Kostenstelle "Datenschutz" ergab sich - wie oben bereits ausgeführt (vgl. S. 130 f.) - bei der Darstellung der absoluten Höhe der Datenschutz- und Datensicherungskosten im Gegensatz zu den Industrieunternehmungen mit eigener Kostenstelle ein sehr uneinheitliches Bild. Auf den ersten Blick wird dieser Eindruck von Abb. 22 in Anhang 1 bestätigt, in der der prozentuale Anteil der dem BDSG zuzurechnenden Datenschutzkosten an den gesamten Datenschutz- und Datensicherungskosten der jeweiligen Unternehmung nach deren Angaben dargestellt wird. Bei genauerer Analyse ergibt sich jedoch folgendes Bild:

- 7 der befragten 19 Industrieunternehmungen war es nicht möglich, auch nur näherungsweise anzugeben, zu welchem Prozentsatz die gesamten Datenschutz- und Datensicherungskosten dem BDSG zuzurechnen sind. Eine dieser 7 Industrieunternehmungen hatte nach eigenen Angaben Datenschutzkosten von insgesamt mehr als DM 500.000.

- Weitere 6 Industrieunternehmungen gaben an, daß seit 1980 der Anteil der BDSG-initiierten Datenschutzkosten zwischen 0% und 10% der gesamten Datenschutz- und Datensicherungskosten betragen habe.

- Bei 3 weiteren Industrieunternehmungen lag der BDSG-initiierte
  Anteil in den Jahren 1979 - 1981 zwischen 21% und 60%. Er sank
  1982 auf 11% - 50%.

- Nur 3 der befragten 19 Industrieunternehmungen gaben an, daß
  zwischen 1977 und 1982 die zuvor angegebenen Datenschutzkosten
  zu 100% dem BDSG zuzurechnen seien. Hierbei handelt es sich um
  Unternehmungen, die 1982 nach eigenen Angaben Datenschutz- und
  Datensicherungskosten zwischen DM 1.000 und DM 30.000 hatten.

- Starke Schwankungen im Anteil der BDSG-initiierten Datenschutzkosten an den gesamten Datenschutzkosten sind nur in den Jahren 1976 bis 1979 zu erkennen. Zwischen 1979 und 1982 hat sich
  der Anteil der BDSG-initiierten Datenschutzkosten an den Gesamtkosten des Datenschutzes weitgehend stabilisiert.

Bei den 19 untersuchten Industrieunternehmungen ohne eigene Kostenstelle "Datenschutz" klärt sich damit hinsichtlich des BDSG-
initiierten Anteils der Gesamtkosten das zunächst uneinheitlich
erscheinende Bild dahingehend, daß in der überwiegenden Anzahl
der Fälle entweder keine Angaben darüber gemacht werden konnten,
mit welchem Anteil die Datenschutz- und Datensicherungskosten
dem BDSG zuzurechnen sind, oder aber nach eigenen Angaben dieser
Anteil als relativ gering betrachtet werden muß. Die 3 Unternehmungen, nach deren Angaben ihre Datenschutz- und Datensicherungskosten zu 100% dem BDSG zuzurechnen seien, können damit als atypische Sonderfälle angesehen werden.

Faßt man die Aussagen über die BDSG-initiierten Datenschutzkosten bei den 19 untersuchten Industrieunternehmungen, die nicht
über eine eigene Kostenstelle für ihren Datenschutzaufwand verfügen, zusammen, so muß man festhalten, daß hiernach zwischen 1977
und 1982 die durch das BDSG verursachten Datenschutz- und Datensicherungskosten zwischen DM 0 und DM 50.000 pro Jahr gelegen

haben. Diese von den befragten Unternehmungen selbst geschätzten Angaben betragen damit ca. 10% der Beträge, die Unternehmungen mit einer eigenen Kostenstelle "Datenschutz" für die BDSG-initiierten Kosten angegeben haben. Die über den Erhebungsbogen hinausgehenden, intensiveren Untersuchungen bei einigen der 19 befragten Industrieunternehmungen ohne eigene Kostenstelle machten jedoch deutlich, daß das Datenschutzniveau in diesen Unternehmungen im allgemeinen nicht unter demjenigen vergleichbarer Industrieunternehmungen mit eigener Kostenstelle liegt, die hierfür jedoch um das 10fache höhere Datenschutzkosten angaben. Auch an dieser Stelle zeigt sich wieder die bereits oben ausführlich begründete These, daß bei Unternehmungen mit einer eigenen Kostenstelle das Kostenbewußtsein für die getroffenen Maßnahmen sehr viel höher ist, als bei Unternehmungen ohne eine solche Kostenstelle, trotz eines im allgemeinen gleichen Datenschutzstandards. Die ausschließlich BDSG-initiierten Datenschutzkosten dürften demnach auch in den Unternehmungen ohne eigene Kostenstelle weit über den Beträgen liegen, die diese Unternehmungen selbst für diese Maßnahmen geschätzt haben.

Der BDSG-initiierte Teil der gesamten Datenschutzkosten in den untersuchten Industrieunternehmungen mit und ohne Kostenstelle "Datenschutz" betrug somit in der überwiegenden Zahl der Fälle zwischen DM 5.000 und DM 70.000 pro Jahr. Bei den großen Industrieunternehmungen, welche Gesamtkosten des Datenschutzes und der Datensicherung von über DM 500.000 pro Jahr zu verzeichnen haben, liegt der BDSG-initiierte Anteil in der Regel zwischen DM 200.000 und DM 400.000 jährlich. Diese Unternehmungen verfügen in aller Regel über einen hauptamtlichen Datenschutzbeauftragten, der wiederum einen oder mehrere Mitarbeiter hat. Wie weiter unten noch gezeigt werden wird, liegen allein die Kosten für eine eigenständige Datenschutzabteilung, die sich zum großen Teil mit rein BDSG-initiierten Datenschutzmaßnahmen befassen muß, bei ca. DM 300.000 im Jahr.

2.1.2. Kreditinstitute

Bei der Darstellung des BDSG-initiierten Teils der Datenschutz-
und Datensicherungskosten wird ebenso wie bei der Darstellung
der Gesamtkosten unterschieden zwischen

- Kreditinstituten <u>mit</u> einer eigenen Kostenstelle für den Datenschutz und
- Kreditinstituten <u>ohne</u> eigene Kostenstelle für den Datenschutz.

Welcher Anteil der bereits dargestellten Gesamtkosten des Datenschutzes und der Datensicherung bei Kreditinstituten mit einer
eigenen Kostenstelle "Datenschutz" (vgl. S. 132 f.) von ihnen
selbst dem BDSG zugerechnet wird, ergibt sich für die in der
Kostenstelle erfaßten Kosten aus Abb. 14 in Anhang 1. Hierin
wird deutlich, daß zwei der untersuchten fünf Kreditinstitute
mit einer eigenen Kostenstelle "Datenschutz" die in dieser Kostenstelle ausgewiesenen Kosten über den gesamten Erhebungszeitraum - also zwischen 1977 und 1982 - zu 100% dem BDSG zurechnen.
Bei zwei weiteren Kreditinstituten stieg übereinstimmend der
Anteil der BDSG-initiierten Datenschutzkosten von 1977 auf 1978
erheblich an. Erst in den Jahren 1979 bzw. 1980 sank dieser Anteil wiederum ab und blieb 1981 und 1982 auf gleicher Höhe. Der
Unterschied zwischen diesen beiden Kreditinstituten liegt allein
im allgemeinen Niveau ihrer Prozentangaben. Während das eine
Kreditinstitut angab, daß die BDSG-initiierten Datenschutzkosten
1977 21% - 30% der in der Kostenstelle erfaßten Kosten ausmach-
ten, zwischen 1977 und 1978 auf 51% - 60% anstiegen und seit
1981 durchgehend bei 31% - 40% lagen, gab das andere Kreditinstitut an, daß bei ihm im Jahr 1977 der Anteil der BDSG-initiierten Datenschutzkosten an den insgesamt in der Kostenstelle
ausgewiesenen Kosten 71% -80% betragen habe, im Jahr 1978 auf
100% gestiegen, jedoch zwischen 1978 und 1981 wiederum kontinuierlich gesunken sei und sowohl 1981 als auch 1982 gleichblei-

bend 71% - 80% betragen habe. Nur eines der fünf untersuchten
Kreditinstitute mit einer eigenen Kostenstelle "Datenschutz"
weicht von der allgemeinen Tendenz ab, nach der der Anteil der
BDSG-initiierten Datenschutzkosten entweder gleichblieb oder in
den Jahren 1978 und 1979 deutlich über dem Niveau der übrigen
Jahre des Beobachtungszeitraums lag. Bei diesem einen Kreditinstitut sank der Anteil der BDSG-initiierten Datenschutzkosten
an den insgesamt in der Kostenstelle "Datenschutz" ausgewiesenen
Kosten 1978 von urprünglich 81% - 90% auf 61% - 70%. Im Jahre
1979 stieg der Anteil erneut an und blieb bis 1982 gleichbleibend zwischen 71% und 80%.

Faßt man die in den Abbildungen 13 und 14 in Anhang 1 gemachten
Angaben zusammen, so lassen sich Aussagen in absoluten Zahlen
darüber treffen, wie hoch bei den fünf Kreditinstituten, die
über eine eigene Kostenstelle "Datenschutz" verfügen, die BDSG-
initiierten Datenschutzkosten waren, soweit sie in dieser Kostenstelle erfaßt wurden. Sowohl zu Beginn des Beobachtungszeitraums - also 1977 - als auch zu dessen Ende - also 1982 - lassen
sich deutlich zwei Gruppen unterscheiden. So hatten nach eigenen
Angaben 1977 drei Kreditinstitute BDSG-initiierte Datenschutzkosten zwischen DM 10.000 und DM 70.000. Die beiden anderen Kreditinstitute gaben an, 1977 BDSG-initiierte Datenschutzkosten
zwischen DM 100.000 und DM 400.000 gehabt zu haben. Allgemein
lag 1982 das Kostenniveau der BDSG-initiierten Datenschutzmaßnahmen höher als 1977. In der erstgenannten Gruppe - bestehend
aus drei Kreditinstituten - lagen diese Kosten 1982 zwischen DM
20.000 und DM 160.000. In der zweiten Gruppe - bestehend aus
zwei Kreditinstituten - lagen sie im selben Jahr zwischen DM
100.000 und DM 500.000. Insgesamt jedoch lagen in keinem der untersuchten Jahre die BDSG-initiierten Datenschutzkosten bei
einem Kreditinstitut unter DM 20.000 oder über DM 500.000 pro
Jahr.

Die Entwicklung der BDSG-initiierten Datenschutzkosten, die in der eigenen Kostenstelle ausgewiesen werden, weist bei vier der fünf untersuchten Kreditinstituten übereinstimmend eine tendenzielle Kostensteigerung zwischen 1977 und 1978 aus. Bei denselben Kreditinstituten blieb die absolute Höhe dieser Kosten seit 1978 trotz geringfügiger Schwankungen im wesentlichen gleich. Nur bei einem untersuchten Kreditinstitut fielen die BDSG-initiierten Datenschutzkosten seit dem Höhepunkt im Jahre 1978 bis 1982 kontinuierlich ab.

Wie oben bereits ausgeführt, gaben nur zwei der fünf Kreditinstitute mit eigener Kostenstelle an, daß außerhalb der in dieser Kostenstelle ausgewiesenen Datenschutzkosten noch weitere Kosten des Datenschutzes in der Unternehmung angefallen seien. Bei dem einen Kreditinstitut, nach dessen Angaben die Datenschutzkosten, die nicht in der Kostenstelle ausgewiesen wurden, zwischen 1976 und 1982 über DM 500.000 pro Jahr betrugen, wurde der BDSG-initiierte Anteil dieser Kosten auf 1% - 10% geschätzt. Absolut liegt das Minimum dieses Betrags somit zwischen DM 5.000 und DM 50.000. Bei dem zweiten Kreditinstitut, das Angaben über die Höhe derjenigen Datenschutzkosten machte, die nicht in der eigenen Kostenstelle ausgewiesen wurden, betrug der BDSG-initiierte Anteil in den Jahren 1977 bis 1982 gleichbleibend zwischen 50% und 60%. Absolut lagen damit die BDSG-initiierten Datenschutzkosten, welche nicht in der Kostenstelle ausgewiesen werden, im Jahre 1977 zwischen DM 25.000 und DM 42.000. Sie fielen im Jahre 1978 ab und blieben seitdem bis zum Jahr 1982 gleichbleibend zwischen DM 5.000 und DM 12.000 pro Jahr. Faßt man die Angaben der Kreditinstitute mit einer eigenen Kostenstelle "Datenschutz" zusammen, so ergibt sich hinsichtlich der BDSG-initiierten und in der Kostenstelle ausgewiesenen Datenschutzkosten zuzüglich der BDSG-initiierten Datenschutzkosten, die außerhalb der Kostenstelle in dem Kreditinstitut angefallen sind, folgendes Bild:

- Die BDSG-initiierten Datenschutzkosten betrugen 1977 bei drei
  von fünf untersuchten Kreditinstituten DM 10.000 bis DM 80.000.
  Bei den zwei anderen Kreditinstituten betrugen sie DM 100.000
  bis DM 400.000.

- Die BDSG-initiierten Datenschutzkosten stiegen zwischen 1977
  und 1982 im allgemeinen an. Sie betrugen 1982 bei drei von
  fünf untersuchten Kreditinstituten DM 20.000 bis DM 160.000.
  Bei den zwei anderen Kreditinstituten betrugen sie DM 100.000
  bis DM 500.000.

- Nahezu übereinstimmend war der Anstieg der BDSG-initiierten
  Datenschutzkosten zwischen den Jahren 1977 und 1979. Bis auf
  geringfügige Schwankungen blieben diese Kosten dann zwischen
  1979 und 1982 im wesentlichen gleich.

7 der untersuchten 12 Kreditinstitute verfügten nicht über eine
eigene Kostenstelle "Datenschutz". Nur 3 dieser 7 Kreditinstitute
machten Angaben über die Höhe der BDSG-initiierten Datenschutzkosten, die sie im übrigen mangels Kostenstelle schätzen mußten.
Hiernach bestätigte sich auch bei den Kreditinstituten ohne Kostenstelle das Bild, das sich bereits bei der Darstellung der
Angaben von Kreditinstituten mit einer Kostenstelle "Datenschutz"
ergeben hatte. Auch bei den Kreditinstituten ohne eigene Kostenstelle stiegen die BDSG-initiierten Datenschutzkosten im Jahr
1977 auf DM 20.000 bis DM 100.000 pro Jahr an. Zwischen 1978 und
1979 fielen sie erneut ab und blieben seitdem gleichbleibend bei
über DM 5.000 pro Jahr. Damit betrugen die von den Kreditinstituten geschätzten BDSG-initiierten Datenschutzkosten 1% bis 10%
der Kosten, die von den Kreditinstituten mit Kostenstelle "Datenschutz" angegeben wurden. Da das allgemeine Datenschutzniveau
bei den untersuchten Kreditinstituten jedoch nicht davon abhing,
ob sie über eine eigene Kostenstelle für den Datenschutzaufwand
verfügten oder nicht, zeigt sich an diesem Ergebnis erneut die

bereits oben ausführlich dargestellte und durch die untersuchten Industrieunternehmungen gleichermaßen bestätigte These, daß die Existenz einer eigenen Kostenstelle für den Datenschutzaufwand das Kostenbewußtsein für die mit dem Datenschutz verbundenen Maßnahmen erheblich schärft. Da dieses Kostenbewußtsein bei den Kreditinstituten ohne eigene Kostenstelle nicht in dem Maße vorhanden ist wie bei den Kreditinstituten mit einer solchen Kostenstelle, kann nicht davon ausgegangen werden, daß die tatsächlichen BDSG-initiierten Kosten in den Kreditinstituten ohne eigene Kostenstelle den von ihnen angegebenen Schätzwerten entsprechen.

2.1.3. Übrige Branchen

Wie bei der Darstellung der Gesamtkosten des Datenschutzes und der Datensicherung bereits oben ausgeführt, war die Anzahl der in die Untersuchung einbezogenen Versicherungsunternehmungen, Unternehmungen des Handels sowie Unternehmungen der Bereiche Beratung/Dienstleistung/Werbung und Service-Rechenzentrum relativ gering. So wurden durch Erhebungsbögen

- vier Versicherungsunternehmungen,
- sieben Unternehmungen aus dem Bereich Handel und
- drei Unternehmungen aus den Bereichen Beratung/Dienstleistung/ Werbung und Service-Rechenzentrum

untersucht. Unter Hinzuziehung der Erkenntnisse aus den Expertengesprächen mit Unternehmungsvertretern der genannten Branchen war es möglich, die Gesamtkosten des Datenschutzes und der Datensicherung differenziert nach Versicherungen, Handel und übrigen Branchen darzustellen. Zuverlässige Aussagen darüber, welcher Teil der aufgeführten Gesamtkosten dem BDSG zugerechnet werden muß, sind jedoch auf Grund der relativ kleinen Grundgesamtheit nicht möglich. Die Untersuchungsergebnisse gestatten dennoch folgende generellen Aussagen:

- Auch hinsichtlich des BDSG-initiierten Teils der Gesamtkosten des Datenschutzes und der Datensicherung entsprechen die Verhältnisse in Versicherungsunternehmungen weitgehend der für die Kreditinstitute geschilderten Situation. Da traditionell und unabhängig von den Vorschriften des BDSG sowohl Kreditinstitute als auch Versicherungsunternehmungen aus eigenem Schutzinteresse und auf Grund branchenspezifischer Geheimhaltungsvorschriften ohnehin einen sehr hohen Datenschutzstandard in ihren Unternehmungen praktizieren, sind in zahlreichen Fällen die durch das BDSG zusätzlich in diesen Unternehmungen verursachten Maßnahmen und die damit verbundenen zusätzlichen Kosten geringer als in Unternehmungen der Industrie, des Handels oder sonstiger Branchen.

- Die Entwicklung der BDSG-initiierten Datenschutz- und Datensicherungskosten in den drei genannten Bereichen entspricht im wesentlichen der Kostenentwicklung in den bereits dargestellten Branchen, also der Kostenentwicklung bei Industrieunternehmungen sowie der bei Kreditinstituten. Hiernach stiegen die BDSG-initiierten Datenschutz- und Datensicherungskosten zwischen 1977 und 1979 im allgemeinen leicht an, sanken zwischen 1979 und 1980 in der Mehrzahl der Fälle wieder leicht ab und blieben bis 1982 auf einem gegenüber 1977 erhöhten Niveau.

- Die untersuchten Unternehmungen des Handels ließen keine vom beschriebenen allgemeinen Trend abweichende Entwicklung der Datenschutz- und Datensicherungskosten erkennnen.

Zusammenfassend läßt sich zu den untersuchten Unternehmungen der übrigen Branchen festhalten, daß die Entwicklung der vom BDSG-initiierten Mehrkosten des Datenschutzes in den verschiedenen

Branchen weitgehend parallel verlief. Unterschiede zwischen den verschiedenen Branchen ergaben sich allein hinsichtlich des generellen Kostenniveaus. So waren bei Kreditinstituten und Versicherungsunternehmungen auf Grund des ohnehin ausgesprochen hohen Datenschutzstandards die Kosten zusätzlicher, durch das BDSG veranlaßter Maßnahmen in der Regel niedriger als bei Industrieunternehmungen, die traditionell nicht über einen so hohen Datenschutzstandard aus Eigeninteresse verfügen wie Kreditinstitute und Versicherungsunternehmungen.

2.2. Höhe der BDSG-initiierten Kosten bei den einzelnen Verpflichtungen des Gesetzes

Nachdem im vorangegangenen Kapitel dargestellt wurde, wie hoch die BDSG-initiierten Kosten des Datenschutzes und der Datensicherung in den Unternehmungen verschiedener Branchen insgesamt waren, wird im folgenden erläutert, welche Kosten die einzelnen im BDSG genannten Verpflichtungen bei den Unternehmungen verursacht haben. Folgende 6 Verpflichtungen wurden dabei einer näheren Untersuchung unterzogen:

- Bestellung und Tätigkeit eines betrieblichen Datenschutzbeauftragten,
- Verpflichtung der Mitarbeiter auf das Datengeheimnis,
- Schulung der Mitarbeiter in Fragen des Datenschutzes und der Datensicherung,
- Unterstützung der Aufsichtsbehörde,
- Berücksichtigung der Rechte des Betroffenen und
- Maßnahmen zur Datensicherung.

Um die nachfolgend dargestellten Angaben zu ermitteln, waren umfangreiche Untersuchungen in den befragten Unternehmungen nötig. Aus diesem Grunde konnte nur die relativ kleine Zahl von 12 Unternehmungen unterschiedlicher Branchen in die Untersuchung einbezogen werden. Wegen der unbedingt gebotenen Verpflichtung zur Anonymisierung muß eine Aufteilung der untersuchten Unternehmungen auf verschiedene Branchen und ihre Differenzierung nach bestimmten Größenkriterien unterbleiben. Eine Verallgemeinerung der nachfolgenden Angaben ist jedoch in soweit durchaus möglich, als bei der Interpretation der erhobenen Zahlen ohnehin ausschließlich solche Aussagen gemacht werden, die einen deutlich erkennbaren Trend zum Ausdruck bringen, der auch bei anderen Unternehmungen zu erkennen sein dürfte.

2.2.1. Kosten der Bestellung und Tätigkeit eines betrieblichen Datenschutzbeauftragten

Abb. 25 in Anhang 1 gibt an, welche Kosten von den untersuchten 12 Unternehmungen im Zusammenhang mit der Bestellung und Tätigkeit des betrieblichen Datenschutzbeauftragten genannt wurden. Geht man die neun Spalten der Reihe nach durch, so ergibt sich folgendes Bild:

- Vor dem 1.1.1978 hatten nur wenige Unternehmungen eigene Datenschutz- bzw. Datensicherungsbeauftragte, die mit Prüfungen befaßt waren, welche unabhängig vom BDSG, also allein auf Grund unternehmungseigenen Schutzinteresses durchgeführt wurden. Die Kosten, die für diese Datensicherungsbeauftragten anfielen, können mit DM 20.000 - DM 50.000 pro Jahr als relativ gering angesehen werden.

- 11 der untersuchten 12 Unternehmungen waren verpflichtet, bereits zum 1. Juli 1977 einen betrieblichen Datenschutzbeauftragten zu bestellen. Die in diesem Zusammenhang entstandenen Kosten wurden von den befragten Unternehmungen übereinstimmend dem BDSG zugerechnet. Es lassen sich 2 Gruppen unterscheiden: Die Mehrzahl der kleinen und mittleren Unternehmungen, die zur Bestellung eines betrieblichen Datenschutzbeauftragten verpflichtet waren, hatten vor 1978 BDSG-initiierte Datenschutzkosten zwischen DM 21.000 und DM 40.000. Einige Großunternehmungen, die in der Regel von Anfang an eine eigene Abteilung für den Datenschutz eingerichtet hatten, mußten hierfür bereits vor dem 1.1.1978 BDSG-initiierte Kosten in Höhe von DM 100.000 bis DM 300.000 tragen.

- Auch nach dem 1.1.1978 sah die Mehrzahl der befragten Unternehmungen die mit dem Datenschutzbeauftragten zusammenhängenden Kosten in einem eindeutigen Kausalzusammenhang mit der

Verpflichtung durch das BDSG, einen solchen Datenschutzbeauftragten zu bestellen. Nur eine der befragten 12 Unternehmungen gab an, daß bei ihr der weitaus überwiegende Teil der mit dem betrieblichen Datenschutzbeauftragten verbundenen Kosten - nämlich DM 132.000 pro Jahr - nicht dem BDSG zugerechnet werden könne. In dieser Unternehmung befaßte sich der betriebliche Datenschutzbeauftragte demnach vor allem mit Prüfungstätigkeiten aus rein unternehmungseigenem Interesse, die er auch ohne eine entsprechende Verpflichtung durch das BDSG hätte durchführen müssen. Bei 3 weiteren untersuchten Unternehmungen lagen die nicht dem BDSG zugerechneten Kosten des betrieblichen Datenschutzbeauftragten bei DM 5.000, DM 10.000 und DM 70.000 pro Jahr. Hierin wird deutlich, daß der überwiegende Teil der durch die Bestellung des betrieblichen Datenschutzbeauftragten verursachten Kosten dem BDSG zugerechnet werden muß.

- Nach dem 1.1.1978 fielen in den Unternehmungen, die einen betrieblichen Datenschutzbeauftragten bestellen mußten, Aufwendungen an, die auf außergewöhnliche Maßnahmen zurückgingen und einmaliger Natur waren, aber dennoch dem BDSG zugerechnet werden mußten. Kosten dieser Art sind beispielsweise die Aufwendungen für die Büroausstattung des Datenschutzbeauftragten und seiner Mitarbeiter. Um die mit diesen einmaligen Maßnahmen verbundenen Kosten beurteilen zu können, müssen die Spalten 4 und 5 der Abbildung 25 in Anhang 1 gemeinsam betrachtet werden. Dabei zeigt sich, daß bei kleineren Unternehmungen seit 1978 einmalige Kosten in Höhe von DM 8.000 - DM 51.000 angefallen sind. Bei einigen großen Unternehmungen fielen hierfür insgesamt Kosten zwischen DM 150.000 und DM 200.000 an. Die eine Unternehmung, die für derartige einmalige Maßnahmen Kosten in Höhe von DM 1.000.000 angegeben hatte, kann als atypischer Einzelfall angesehen werden.

- Neben den Kosten einmaliger und außergewöhnlicher Sonderaktionen fallen in den Unternehmungen seit 1978 im Zusammenhang mit dem betrieblichen Datenschutzbeauftragten wiederholt sowohl variable als auch fixe Kosten an. Zu den variablen Kosten, die ohne die Verpflichtung zur Bestellung eines betrieblichen Datenschutzbeauftragten durch das BDSG nicht angefallen wären, gehören z.B. Kosten für spezielle Datenschutztagungen, Datenschutzkongresse oder sonstige Weiterbildungsveranstaltungen des betrieblichen Datenschutzbeauftragten und seiner Mitarbeiter. Die untersuchten Unternehmungen nannten hierfür Beträge zwischen DM 2.500 und DM 50.000 jährlich. Die beiden Unternehmungen, die DM 80.000 bzw. DM 250.000 jährlich als durchschnittliche variable Kosten im Zusammenhang mit der Tätigkeit des betrieblichen Datenschutzbeauftragten angaben, können als atypische Einzelfälle angesehen werden.

- Neben den variablen Kosten verursacht die Verpflichtung zur Bestellung eines betrieblichen Datenschutzbeauftragten jährlich fixe Kosten. Die befragten Unternehmungen lassen sich hinsichtlich der Höhe der hierfür angegebenen Kosten wiederum in zwei Gruppen aufteilen: Kleine und mittlere Unternehmungen müssen demnach offensichtlich pro Jahr für die Tätigkeit des betrieblichen Datenschutzbeauftragten fixe Kosten in Höhe von DM 8.000 bis DM 60.000 tragen. Größeren Unternehmungen entstehen hierdurch fixe Kosten zwischen DM 100.000 und DM 350.000 jährlich.

Faßt man die Ergebnisse in den zwölf untersuchten Unternehmungen zusammen, so ergibt sich folgendes Bild:

Die Verpflichtung des BDSG zur Bestellung eines betrieblichen Datenschutzbeauftragten und die damit zusammenhängenden Aktivitäten verursachten in den betroffenen Unternehmungen zwischen 1977 und 1982 insgesamt folgende Kosten:

- DM 150.000 - DM 500.000 bei kleinen und mittleren Unternehmungen,
- DM 1.000.000 - DM 3.000.000 bei einzelnen Großunternehmungen.

Hierbei handelt es sich um die insgesamt in dem genannten Zeitraum entstandenen Kosten, soweit sie in voller Höhe dem BDSG zugerechnet werden müssen. Zinsen für den genannten Zeitraum blieben jedoch unberücksichtigt.

2.2.2. Kosten der Verpflichtung der Mitarbeiter auf das Datengeheimnis

Gemäß § 5 Abs. 2 BDSG sind die Unternehmungen verpflichtet, ihre Mitarbeiter, die mit geschützten personenbezogenen Daten in Berührung kommen, auf das Datengeheimnis zu verpflichten. In den untersuchten Unternehmungen fielen hierzu folgende Einzelaktivitäten an:

- Kurz nach Inkrafttreten des Gesetzes wurden in zahlreichen Unternehmungen durch eine einmalige Aktion alle vom Gesetz betroffenen Mitarbeiter auf das Datengeheimnis verpflichtet. Diese einmalige Aktion - in der Regel durchgeführt in den Jahren 1978 oder 1979 - verursachte Personalausfallkosten, Reise-, Telefon-, Porto- und Druckkosten etwa für die notwendigen Formulare etc.

- Nach Abschluß dieser einmaligen Aktion mußten Mitarbeiter nur noch bei Neueinstellung bzw. bei Arbeitsplatzwechsel neu auf das Datengeheimnis verpflichtet werden. Aus diesem Grunde kam es nach 1979 bei der Verpflichtung auf das Datengeheimnis in aller Regel ausschließlich zu variablen Kosten, die abhängig von der Zahl der neu zu verpflichtenden Mitarbeiter waren.

Welche Kosten im Zusammenhang mit der Verpflichtung der Mitarbeiter auf das Datengeheimnis dem BDSG zugerechnet werden müssen, ergibt sich aus Abb. 26 in Anhang 1. Hier zeigt sich, daß nahezu alle befragten Unternehmungen die entstandenen Kosten den Spalten 5 und 7 zuordneten.

Spalte 5 gibt wieder, wie hoch die Kosten für die einmalige Verpflichtungsaktion waren, die in der Regel in den Jahren 1978 oder 1979 durchgeführt wurde. In der Mehrzahl der untersuchten Unternehmungen entstanden hierfür Kosten zwischen DM 2.000 und DM 20.000. Bei einigen großen Unternehmungen konnten auch einmalige Kosten von bis zu DM 100.000 entstehen.

Spalte 7 gibt wieder, welche variablen Kosten im Durchschnitt der Jahre 1978 - 1982 von den Unternehmungen pro Jahr auf Grund der gesetzlich gebotenen Verpflichtung der Mitarbeiter auf das Datengeheimnis getragen werden mußten. In der Regel wurde hier ein Betrag von maximal DM 5.000 pro Jahr angesetzt. Lediglich eine Unternehmung gab an, jährlich variable Kosten in Höhe von DM 120.000 zu haben, wobei hier wohl davon ausgegangen werden kann, daß es sich um einen außergewöhnlichen Einzelfall handelt.

Faßt man die in Abb. 26 gemachten Angaben zusammen, so kann man angeben, wie hoch bis einschließlich 1982 die mit der Verpflichtung der Mitarbeiter auf das Datengeheimnis zusammenhängenden Kosten bei den 12 untersuchten Unternehmungen insgesamt waren. Die Angaben können als typisch für einen Großteil bundesdeutscher Unternehmungen angesehen werden. Zinsen wurden bei der Berechnung nicht berücksichtigt. Hinsichtlich der bis 1982 aufsummierten Gesamtkosten setzen sich drei Gruppen deutlich voneinander ab:

- Fünf der untersuchten 12 Unternehmungen hatten nach eigenen Angaben bis Ende 1982 Gesamtkosten von bis zu DM 10.000.

- Bei vier Unternehmungen lagen die Gesamtkosten bis 1982 zwischen DM 25.000 und DM 100.000.

- Drei der untersuchten 12 Unternehmungen gaben an, daß bis 1982 Gesamtkosten von DM 200.000 bis DM 700.000 entstanden seien.

Eine eindeutige Zuordnung der drei genannten Gruppen zu bestimmten Branchen oder Wirtschaftszweigen war auf Grund der Untersuchungsergebnisse nicht möglich. In allen drei Gruppen finden sich Unternehmungen der Industrie, des Handels oder der Bereiche Banken und Versicherungen. Lediglich für eine Unternehmung, nach deren Angaben allein für die Verpflichtung der Mitarbeiter auf das Datengeheimnis bis 1982 Kosten von insgesamt DM 700.000 angefallen sind, kann festgehalten werden, daß es sich hinsichtlich der Branche und des Tätigkeitsgebietes um einen Einzelfall handelt. Derartig hohe Kosten allein für die Verpflichtung der Mitarbeiter auf das Datengeheimnis dürften daher bei Unternehmungen anderer Branchen in der Bundesrepublik Deutschland nur sehr selten angetroffen werden.

2.2.3. Kosten der Schulung der Mitarbeiter in Fragen des Datenschutzes und der Datensicherung

Gemäß § 29 Satz 3 Nr. 3 BDSG hat der betriebliche Datenschutzbeauftragte die Aufgabe, die Mitarbeiter der Unternehmung in Fragen des Datenschutzes und der Datensicherung zu schulen. Gemäß § 38 BDSG gilt diese Verpflichtung auch für Unternehmungen, die unter den 4. Abschnitt des Gesetzes fallen. Die hierdurch entstandenen BDSG-initiierten Kosten sollen im folgenden näher quantifiziert werden. Nicht hierher gehören solche Kosten, die bereits im Rahmen der Bestellung und Tätigkeit des betrieblichen Datenschutzbeauftragten genannt worden sind, z.B. die Lohn- und Gehaltskosten des Datenschutzbeauftragten und seiner Mitarbeiter sowie die dazugehörigen Lohnnebenkosten. Auf diese Weise wird vermieden, daß dieselben Beträge sowohl im Zusammenhang mit der Tätigkeit des Datenschutzbeauftragten als auch im Rahmen der Schulung der Mitarbeiter in Fragen des Datenschutzes und der Datensicherung aufgeführt werden. Genannt werden an dieser Stelle vielmehr nur solche Kosten, die den Unternehmungen zusätzlich zu den im Rahmen der Tätigkeit des betrieblichen Datenschutzbeauftragten bereits ausgewiesenen Kosten entstanden sind. Beispiele hierfür sind die Lohn- und Gehaltskosten der Auszubildenden für die Dauer der Schulungsveranstaltungen oder die Kosten für Schulungsmaterial, Raummiete etc.

Die mit der Schulung der Mitarbeiter in Fragen des Datenschutzes und der Datensicherung verbundenen Kosten bei den 12 untersuchten Unternehmungen gibt Abb. 27 in Anhang 1 wieder. Wie bei den Abbildungen 25 und 26, so wurde auch hier unterschieden zwischen solchen Kosten, die den Unternehmungen unabhängig vom BDSG entstanden sind (Spalten 1 und 3) und solchen Kosten, die sie ausschließlich auf Grund der entsprechenden Verpflichtung des Gesetzes tragen mußten (Spalten 2 und 4-9).

Die unabhängig vom BDSG vor dem 1.1.1978 (Spalte 1) bzw. nach dem 1.1.1978 (Spalte 3) entstandenen Schulungskosten fallen nur bei einer der befragten Unternehmungen im Vergleich zu den entstandenen Gesamtkosten für Schulungsaufgaben im Bereich des BDSG nennenswert ins Gewicht. Dieser Unternehmung entstanden nach eigenen Angaben in den Jahren 1977 bis 1982 Gesamtkosten für Schulung in Fragen des Datenschutzes und der Datensicherung von DM 750.000. Hiervon entfielen DM 300.000 auf Schulungsmaßnahmen, die auch ohne eine entsprechende gesetzliche Verpflichtung durchgeführt worden wären. Sie entsprechen einem Anteil von 40%. 60% der diesbezüglichen Schulungskosten - also DM 450.000 - müssen demnach dem BDSG zugerechnet werden. Bei den übrigen befragten Unternehmungen fällt der Anteil, der nicht dem BDSG zugerechnet werden kann, nicht ins Gewicht.

Analysiert man die Angaben der Unternehmungen hinsichtlich der BDSG-initiierten Schulungskosten in Abb. 27, so sind von den Spalten 1-9 insbesondere drei Spalten insofern von besonderem Interesse, als sie Auskunft über das Schulungsverhalten der befragten Unternehmungen geben:

- Durch ihre Angaben in Spalte 5 brachten zahlreiche Unternehmungen zum Ausdruck, daß kurz nach Inkrafttreten der entsprechenden gesetzlichen Verpflichtung in vielen Fällen umfangreiche Schulungsaktionen durchgeführt wurden, die hinsichtlich ihres Umfanges einmaligen Charakter trugen und in dieser Form in späteren Jahren nicht wiederholt wurden. Bei den Unternehmungen, die eine solche einmalige Schulungsaktion durchführten, fielen in der Regel hierfür Kosten bis zu DM 50.000 an. In drei Fällen lagen sie bei DM 100.000 und darüber.

- Die Spalten 6 (Angabe variabler Kosten auf Grund intensivierter Maßnahmen) und 7 (Angabe variabler Kosten auf Grund neu eingeführter Maßnahmen) geben gleichermaßen an, welche variablen Kosten für entsprechende Schulungsmaßnahmen den Unternehmungen in den Jahren 1978 - 1982 im Durchschnitt pro Jahr entstanden sind. Faßt man die in Abb. 27 wiedergegebenen Angaben zusammen, kann man feststellen, daß Schulungsveranstaltungen zu Fragen des Datenschutzes und der Datensicherung heute nur noch in unregelmäßigen Abständen, also im Bedarfsfall durchgeführt werden. Sie verursachen daher in der Regel keine fixen, sondern lediglich variable Kosten. Die Unternehmungen mußten hierfür zwischen 1978 und 1982 Beträge zwischen DM 1.000 und DM 35.000 pro Jahr aufwenden. Die eine Unternehmung, die nach eigenen Angaben jährlich einen Betrag von DM 150.000 aufwenden mußte, kann als atypischer Einzelfall angesehen werden.

Faßt man die Angaben der befragten Unternehmungen zusammen, so ergibt sich, daß ihnen bis Ende 1982 auf Grund der Verpflichtung durch das BDSG, ihre Mitarbeiter in Fragen des Datenschutzes und der Datensicherung zu schulen, in der Mehrzahl Kosten von insgesamt DM 10.000 bis DM 60.000 entstanden sind. Einige Unternehmungen mit außergewöhnlich großem Schulungsbedarf mußten in derselben Zeit Kosten zwischen DM 280.000 und DM 1,4 Mio. tragen. In jedem der genannten Fälle handelt es sich um rein BDSG-initiierte Kosten. Zinsen wurden bei der Berechnung der Gesamtsummen nicht berücksichtigt. Lediglich eine der befragten 12 Unternehmungen machte keine Angaben darüber, welche Kosten ihr auf Grund der Schulungsverfplichtung des BDSG entstanden sind.

2.2.4. Kosten der Unterstützung der Aufsichtsbehörde

Gemäß § 30 Abs. 2 BDSG sind die Unternehmungen verpflichtet, die Datenschutz-Aufsichtsbehörden bei ihrer Prüfungstätigkeit in den Unternehmungen zu unterstützen. Gemäß § 40 Abs. 2 BDSG gelten diese Vorschriften auch für Unternehmungen, die unter den 4. Abschnitt des Gesetzes fallen. Welche Kosten den Unternehmungen hierdurch direkt entstanden sind, ergibt sich aus Abb. 28 in Anhang 1.

Die Angaben zeigen deutlich, daß die Tätigkeit der Datenschutz-Aufsichtsbehörden in der überwiegenden Mehrzahl der Fälle bei den betroffenen Unternehmungen keine oder nur geringfügige Mehrkosten verursacht hat. Diese grundsätzliche Aussage bezieht sich allerdings nur auf die den Unternehmungen unmittelbar entstandenen Kosten - z.B. anteilige Lohn- und Gehaltskosten der eigenen Mitarbeiter auf Grund von Unterstützungsaufgaben für die Aufsichtsbehörde oder Kosten, die der Behörde von den Unternehmungen erstattet werden müssen. Unberührt hiervon bleibt die Tatsache, daß die mit dem Aufbau und der Tätigkeit der neuen Behörde verbundenen, behördeninternen Kosten indirekt ebenfalls von der Wirtschaft getragen werden müssen. Die Höhe dieser Kosten zu ermitteln, war jedoch nicht Gegenstand der vorliegenden Untersuchung.

Soweit den untersuchten Unternehmungen unmittelbar Kosten durch die Prüfungstätigkeit der Aufsichtsbehörden entstanden sind, handelt es sich in der Mehrzahl der Fälle um Kosten, die von den Unternehmungen zwischen 1978 und 1982 nur einmal aufgebracht werden mußten, da in dieser Zeit die Aufsichtsbehörde in aller Regel die einmal vorgenommene Überprüfung nicht wiederholte. Für eine solche Überprüfung mußten einmalig Beträge zwischen DM 7.000 und DM 40.000 aufgewendet werden.

Neben diesen einmaligen Kosten nannten 4 der untersuchten 12 Unternehmungen Beträge, die sie teils als fixe teils als variable Kosten im Durchschnitt der Jahre 1978 bis 1982 pro Jahr auf Grund der Prüfungstätigkeit der Aufsichtsbehörde tragen mußten. Drei Unternehmungen nannten diesbezüglich jährliche Mehrkosten von DM 100 - DM 10.000. Eine Unternehmung, die sich nahezu ausschließlich mit hochsensiblen personenbezogenen Daten befaßt, nannte einen jährlichen Mehraufwand in Höhe von DM 50.000. In diesem Sonderfall handelte es sich im übrigen zu 100% um jährlich entstehende fixe Kosten.

Aufsummiert über die Jahre 1978 - 1982 ergaben sich auf Grund der Prüfungstätigkeit der Aufsichtsbehörde in den 5 untersuchten Unternehmungen, die überhaupt diesbezüglich Kosten angeben konnten, Gesamtkosten von DM 500 bis DM 60.000. In dem einen, bereits oben erwähnten atypischen Sonderfall betrugen die Gesamtkosten DM 290.000. In allen Fällen wurden Zinsen bei der Errechnung der Gesamtsumme nicht berücksichtigt. Die genannten Kosten müssen in jedem Fall in voller Höher dem BDSG zugerechnet werden, da ohne die gesetzliche Verpflichtung die Prüfung durch die Aufsichtsbehörde nicht stattgefunden hätte.

2.2.5. Kosten auf Grund der Berücksichtigung der Rechte des Betroffenen

Gemäß § 4 Nrn. 1-4 BDSG hat jeder Betroffene ein Recht auf Auskunft, Berichtigung, Sperrung oder Löschung der zu seiner Person gespeicherten Daten. Für Unternehmungen, die unter den 3. Abschnitt des Gesetzes fallen, werden zu den Rechten des Betroffenen in den §§ 26 und 27 BDSG nähere Ausführungen gemacht. Für Unternehmungen des 4. Abschnitts gelten die §§ 34 und 35 BDSG. Welche Kosten den 12 untersuchten Unternehmungen auf Grund der Rechte des Betroffenen entstanden sind, ergibt sich aus Abb. 29 im Anhang 1.

Nur 6 der 12 Unternehmungen gaben an, daß ihnen auf Grund der Rechte des Betroffenen überhaupt Kosten entstanden seien.
Damit waren für 50% der untersuchten Unternehmungen die entsprechenden Vorschriften des Gesetzes nicht mit Mehrkosten verbunden. Dieses Ergebnis entspricht auch den durch die Expertengespräche bestätigten Beobachtungen, daß die Betroffenen nur in seltenen Fällen gegenüber Unternehmungen der privaten Wirtschaft von ihren Rechten Gebrauch gemacht haben. Hierfür sind allem Anschein nach besonders zwei Gründe maßgebend:

- Zum einen scheuen zahlreiche Betroffene das Entgelt, welches für erteilte Auskünfte von ihnen verlangt werden kann.

- Zum anderen werden die von der privaten Wirtschaft gespeicherten personenbezogenen Daten nur von wenigen Betroffenen als Gefährdung ihrer Persönlichkeitsrechte empfunden.

Das Hauptaugenmerk der Betroffenen gilt ganz offensichtlich nicht in erster Linie der Speicherung personenbezogener Daten durch die private Wirtschaft, sondern vielmehr deren Speicherung im öffentlichen Bereich.

Die 6 der insgesamt 12 untersuchten Unternehmungen, nach deren
Angaben die Rechte des Betroffenen für sie mit Mehrkosten verbunden waren, gaben übereinstimmend an, daß zunächst einmalige
Kosten in nennenswertem Umfang angefallen seien. Hierbei handelt
es sich in der Regel um die Kosten einer umfassenden Auskunfts-
aktion während der Jahre 1977 und 1978, durch die die Betroffenen davon unterrichtet wurden, daß Daten über sie von der Unternehmung gespeichert wurden. Unternehmungen, die eine solche
Aktion durchführten, mußten hierfür Beträge von DM 2.000 bis DM
40.000 aufwenden. Eine der befragten Unternehmungen nannte den
außergewöhnlichen Betrag von DM 130.000 für die einmalige Aus-
kunftsaktion.

Neben diesen einmaligen Kosten fielen in 5 von 12 Unternehmungen
in den Jahren 1978 - 1982 variable und fixe Kosten in Höhe von
DM 4.000 bis DM 25.000 jährlich an. Auch diese jährlich von den
Unternehmungen zu tragenden Kosten gehen nur zum Teil darauf
zurück, daß Betroffene von ihren Rechten Gebrauch machten. Zum
anderen Teil sind diese Kosten in prophylaktischen Maßnahmen der
Unternehmungen begründet, die getroffen wurden, um den Betroffenen eine Wahrnehmung ihrer Rechte überhaupt erst zu ermöglichen und um die mit der Wahrnehmung der Rechte verbundenen Kosten im Bedarfsfall so gering wie möglich zu halten.

Aufsummiert über die Jahre 1978 - 1982 ergeben die mit den Rechten des Betroffenen zusammenhängenden Kosten Beträge von insgesamt DM 2.000 - DM 35.000 oder DM 150.000 - DM 180.000. Diese
zwei Gruppen lassen sich hinsichtlich ihrer Gesamtkosten bis einschließlich 1982 deutlich voneinander abgrenzen. Bei den genannten Beträgen wurden Zinsen nicht berücksichtigt. Die Kosten müssen in jedem Fall in voller Höhe dem BDSG zugerechnet werden.

2.2.6. Kosten auf Grund der Maßnahmen zur Datensicherung

Gemäß § 6 Abs. 1 BDSG sind alle Unternehmungen, die personenbezogene Daten verarbeiten, verpflichtet, die notwendigen technischen und organisatorischen Maßnahmen zu treffen, die für den
Schutz und die Sicherung der Daten erforderlich sind. Die Anlage zu § 6 Abs. 1 Satz 1 BDSG gibt im Rahmen der "10 Gebote" an,
welchen Zielvorgaben die Maßnahmen der Datensicherung im einzel
nen gerecht werden müssen. Welche Kosten den 12 untersuchten Unternehmungen hierbei entstanden sind, ergibt sich aus Abb. 30
in Anhang 1.

Die Untersuchungsergebnisse zeigen deutlich, daß der weitaus
überwiegende Teil der Datensicherungskosten auf Maßnahmen beruht, die bereits aus unternehmungseigenem Interesse und nicht
erst auf Grund der entsprechenden Verpflichtung durch das BDSG
durchgeführt wurden. In Abb. 30 haben die befragten Unternehmungen daher in Spalte 1 - für die Zeit vor dem 1.1.1978 - und
in Spalte 3 - für die Zeit nach dem 1.1.1978 - angegeben, welche
Datensicherungskosten ihnen im Durchschnitt der Jahre pro Jahr
auf Grund von Maßnahmen aus unternehmungseigenem Interesse entstanden sind.

Nimmt man die in Spalte 1 von Abb. 30 genannten Beträge als
durchschnittliche Kosten der Datensicherung des Jahres 1977 und
die in Spalte 3 genannten Beträge als jährliche Durchschnitts-
kosten der Jahre 1978 bis 1982, so erhält man für den gesamten
Erhebungszeitraum - also 1977 bis 1982 - Datensicherungskosten
aus unternehmungseigenem Interesse zwischen DM 300.000 und DM
7 Mio. In zwei der untersuchten 12 Unternehmungen lag dieser Betrag mit DM 51 Mio. bzw. DM 125 Mio. noch weit darüber und in 2
anderen untersuchten Unternehmungen mit jeweils DM 50.000 weit
unter dem genannten Bereich, der für die Mehrzahl der Unternehmungen in der Bundesrepublik Deutschland zutreffen dürfte. Wie

bei der Angabe absoluter Zahlen in der vorliegenden Untersuchung überhaupt, so ist auch ganz besonders in diesem Fall darauf zu achten, daß die Höhe der angegebenen Datensicherungskosten auf reinen Schätzwerten der untersuchten Unternehmungen beruht. In keiner Unternehmung wurden diese Kosten im Rahmen der betrieblichen Kostenrechnung separat erfaßt und einzeln ausgewiesen. Da diese Kosten in aller Regel auf Datensicherungsmaßnahmen in den Fachabteilungen beruhen, dürfte eine exakte Abgrenzung auch auf außergewöhnliche Schwierigkeiten stoßen.

Gegenüber den Datensicherungskosten, die auf Maßnahmen beruhen, die aus unternehmungseigenem Interesse veranlaßt wurden, fallen diejenigen Datensicherungskosten, die auf Grund der entsprechenden Vorschriften des BDSG zusätzlich durchgeführt werden mußten, in nahezu allen untersuchten Unternehmungen kaum ins Gewicht. Der Anteil der Datensicherungskosten, der dem BDSG zugerechnet werden muß, an den gesamten Kosten der Datensicherung lag nur bei 3 Unternehmungen zwischen 15% und 25%.

Bei den übrigen Unternehmungen betrug er zwischen 0% und 2,5%. Die eine Unternehmung, die angab, daß bei ihr der Anteil der BDSG-initiierten Datensicherungskosten 75% der Gesamtkosten der Datensicherung ausmache, kann als atypischer Einzelfall angesehen werden.

Absolut lagen die Kosten der vom BDSG verursachten Maßnahmen zwischen DM 0 und DM 350.000,-. In zwei Fällen lagen sie noch weit darüber und betrugen in dem einen der beiden Fälle DM 1,2 Mio. und in dem anderen DM 17 Mio. Hierbei handelt es sich jedoch um atypische Fälle, da die jeweiligen Unternehmungen die Verarbeitung personenbezogener Daten als ihr eigentliches Betätigungsfeld ansehen.

Interpretiert man die Angaben in den Spalten 1 bis 9 von Abb. 30, so zeigt sich, daß zahlreiche Unternehmungen nach dem 1.1.1978 durch eine einmalige Aktion ihren Datensicherungsstandard den Anforderungen des BDSG angepaßt haben. Zum Teil mußten die untersuchten Unternehmungen bestehende Datensicherungsmaßnahmen ausbauen und zum Teil mußten sie neue Datensicherungsmaßnahmen einführen. Faßt man die hierfür aufgewendeten Beträge zusammen, so zeigt sich, daß die Unternehmungen nach dem 1.1.1978 hierfür einmalig zwischen DM 10.000 und DM 130.000 aufwenden mußten. Nur eine Unternehmung, die wiederum als atypischer Einzelfall angesehen werden muß, hatte für die Intensivierung bestehender und die Einführung neuer Datensicherungsmaßnahmen auf Grund der Verpflichtung durch das BDSG einmalig ca. DM 3 Mio. aufzuwenden.

Neben diesen einmaligen Beträgen fallen seit dem 1.1.1978 in mehreren untersuchten Unternehmungen wiederholt sowohl variable als auch fixe Kosten für BDSG-initiierte Datensicherungsmaßnahmen an. Unternehmungen, die auch solche Kosten tragen mußten, nannten für die Zeit zwischen 1978 und 1982 Beträge von jährlich DM 10.000 bis DM 120.000. Nur eine Unternehmung hat nach eigenen Angaben in dem genannten Zeitraum jährlich variable und fixe Mehrkosten auf Grund des BDSG von DM 2,4 Mio. zu tragen. In diesem Fall handelt es sich erneut um einen atypischen Sonderfall.

3. Zusammenfassung

Alle Einzelmaßnahmen des Datenschutzes und der Datensicherung lassen sich folgenden 6 Verpflichtungen zuordnen, die sich aus dem BDSG ergeben:

1. Bestellung und Tätigkeit eines betrieblichen Datenschutzbeauftragten,
2. Verpflichtung der Mitarbeiter auf das Datengeheimnis,
3. Schulung der Mitarbeiter in Fragen des Datenschutzes und der Datensicherung,

4. Unterstützung der Aufsichtsbehörde,
5. Berücksichtigung der Rechte des Betroffenen und
6. Maßnahmen zur Datensicherung.

Bei den Maßnahmen des Datenschutzes und der Datensicherung, die
den Verpflichtungen des Gesetzes gerecht werden, kann man diejenigen Maßnahmen, die allein auf Grund des BDSG veranlaßt wurden,
von denjenigen unterscheiden, die auch ohne eine solche Verpflichtung - also bereits auf Grund unternehmungseigenen Schutzinteresses - durchgeführt worden wären. Entsprechend lassen sich
die von den Maßnahmen verursachten Kosten in zwei Gruppen unterteilen. Gegenstand des vorliegenden Teils der Untersuchung ist
es nur, Hinweise darauf zu geben, wie hoch die Kosten solcher
Datenschutz- und Datensicherungsmaßnahmen waren, die nicht bereits aus unternehmungseigenem Interesse veranlaßt wurden. Dargestellt werden daher die Kosten, die den Unternehmungen auf
Grund der oben genannten Verpflichtungen des BDSG zwischen 1977
und 1982 zusätzlich entstanden sind.

Angesichts der Tatsache, daß die Aufteilung der gesamten Daten-
schutz- und Datensicherungskosten in den untersuchten Unternehm-
mungen auf die Verpflichtungen des BDSG große praktische Probleme aufwirft, war es im Rahmen der vorliegenden Untersuchung nur
möglich, bei 12 Unternehmungen die Höhe der BDSG-initiierten
Datenschutzkosten und ihre Verteilung auf die Verpflichtungen
des Gesetzes zu ermitteln. Die nachfolgenden Untersuchungsergebnisse beziehen sich daher ausschließlich auf die 12 in die Untersuchung einbezogenen Unternehmungen. Soweit reine Trendaussagen gemacht werden, können diese - mit der grundsätzlich gebotenen Vorsicht - auch auf nicht von der Untersuchung erfaßte
Unternehmungen in der Bundesrepublik Deutschland bezogen werden.

Unter Einbeziehung aller Kosten des Datenschutzes und der Datensicherung - von den Kosten der Bestellung eines betrieblichen

Datenschutzbeauftragten bis zu den Kosten der Datensicherung in den Fachabteilungen - ergab sich für nahezu alle untersuchten Unternehmungen, daß der ausschließlich BDSG-initiierte Anteil weniger als 50% der gesamten Datenschutz- und Datensicherungskosten betrug.

Hinsichtlich der absoluten Höhe der BDSG-initiierten Kosten konnten drei Gruppen deutlich voneinander unterschieden werden.

- Ein großer Teil der Unternehmungen hatte in den Jahren 1977 - 1982 auf Grund der Vorschriften des BDSG Mehrkosten von insgesamt DM 300.000 - DM 600.000 zu tragen.

- Bei einem kleineren Teil der untersuchten Unternehmungen betrugen diese Kosten in dem genannten Zeitraum zwischen DM 1 Mio. und DM 3 Mio.

- Nur ein kleiner Teil der untersuchten Unternehmungen machte BDSG-initiierte Mehrkosten für den genannten Zeitraum von insgesamt mehr als DM 20 Mio. geltend.

Aufgeteilt auf die 6 oben genannten Verpflichtungen des BDSG ergab sich:

- In der Regel wurden zwischen 50% und 60% der BDSG-initiierten Mehrkosten durch die Kosten der Bestellung und Tätigkeit des Datenschutzbeauftragten verursacht.

- Zwischen 15% und 25% der BDSG-initiierten Mehrkosten wurden von den untersuchten Unternehmungen auf zusätzlich eingeführte Maßnahmen der Datensicherung zurückgeführt.

- 10% - 15% der Mehrkosten wurden durch zusätzliche Schulungsveranstaltungen in Fragen des Datenschutzes und der Datensicherung hervorgerufen.

- 4% - 8% der Mehrkosten entstanden auf Grund der vom BDSG verlangten Verpflichtung der Mitarbeiter auf das Datengeheimnis.

- 0% - 3% der Mehrkosten entfielen jeweils auf Kosten auf Grund der Rechte des Betroffenen und auf Kosten wegen der notwendigen Unterstützung der Aufsichtsbehörde bei ihrer Prüfungstätigkeit.

Zu beachten ist hierbei unbedingt, daß Unternehmungen hinsichtlich einzelner Beträge z.T. erheblich von den genannten Durchschnittswerten abwichen. So rechnet eine der untersuchten Unternehmung allein 53% ihrer BDSG-initiierten Mehrkosten zusätzlichen Schulungsmaßnahmen zu, die ohne die Verpflichtung des Gesetzes nicht hätten durchgeführt werden müssen. Andere Unternehmungen gaben an, daß die Maßnahmen der Datensicherung bei ihnen ausschließlich auf Grund unternehmungseigenen Interesses durchgeführt würden. Der BDSG-initiierte Anteil betrug in diesen Fällen 0%.

Bei der Analyse der BDSG-initiierten Mehrkosten wurden folgende drei Zahlen und ihre Beziehungen zueinander näher betrachtet:

1. Die Gesamtsumme der BDSG-initierte Mehrkosten,
2. Der Teil der BDSG-initiierten Mehrkosten, der durch die Verpflichtung zur Bestellung eines betrieblichen Datenschutzbeauftragten entstanden ist,
3. Der Teil der BDSG-initiierten Mehrkosten, der durch die Verpflichtungen zur Datensicherung entstanden ist.

Hierbei zeigte sich, daß in Unternehmungen, bei denen das BDSG insgesamt nur geringe Mehrkosten verursacht hat, der auf die Verpflichtung zur Bestellung eines betrieblichen Datenschutzbeauftragten entfallende Teil dieser Mehrkosten überdurchschnittlich hoch ist. Im Gegensatz dazu liegt bei Unternehmungen, bei denen

das BDSG erhebliche Mehrkosten verursacht hat, dieser Anteil
weit unter dem Durchschnitt.

Genau entgegengesetzt verhält sich der Anteil an den BDSG-initiierten Mehrkosten, der auf zusätzliche Maßnahmen der Datensicherung entfällt. In Unternehmungen mit insgesamt geringen Mehrkosten liegt der Anteil, der auf zusätzliche Maßnahmen der Datensicherung entfällt, weit unter dem Durchschnitt. In Unternehmungen mit hohen BDSG-initiierten Mehrkosten liegt dieser Anteil
weit über dem Durchschnitt.

Unternehmungen mit vergleichsweise niedrigen BDSG-initiierten
Mehrkosten verfügten daher bereits vor Inkrafttreten des BDSG
über einen ihren individuellen Bedürfnissen entsprechenden, hohen
Standard an Datensicherungsmaßnahmen. Bei diesen Unternehmungen
verursachte daher hauptsächlich die Verpflichtung zur Bestellung
eines betrieblichen Datenschutzbeauftragten die genannten BDSG-
initiierten Mehrkosten. Hatten Unternehmungen auf Grund des BDSG
jedoch vergleichsweise hohe Mehrkosten zu tragen, so lagen diese
Mehrkosten hauptsächlich darin begründet, daß die Maßnahmen zur
Datensicherung den gesetzlichen Anforderungen angepaßt werden
mußten. Die Kosten, die auch für diese Unternehmungen mit der
Verpflichtung zur Bestellung eines betrieblichen Datenschutzbeauftragten verbunden waren, traten demgegenüber zurück.

b) Kosten auf Grund mittelbarer Beeinflussung der Datenverarbeitung durch das BDSG.

Welcher Art die Kosten sein können, die den Unternehmungen nicht
unmittelbar auf Grund von BDSG-initiierten Datenschutz- und Datensicherungsmaßnahmen entstanden sind, sondern auf einer mittelbaren Beeinflussung der Datenverarbeitung durch das BDSG beruhen, wurde oben bereits dargestellt (vgl. S. 71 ff.). Im
wesentlichen fällt hierunter der den Unternehmungen entgangene
Nutzen durch eine erschwerte oder gänzlich untersagte Verarbeitung personenbezogener Daten. Das Ergebnis der empirischen Untersuchung dieses Sachverhalts zeigt Abb. 31 in Anhang 1. Die
Mehrzahl der befragten Unternehmungen hatte nach eigenen Angaben keine Mehrkosten auf Grund mittelbarer Beeinflussung der
Datenverarbeitung durch das BDSG. Unmittelbar wurden jedoch bei
diesen Unternehmungen durch die Maßnahmen des Datenschutzes und
der Datensicherung durchaus zum Teil erhebliche Mehrkosten verursacht. Die Nutzung der vorhandenen Datenbestände mußte jedoch
nicht eingeschränkt werden. Auch nach der Verabschiedung des
BDSG konnten diese Unternehmungen ihre Daten so nutzen, wie es
vor diesem Zeitpunkt ohne das Gesetz möglich war.

Drei von 12 Unternehmungen, die zu diesem Problembereich befragt
wurden, gaben an, daß bei ihnen auf Grund des BDSG bestimmte
Nutzungen von Datenbestände nur mit aufwendigeren Verfahren realisiert werden konnten. Hierfür mußten von ihnen nach eigenen
Angaben Beträge von DM 10.000 - DM 50.000 aufgewendet werden.
Bei einer Unternehmung betrugen diese einmaligen Mehrkosten nach
eigenen Angaben mehr als DM 400.000.

Zwei weitere der befragten Unternehmungen gaben an, daß bei
ihnen sowohl bestimmte wünschenswerte Nutzungen eigener Datenbestände auf Grund des BDSG gänzlich unterbleiben mußten, als
auch andere Nutzungen wegen bestehender Datenschutzvorschriften nur mit aufwendigeren Verfahren realisiert werden konnten.

Eine dieser beiden Unternehmungen hatte nach eigenen Angaben dadurch Mehrkosten von insgesamt DM 2,5 Mio. zu tragen. Die andere dieser beiden Unternehmungen nannte Mehrkosten von insgesamt DM 10.000.

Zusammenfassend läßt sich hierzu folgendes festhalten: Das BDSG hat bei den betroffenen Unternehmungen zwar durch die Datenschutz- und Datensicherungsmaßnahmen, die auf Grund des Gesetzes zusätzlich getroffen werden mußten, z.T. erhebliche Mehrkosten verursacht. Die Vorschriften des Gesetzes führten jedoch nur in Ausnahmefällen dazu, daß bestimmte Nutzungen von Datenbeständen erschwert oder gar nicht möglich waren, verglichen mit den zulässigen Datennutzungen vor der Verabschiedung des Gesetzes. Als entgangener Nutzen und als Mehraufwendungen auf Grund aufwendigerer Verfahren wurden von den betroffenen Unternehmungen Beträge von insgesamt zwischen DM 10.000 und DM 2,5 Mio. genannt. Da es sich in jedem Fall um reine Schätzwerte handelt, kann von diesen Zahlenangaben nur mit äußerster Vorsicht Gebrauch gemacht werden. Die Tatsache, daß bei fünf von 12 untersuchten Unternehmungen derartige Kosten anfielen, macht jedoch deutlich, daß auch die Kosten der mittelbaren Beeinflussung der Datenverarbeitung durch das BDSG bei der Erhebung der BDSG-initiierten Gesamtkosten nicht unberücksichtigt bleiben dürfen. Z.T. hatten die betroffen Unternehmungen neben den Kosten der BDSG-initiierten Datenschutz- und Datensicherungsmaßnahmen auch mittelbar vom BDSG verursachte Kosten in nennenswertem Umfang zu tragen. Da diese Kosten ohne die Verabschiedung des BDSG den Unternehmungen nicht entstanden wären, müssen sie in voller Höhe den Folgekosten des Gesetzes zugerechnet werden.

c) Kosten auf Grund von Aktivitäten im Zusammenhang mit der Verabschiedung bzw. Novellierung des BDSG

Welcher Art die Kosten sein können, die im Zusammenhang mit der
Verabschiedung bzw. Novellierung des BDSG den Unternehmungen
dadurch entstanden sind, daß sie sich an der Diskussion des Gesetzentwurfs bzw. der Novellierungsvorschläge beteiligten, wurde oben bereits ausführlich dargestellt (vgl. S. 74 ff.). Im
Rahmen der vorliegenden Untersuchung wurden 12 Unternehmungen
dahingehend befragt, ob bei ihnen die genannten Kostenarten angefallen sind und - sofern dies der Fall war - wie hoch diese
Kosten ihrer eigenen Einschätzung nach waren. Das Ergebnis zeigt
Abb. 32 in Anhang 1. Von den 12 untersuchten Unternehmungen
hatte nur eine weder vor 1977 an der Diskussion des Gesetzentwurfs noch nach 1977 an der Novellierungsdiskussion des BDSG
teilgenommen. Von den fünf Unternehmungen, die sich vor 1977
an der Diskussion des Gesetzentwurfs zum BDSG beteiligten, nahm
darüber hinaus nur eine Unternehmung an der nachfolgenden Novellierungsdiskussion des Gesetzes nicht mehr teil. Diese Unternehmung mußte nach eigenen Angaben vor 1977 DM 10.000 aufwenden.

Von den 10 Unternehmungen, die nach 1977 an der Novellierungsdiskussion teilgenommen hatten, hatten sich demnach vier Unternehmungen bereits vor 1977 an der Diskussion des Gesetzentwurfs
beteiligt. Diese vier Unternehmungen hatten vor und nach 1977
auf Grund ihrer genannten Aktivitäten Gesamtkosten von insgesamt zwischen DM 25.000 und DM 140.000. Bei einer dieser vier
Unternehmungen waren die zusätzlichen Kosten nach eigenen Angaben "unwesentlich".

Sechs der untersuchten 12 Unternehmungen hatten ausschließlich
an der Novellierungsdiskussion nach 1977 teilgenommen. Nach eigenen Angaben mußten sie in diesem Zusammenhang Mehrkosten zwischen DM 2.000 und DM 5.000 tragen. Da es sich in jedem Fall um
Kosten handelt, die ohne das BDSG den Unternehmungen nicht entstanden wären, sind sie in voller Höhe dem Gesetz zuzurechnen.

Zusammenfassend läßt sich daher festhalten, daß die Untersuchung zu diesem Teil der BDSG-initiierten Kosten deutlich macht, daß sich an der Diskussion des BDSG vor und nach 1977 nur solche Unternehmungen beteiligten, die sich ganz offensichtlich von den Bestimmungen des Gesetzes in besonderem Maße betroffen fühlten. Diese Unternehmungen waren deshalb bereit, für die Teilnahme ihrer Mitarbeiter an der Diskussion des Gesetzentwurfs und den Erörterungen der Novellierungsvorschläge nennenswerte Beträge aufzuwenden.

Nach der Verabschiedung des BDSG - also nach 1977 - nahm die Zahl derjenigen Unternehmungen, die sich zumindest an der Novellierungsdiskussion beteiligen wollten, auch wenn sie vor 1977 an der Diskussion des Gesetzentwurfs nicht teilgenommen hatten, erheblich zu. Die hierdurch den Unternehmungen entstandenen Kosten sind zum größten Teil in den allgemeinen Kosten des Datenschutzbeauftragten enthalten. Die darüber hinaus von den Unternehmungen zu tragenden Beträge liegen mit DM 2.000 - DM 5.000 bei diesem Kreis der untersuchten Unternehmungen relativ niedrig.

IV. Mögliche Auswirkungen einer Novellierung des BDSG auf die
    Kosten

Nahezu so alt wie das BDSG selbst ist auch die Diskussion um
seine Novellierung. Ihren sichtbarsten Niederschlag fand diese
Diskussion bisher in den Novellierungsentwürfen der Bundestags-
fraktionen von CDU/CSU und SPD sowie in den Referentenentwürfen
des Bundesinnenministeriums sowohl aus der Zeit der SPD-F.D.P.-
Koalition als auch aus der Zeit der CDU/CSU-F.D.P.-Koalition.
Wie die Novellierung des Gesetzes im einzelnen ausgestaltet sein
wird, kann derzeit noch nicht abschließend beurteilt werden. Mit
einem Ende der Diskussion ist vor 1985 nicht zu rechnen.

Da nach übereinstimmender Meinung von Regierung und Opposition
die Zahl der novellierungsbedürftigen Einzelvorschriften des
Gesetzes groß ist und da die Novellierungsvorstellungen z.T. erheblich divergieren, war es im Rahmen der vorliegenden Kostenuntersuchung nur möglich, einige ausgewählte und allem Anschein
nach am ehesten kostenwirksame Gesichtspunkte zu behandeln.
Grundlage der Untersuchung war der Referentenentwurf der SPD-
F.D.P.-Koalition - der zum Zeitpunkt der Befragung aktuelle
Stand der Novellierungsdiskussion. Das Ergebnis ist in den Abbildungen 33 und 34 in Anhang 1 dokumentiert.

Hiernach kann man folgendes festhalten:

- Nahezu alle befragten Unternehmungen gaben an, daß die Einführung eines Kündigungsschutzes für den Datenschutzbeauftragten - vergleichbar derjenigen der Betriebsratsmitglieder -
  sowie die Verpflichtung der Mitarbeiter auf das Datengeheimnis auch bei ausschließlicher Verarbeitung "interner Daten"
  für sie mit keinen zusätzlichen Kosten verbunden seien.

- Die Hälfte der befragten Unternehmungen erwartete von der Ab-
  schaffung des Entgelts für die Auskunft an den Betroffenen
  geringe bis mittlere zusätzliche Kosten.

- Einige wenige Unternehmungen gehen davon aus, daß die Protokollierung von On-line-Abfragen Dritter mit mittleren oder
  sogar hohen zusätzlichen Kosten verbunden ist.

- Die überwiegende Mehrzahl der befragten Unternehmungen geht
  davon aus, daß die Ausweitung der Rechte der Aufsichtsbehörde dahingehend, daß sie unter erleichterten Voraussetzungen
  tätig werden kann und Sanktionsmöglichkeiten erhält, mit zusätzlichen Kosten in mittlerer Höhe verbunden ist.

- Die größten Kostensteigerungen wurden von den befragten Unternehmungen mit der Einführung eines verschuldensunabhän-
  gigen und in der Höhe nicht begrenzten Schadensersatzanspruchs
  des Betroffenen an die Unternehmung verbunden sowie mit der
  zusätzlichen Speicherung der Datenquellen bei übermittelten
  Daten und der damit verbundenen Ausweitung der Auskunftspflicht auch auf diese Angaben. In diesen beiden Fällen gaben
  nur wenige Unternehmungen an, daß für sie eine Novellierung
  des BDSG in den genannten Punkten nicht mit zusätzlichen Kosten verbunden sei. Die Zahl derjenigen Unternehmungen, die
  von einer Novellierung des Gesetzes in den genannten Bereichen
  hohe zusätzliche Kosten erwarten, war verglichen mit den übrigen kostenwirksamen Punkten der Novellierungsentwürfe hier
  bei weitem am größten.

Die bisher aufgeführten Punkte machen nur einen kleinen Teil
der durch die mögliche Novellierung des BDSG verschärften
oder neu hinzugekommenen Datenschutzvorschriften aus. Zahlreiche der befragten Unternehmungen machten daher von der
Möglichkeit Gebrauch, weitere Punkte zu nennen und anzugeben,
in welchem Umfang ihrer Meinung nach im Falle einer entsprechenden Novellierung des Gesetzes auf ihre Unternehmung zusätzliche Kosten zukommen würden. Als kostenwirksam wurden daher von den befragten Unternehmungen zusätzlich zu den oben
bereits genannten Punkten folgende in der Diskussion befind-
liche Novellierungsabsichten genannt:

- stärkere Zweckbindung der Datenverarbeitung,
- Aufnahme der Datenerhebung in die Phasen der Datenver-
  arbeitung,
- Widerspruchsrecht für Datenübermittlung,
- Verschlüsselung von Daten bei Netzübertragung,
- Erweiterung des Dateibegriffs,
- Quasi-Verbot von On-line-Abfragen Dritter,
- Benachrichtigungspflicht bei berichtigten Daten.

Mit den genannten Punkten verbanden die befragten Unternehmungen teilweise geringe, teilweise hohe zusätzliche Kosten. Die
Untersuchung hat damit gezeigt, daß die Novellierung des BDSG
z.T. durchaus mittlere bis hohe zusätzliche Kosten für die betroffenen Unternehmungen verursachen kann. Eine genauere Quantifizierung war jedoch im Rahmen der vorliegenden Untersuchung
nicht möglich. Vermutungen, daß mit einer möglichen Novellierung des Gesetzes keine nennenswerten zusätzlichen Kosten für
die Unternehmungen verbunden seien, wurden jedoch durch die
Untersuchung nicht bestätigt.

V. Nutzenaspekte der Datenschutzgesetzgebung für die Unternehmungen

Welcher Art der Nutzen sein kann, der für die betroffenen Unternehmungen mit der Einhaltung der Datenschutzvorschriften
verbunden ist, wurde oben bereits ausführlich dargestellt (vgl.
S. 77 ff.). Hierbei wurden zahlreiche positive Einzelaspekte
genannt zu den Bereichen:

- Nutzen für die betriebliche Datenverarbeitung,
- Nutzen für das Verhältnis der Unternehmung zu ihren Mitarbeitern,
- Nutzen für das Verhältnis der Unternehmung zu ihren Kunden
  und Lieferanten.

Auf Grund der ebenfalls oben bereits dargestellten Probleme bei
einer genaueren Quantifizierung der Nutzenaspekte für die Unternehmungen mußte hierauf im Rahmen der empirischen Erhebung
verzichtet werden. Die Unternehmungen wurden ausschließlich dahingehend untersucht, ob für sie mit der Einführung bzw. Ausweitung von Datenschutzmaßnahmen auf Grund der Vorschriften des
BDSG überhaupt Nutzeneffekte verbunden waren und ob es sich im
positiven Fall um einen geringen, einen mittleren oder einen
hohen Nutzen handelte. Die Ergebnisse sind in den Abb. 35 und 36
in Anhang 1 zusammengefaßt.

Hiernach ergibt sich bei den 61 untersuchten Unternehmungen folgendes Bild:

- Die überwiegende Mehrzahl der befragten Unternehmungen verband mit den BDSG-initiierten Datenschutzmaßnahmen keinen betrieblichen Nutzen.

- 10 Unternehmungen verbanden mit der Durchführung der Datenschutzmaßnahmen einen geringen bis hohen Nutzen, da ihre Darstellung in der Öffentlichkeit und die vertrauensvolle Zusammenarbeit mit ihren Lieferanten und Kunden verbessert werden
  konnten.

- 17 Unternehmungen führten eine verbesserte Qualität der DV-Ergebnisse auf die BDSG-initiierten Datenschutzmaßnahmen zurück
  und verbanden hiermit einen geringen bis mittleren Nutzen.

- 21 Unternehmungen erreichten auf Grund der Datenschutzmaßnahmen eine rationellere Datenverarbeitung. Der hiermit verbundene Nutzen war ihren eigenen Angaben zufolge auf einem geringen bis mittleren, in einem Fall sogar auf einem hohen
  Niveau.

- 28 Unternehmungen verbanden mit der zuverlässigeren Datenverarbeitung auf Grund der BDSG-initiierten Datenschutzmaßnahmen einen geringen bis mittleren Nutzen für die eigene Unternehmung.

- Der Hauptnutzen des Datenschutzes lag für zahlreiche Unternehmungen in dem erhöhten Sicherheitsbewußtsein der Mitarbeiter.

- Von besonderer Bedeutung waren schließlich die verbesserte DV-
  Organisation und -Dokumentation sowie die leichtere Durchsetz-
  barkeit von Datenschutz- und Datensicherungsmaßnahmen auf
  Grund der gesetzlich vorgeschriebenen Datenschutzbestimmungen.
  In diesem Zusammenhang wurden besonders genannt:

  -- leichtere Regelung der datenschutzrechtlich normierten
     Phasen der Datenverarbeitung,
  -- Regelung der Auskunftsverfahren,

-- Regelung der Datenübermittlung,

-- Minderung der Informationsredundanz,

-- Gründlichere Durchführung von closed-shop-Betrieben,

-- Verbesserte Zutritts- und Zugriffskontrollen,

-- Genauere Abgrenzung des Verteilers von EDV-Listen,

-- Vollständigere und zeitnahere Dokumentation von Daten-
   verarbeitungsprogrammen,

-- Anlaß zur Überprüfung der Ablauforganisation,

-- Einsatz spezieller Datensicherungssoftware,

-- Erleichterung der Ausweitung von Datensicherungsmaßnahmen,

-- Initiierung von Datenschutzklauseln,

-- Erlaß von Datenschutzrichtlinien,

-- Verbesserte Einhaltung des Datenschutzes im gesamten Betrieb.

Im Rahmen der Untersuchung konnten nicht alle Nutzenaspekte detailliert untersucht werden. Soweit jedoch die Vorschriften des
BDSG überhaupt einen Nutzen für die betroffenen Unternehmungen
mit sich brachten, wurden die Hauptnutzenaspekte berücksichtigt.
Eine exakte Quantifizierung des Nutzens war zwar nicht möglich,
jedoch kann zum Abschluß der Kostenuntersuchung festgehalten
werden, daß für die Unternehmungen, für die die BDSG-initiierten
Datenschutzmaßnahmen überhaupt mit einem Nutzen verbunden waren,
die Kosten dieser Maßnahmen ihren Nutzen bei weitem überstiegen.

Die Vermutung, daß Kosten und Nutzen der Datenschutzgesetzgebung
sich für die betroffenen Unternehmungen in etwa ausgleichen,
konnte durch die vorliegende Untersuchung nicht bestätigt werden.

Anhang 1: Auswertung der empirischen Unterlagen

I. Angaben zur Grundgesamtheit

Um die Kosten des Datenschutzes erheben zu können, wurden insgesamt 196 Unternehmungen verschiedener Größenordnung und aus unterschiedlichen Branchen befragt. Ihnen wurde der Fragebogen und/oder der Erhebungsbogen vorgelegt oder es wurden Expertengespräche durchgeführt. In zahlreichen Fällen wurde sowohl der Frage- als auch der Erhebungsbogen versandt. In wenigen Fällen kamen nacheinander alle drei empirischen Instrumente (Fragebogen, Erhebungsbogen und Expertengespräche) zum Einsatz. Die Angaben ergänzten sich sinnvoll. Von den 196 ausgesuchten Unternehmungen beteiligten sich 61 oder 31% an der Untersuchung, indem sie Angaben über die bei ihnen entstandenen Datenschutzkosten machten. Sie bilden damit die Basis des empirischen Teils.

Die Beteiligung der Unternehmungen ergibt sich, aufgeschlüsselt nach den Instrumenten des empirischen Instrumentariums, aus Abb. 1. Weil bei zahlreichen Unternehmungen mehrere Instrumente zur Anwendung kamen, ist die Summe aus den durchgeführten Expertengesprächen und dem Rücklauf der Erhebungsbögen und der Fragebögen größer als 61.

	insgesamt befragte Unternehmungen	Rücklauf (absolut)	Rücklaufquote
Expertengespräche	8	–	–
Erhebungsbogen	189	54	29%
Fragebogen	99	12	12%

Abb. 1: Verteilung der am Projekt KODA beteiligten Unternehmungen auf das empirische Instrumentarium

II. Allgemeine Angaben zur Unternehmung

a) Verteilung an der Untersuchung beteiligter Unternehmungen auf
   Wirtschaftszweige

	Unternehmungen insgesamt	in %
Industrie	32	52
Kreditwirtschaft	12	19
Versicherungswirtschaft	5	8
Handel	10	16
Service-Rechenzentrum	1	2
Beratung/Dienstleistung/Werbung	2	3
Summe	62	100

Abb. 2: Verteilung an der Untersuchung beteiligter Unter-
        nehmungen auf Wirtschaftszweige

b) Umsatz, Beitragseinnahmen oder Bilanzsumme der 62 an der
   Untersuchung beteiligten Unternehmungen

	Jahresumsatz insgesamt in Mrd.DM	Beitragsein- nahmen insge- samt in Mrd.DM	Bilanzsumme insgesamt in Mrd.DM
Industrie	190	-	-
Kreditwirtschaft	-	-	462
Versicherungs- wirtschaft	-	18	-
Handel	93	-	-
Service-Rechen- zentrum	zusammen	-	-
Beratung/Dienst- leistung/Werbung	9		

Abb. 3: Umsatz, Beitragseinnahmen oder Bilanzsumme an der Un-
        tersuchung beteiligter Unternehmungen

Aus Gründen der Anonymisierung wurde der Umsatz des beteiligten Rechenzentrums und der zwei Unternehmungen aus dem Bereich Beratung/Dienstleistung/Werbung in einer Summe angegeben.

Die Aufteilung des Umsatzes von insgesamt 190 Mrd. DM der beteiligten 32 Industrieunternehmungen auf Größenklassen ergibt sich aus Abb. 4. Aus Gründen der Anonymisierung unterbleibt eine solche Aufteilung bei den übrigen Branchen.

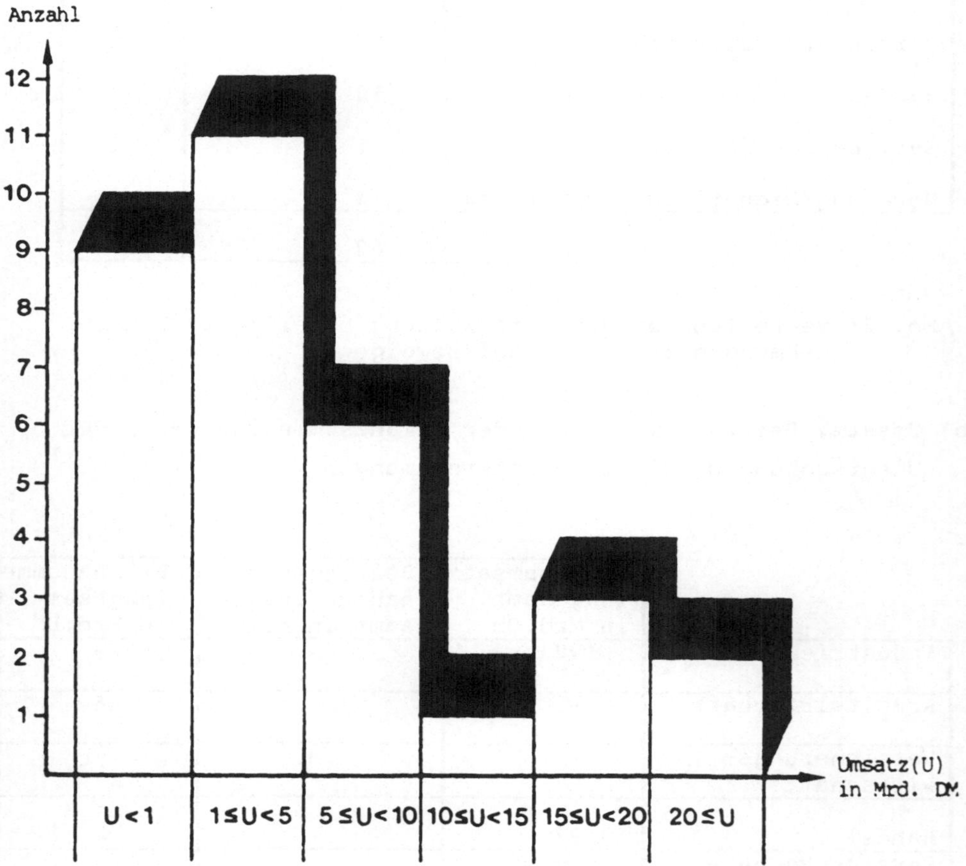

Abb. 4: Gruppierung der 32 beteiligten Industrieunternehmungen nach der Höhe ihres Umsatzes

c) Höhe der DV-Kosten

Abb. 5 gibt - aufgeteilt auf die verschiedenen Branchen - die
Summe der DV-Kosten an, die von den beteiligten Unternehmungen
genannt wurden. Ferner ist aus der Abbildung das Verhältnis die-
ser Summe zu Umsatz bzw. Bilanzsumme der beteiligten Unterneh-
mungen ersichtlich. Den gesamten DV-Kosten einer Branche wurde
dabei die Summe der Umsätze bzw. Bilanzsummen nur derjenigen
Unternehmungen gegenübergestellt, die Angaben zur Höhe ihrer
DV-Kosten gemacht haben. Einzelheiten hierzu ergeben sich aus
Abb. 6. Aus Gründen der Anonymisierung wurde bei den Branchen
Versicherungswirtschaft, Service-Rechenzentrum und Beratung/
Dienstleistung/Werbung auf Angaben verzichtet.

	Kosten der Datenverarbeitung		
		in %	
	absolute Höhe in Mio. DM	vom Umsatz	von der Bilanzsumme
Industrie	581	0,44	-
Kreditwirtschaft	493	-	0,11
Handel	204	0,27	-

Abb. 5: Anteil der DV-Kosten an Umsatz bzw. Bilanzsumme

In Abb. 5 also wird die Summe der DV-Kosten einer Branche der
Summe der Umsätze bzw. Bilanzsummen aller Unternehmungen der
jeweiligen Branche gegenübergestellt, soweit sie Angaben über
die Höhe ihrer DV-Kosten gemacht haben.

	Unternehmungen mit Angaben zu ihren DV-Kosten		Unternehmungen mit Angaben zu ihren DV-Kosten repräsentieren		Umsatz oder Bilanzsumme der Unternehmungen mit Angaben zur Höhe ihrer DV-Kosten in % vom Umsatz oder von der Bilanzsumme aller beteiligten Unternehmungen
	absolut	in % der beteiligten Unternehmungen	einen Umsatz in Mrd. DM von	eine Bilanzsumme in Mrd. DM von	
Industrie	25	78	133	-	70
Kreditwirtschaft	9	75	-	451	98
Handel	9	90	75	-	81

Abb. 6: Bedeutung der Unternehmungen, die Angaben zur Höhe ihrer DV-Kosten gemacht haben

Für die 25 Industrieunternehmungen, die Angaben sowohl über die Höhe ihres Umsatzes als auch über die Höhe ihrer DV-Kosten gemacht haben, zeigt Abb. 7 die Verteilung der Verhältniszahlen aus DV-Kosten und Umsatz auf Größenklassen. Das arithmetische Mittel der Verhältniszahlen ergibt für die Industrieunternehmungen einen Anteil der DV-Kosten am Umsatz von 077%.

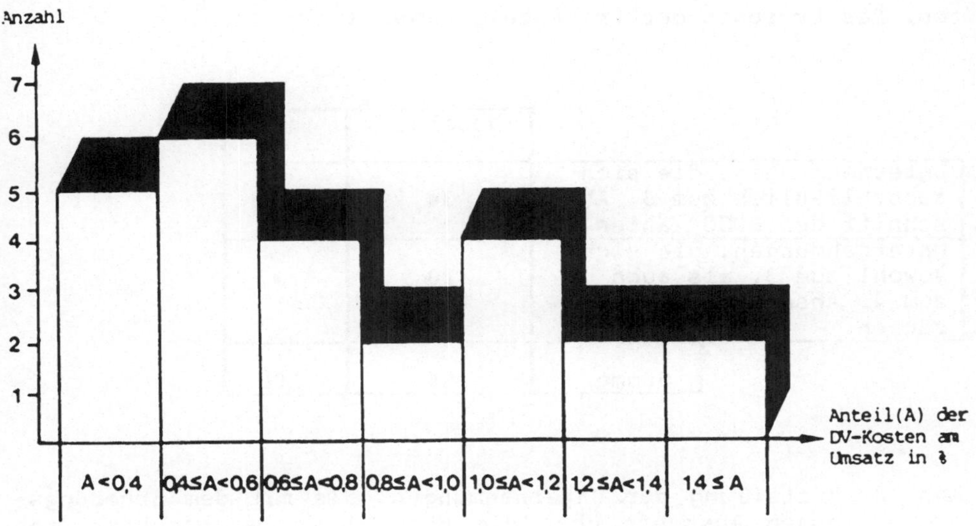

Abb. 7: Verteilung der Industrieunternehmungen nach ihrem Anteil der DV-Kosten am Umsatz

d) Zuordnung der Unternehmung zum dritten und/oder vierten Abschnitt des BDSG

Da nur der Erhebungsbogen die Frage nach der Zugehörigkeit der
untersuchten Unternehmung zum dritten und/oder vierten Abschnitt
des BDSG enthielt, konnte diese Frage nur von den 54 Unternehmungen beantwortet werden, die auf den Erhebungsbogen reagier-
ten. Das Ergebnis der Frage zeigt Abb. 8.

	absolut	in %
Unternehmungen, die sich ausschließlich zum 3. Abschnitt des BDSG zählen	34	63
Unternehmungen, die sich sowohl zum 3. als auch zum 4. Abschnitt des BDSG zählen	20	37
Summe	54	100

Abb. 8: Aufteilung der Unternehmungen, die mit dem Erhebungs-
        bogen Auskunft über die Höhe ihrer Datenschutzkosten
        gegeben haben, auf den 3. und/oder 4. Abschnitt des BDSG.

III. Angaben zur Gesamthöhe der Datenschutz- und Datensicherungs-
     kosten

Die in diesem Abschnitt gemachten Angaben zu den Gesamtkosten
des Datenschutzes stützen sich ausschließlich auf die Auswertung der 54 Erhebungsbögen, da in den Fragebögen Aussagen zu
den Kosten der einzelnen Verpflichtungen des BDSG, nicht aber
zur Gesamtsumme der betrieblichen Datenschutz- und Datensicherungskosten gemacht wurden.

a) In einer eigenen Kostenstelle erfaßte Datenschutz- und Datensicherungskosten

Die Gesamtzahl der Unternehmungen, die sich an der Erhebungsbogenaktion beteiligten und über eine eigene Kostenstelle des
Datenschutzes verfügten, sowie ihre Verteilung auf die verschiedenen Branchen ergeben sich aus Abb. 9.

	Unternehmungen mit einer eigenen Kostenstelle für den Datenschutz
Industrie	10
Kreditwirtschaft	5
Versicherungswirtschaft	2
Handel	1
Service-Rechenzentrum	1
Beratung/Dienstleistung/ Werbung	0
Summe	19

Abb. 9: Anzahl der an der Erhebungsbogenaktion beteiligten Un-
        ternehmungen mit einer Kostenstelle für den Datenschutz
        und ihre Verteilung auf die verschiedenen Branchen

Insgesamt verfügten 19 durch den Erhebungsbogen befragte Unternehmungen über eine eigene Kostenstelle des Datenschutzes. Das entspricht einem Anteil von 35% aller an der Erhebungsbogenaktion beteiligten Unternehmungen.

Aus Gründen der Anonymisierung unterbleibt eine Wiedergabe der absoluten Höhe der in der Kostenstelle erfaßten Datenschutzkosten bei den Branchen Versicherungswirtschaft, Handel, Service-Rechenzentrum und Beratung/Dienstleistung/Werbung. Auf Trendaussagen auch für die genannten Branchen wird jedoch nicht verzichtet. Sie finden sich im Hauptteil der Untersuchung und stützen sich außer auf die aus den genannten Gründen nicht veröffentlichten Zahlen auf die Erkenntnisse aus den Expertengesprächen. Im folgenden werden zunächst die Angaben der befragten Industrieunternehmungen dargestellt. Anschließend erfolgt die Aufbereitung der Zahlen aus dem Bereich Kreditwirtschaft.

Die zehn Industrieunternehmungen mit einer eigenen Kostenstelle für ihren Datenschutzaufwand machten die aus Abb. 10 ersichtlichen Angaben. Die unterste Zeile "keine Datenschutzkosten" bedeutet entweder, daß in dem jeweiligen Jahr eine Kostenstelle noch nicht eingerichtet war, oder, daß in einer vorhandenen Kostenstelle keine Kosten verrechnet wurden.

Von den 10 Industrieunternehmungen mit einer eigenen Kostenstelle für den Datenschutz wurde schätzungsweise genannt, welcher Anteil der in der Kostenstelle veranschlagten Datenschutzkosten ausschließlich dem BDSG zuzurechnen ist. Einen Überblick über die Ergebnisse gibt Abb. 11. Eine Eintragung in der Zeile 0% bedeutet, daß zwar in der Unternehmung eine Kostenstelle für den Datenschutz eingerichtet wurde, hier jedoch in dem jeweiligen Jahr keine Kosten ausgewiesen wurden.

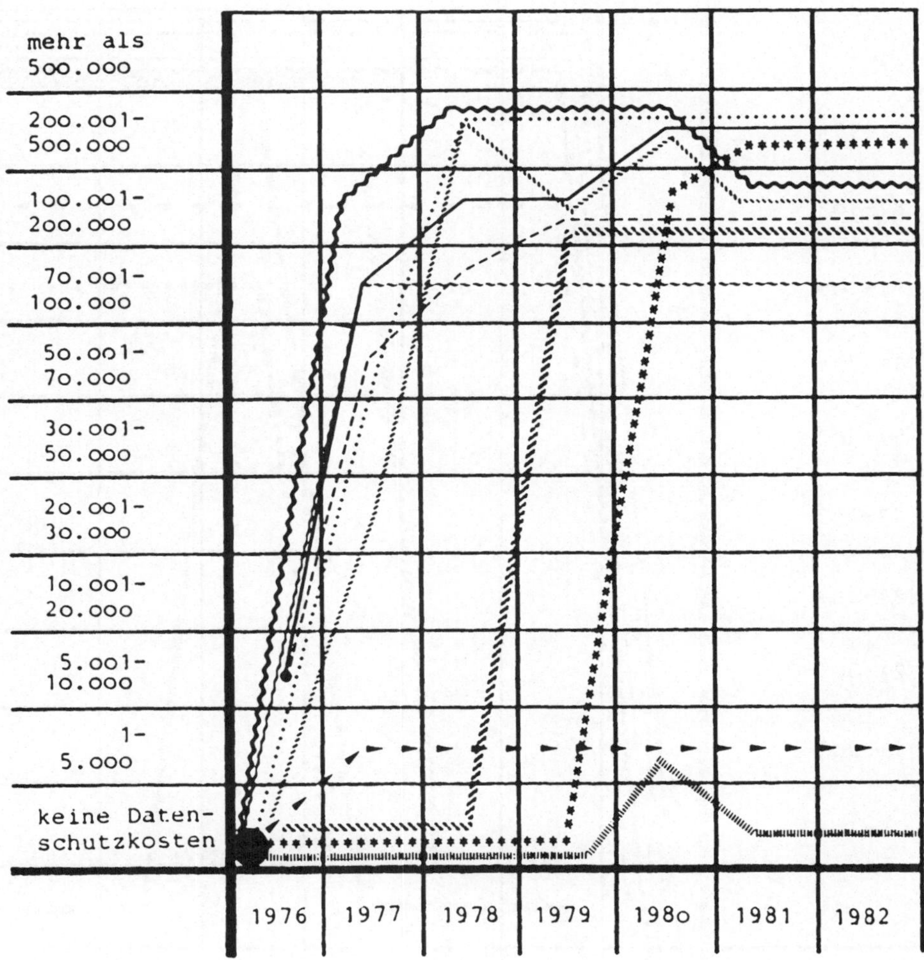

Abb. 10: Anzahl der Industrieunternehmungen, die in dem jeweiligen Jahr in ihrer Kostenstelle "Datenschutz"
Kosten in der entsprechenden Höhe verrechnet haben

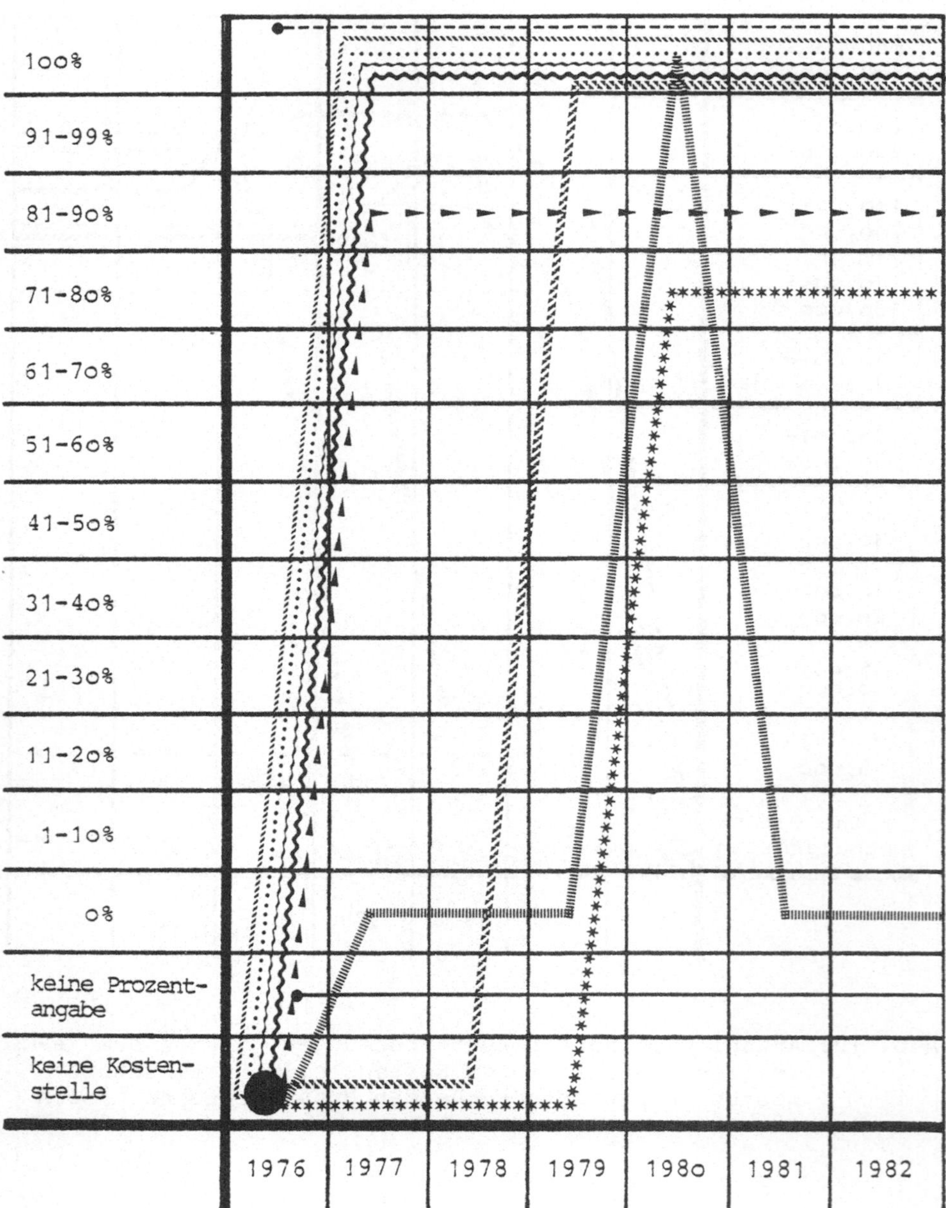

Abb. 11: Anzahl der Industrieunternehmungen, die in dem jeweiligen Jahr die in der Kostenstelle "Datenschutz"
angefallenen Kosten mit dem entsprechenden Prozentsatz ausschließlich dem BDSG zugerechnet haben

Aus Abb. 10 ergibt sich, daß bei der überwiegenden Zahl der Industrieunternehmungen mit einer eigenen Kostenstelle für den Datenschutz zwischen 1977 und 1982 jährlich 70.000 - 500.000 DM in dieser Kostenstelle angesetzt wurden. Für diese Gruppe der Industrieunternehmungen wurden der minimale und der maximale Anteil der ausgewiesenen Datenschutzkosten an den DV-Kosten für jedes einzelne Jahr und jede einzelne Unternehmung ermittelt. Für jedes Jahr separat wurde nun das arithmetische Mittel der minimalen Prozentsätze dem arithmetischen Mittel der maximalen Prozentsätze gegenübergestellt (Abb. 12). Die Übersicht in Abb. 12 gibt daher an, wie groß der prozentuale Anteil der in einer eigenen Kostenstelle ausgewiesenen Datenschutzkosten an den DV-Kosten der befragten Industrieunternehmungen minimal bzw. maximal war.

	Anteil der in einer eigenen Kosten-stelle ausgewiesenen Datenschutz-kosten an den DV-Kosten in %
1977	0,26 - 0,40
1978	0,33 - 0,55
1979	0,40 - 0,71
1980	0,42 - 0,82
1981	0,41 - 0,81
1982	0,41 - 0,81

Abb. 12: Anteil der in einer eigenen Kostenstelle ausgewiesenen Datenschutzkosten an den DV-Kosten von befragten Industrieunternehmungen

Wie aus Abb. 9 ersichtlich, machten 5 Unternehmungen der Kreditwirtschaft Angaben über ihre Kostenstelle für den Datenschutz. Die Höhe der hierin verrechneten Kosten zeigt Abb. 13.

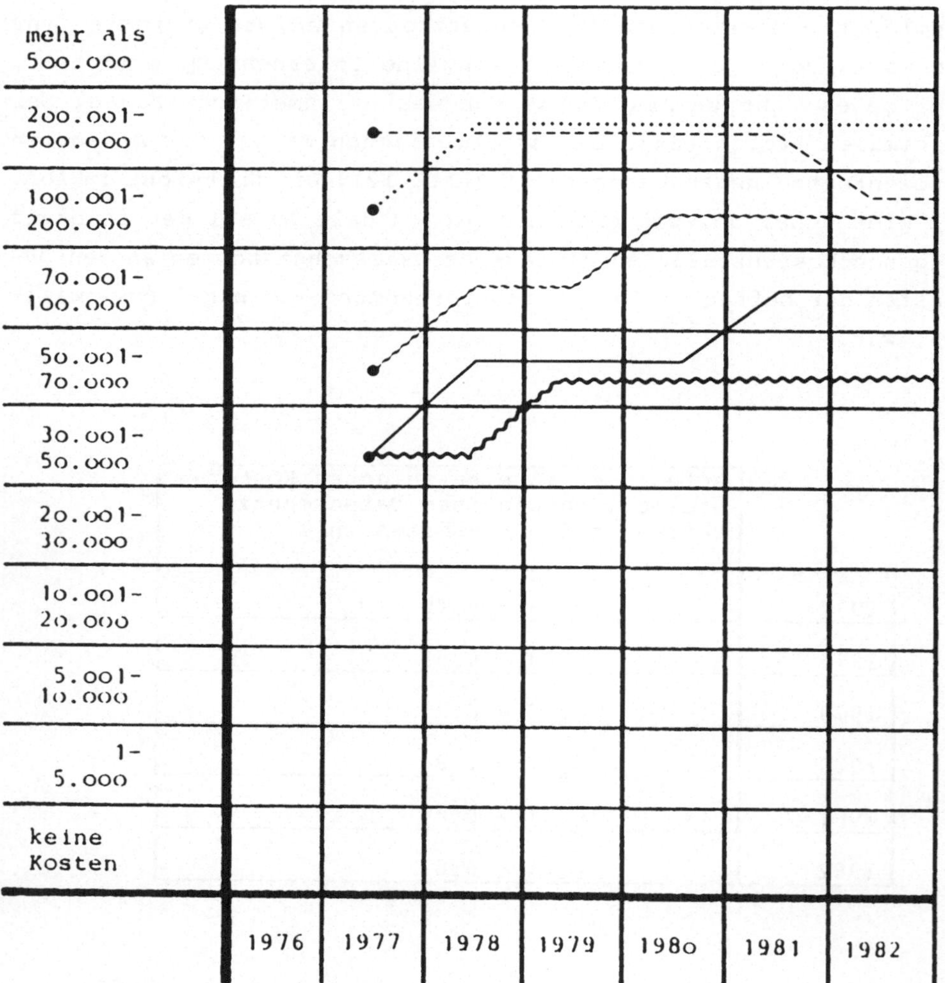

Abb. 13: Anzahl der Kreditinstitute, die in dem jeweiligen Jahr in ihrer Kostenstelle "Datenschutz" Kosten in der entsprechenden Höhe verrechnet haben

Mit welchem Anteil die in Abb. 13 genannten Datenschutzkosten
in den Erhebungsbögen dem BDSG zugerechnet werden, ergibt sich
aus Abb. 14.

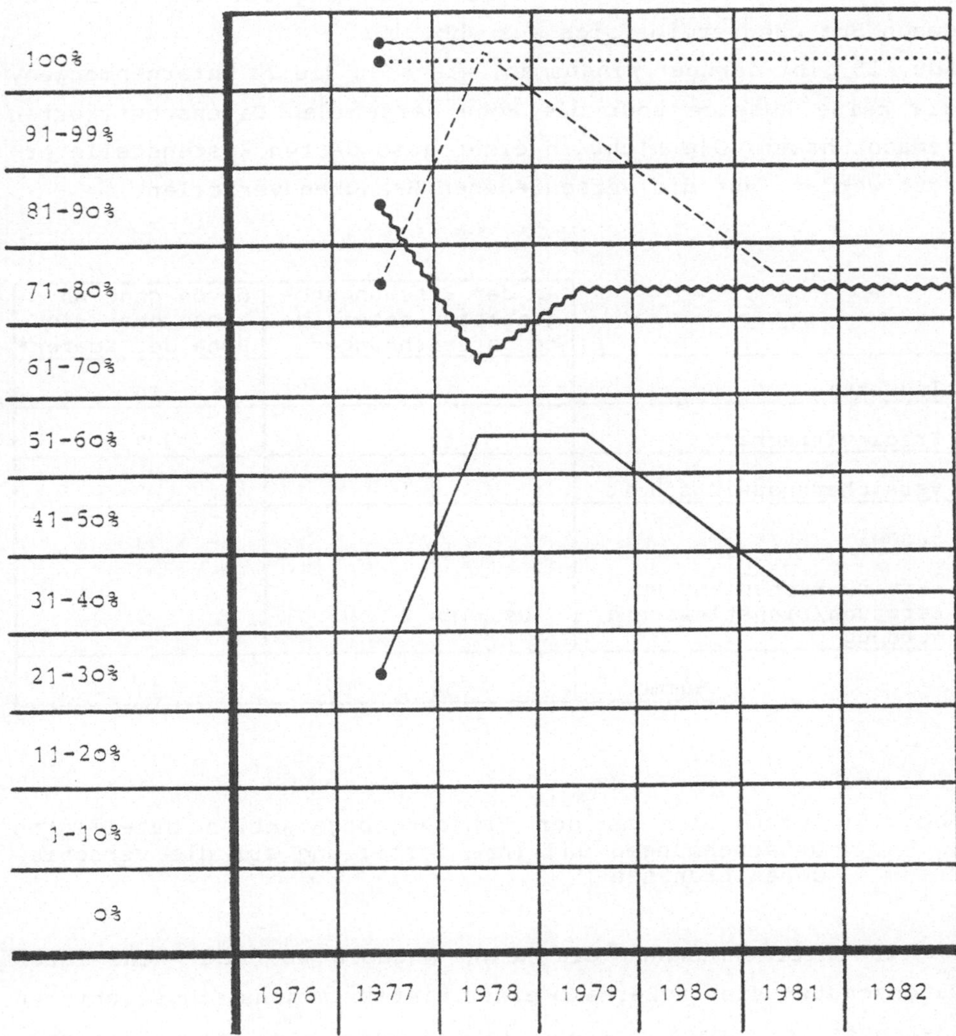

Abb. 14: Anzahl der Kreditinstitute, die in dem jeweiligen Jahr
die in der Kostenstelle "Datenschutz" angefallenen Kosten mit dem entsprechenden Prozentsatz ausschließlich
dem BDSG zugerechnet haben

b) Nicht in einer eigenen Kostenstelle erfaßte Datenschutz- und
   Datensicherungskosten

Die Gesamtzahl der Unternehmungen, die sich an der Erhebungsbogenaktion beteiligten, und ihre Verteilung auf die verschiedenen Branchen ergibt sich aus Abb. 15.
Abb. 15 gibt darüber hinaus an, wie sich die 23 Unternehmungen,
die keine Aussage über die Höhe derjenigen Datenschutzkosten
gemacht haben, die nicht in einer gesonderten Kostenstelle erfaßt werden, auf die verschiedenen Branchen verteilen.

	An der Erhebungsbo-genaktion beteilig-te Unternehmungen	davon ohne An-gaben über die Höhe der Kosten*
Industrie	29	10
Kreditwirtschaft	12	7
Versicherungswirtschaft	4	2
Handel	7	3
Service-Rechenzentrum Beratung/Dienstleistung/ Werbung	zusammen 2	1
Summe	54	23

Abb. 15: Anzahl der an der Erhebungsbogenaktion beteiligten
         Unternehmungen und ihre Verteilung auf die verschie-
         denen Branchen

Die 23 Unternehmungen, die keine Angaben über die Höhe ihrer
Datenschutzkosten außerhalb einer hierfür eigens eingerichteten
Kostenstelle gemacht haben, lassen sich nach zwei Kriterien
differenzieren:

---

* Bei Unternehmungen mit einer eigenen Kostenstelle "Datenschutz"
  ist nur der Teil der Datenschutzkosten angesprochen, der nicht
  in der Kostenstelle erfaßt wird.

- Zum einen können sie eingeteilt werden in Unternehmungen, die bestimmte, leichter abgrenzbare Datenschutzkosten in einer eigenen Kostenstelle erfassen und daher nur den dort nicht erfaßten Rest dem Grunde und der Höhe nach schätzen müssen, und solche Unternehmungen, die nicht über eine Kostenstelle verfügen und daher die gesamten Datenschutzkosten dem Grunde und der Höhe nach schätzen müssen.

- Zum anderen können sie eingeteilt werden in Unternehmungen, die angeben, daß Datenschutzkosten dem Grunde nach zwar entstanden seien, über deren Höhe jedoch keine Aussage treffen, und solche, nach deren Angaben in ihrem Bereich Datenschutzkosten weder dem Grunde noch der Höhe nach anfielen.

Das Ergebnis der Einteilung der 23 Unternehmungen nach den genannten Grundsätzen zeigt Abb. 16

	Unternehmungen mit der Angabe von Datenschutzkosten dem Grunde, aber nicht der Höhe nach*	Unternehmungen mit der Angabe, daß Datenschutzkosten bei ihnen weder dem Grunde noch der Höhe nach angefallen seien*	Summe
Unternehmungen mit einer Kostenstelle für einen Teil ihrer Datenschutzkosten	4	3	7
Unternehmungen ohne Kostenstelle "Datenschutz"	1	15	16
Summe	5	18	23

Abb. 16: Übersicht über die 23 Unternehmungen, die im Rahmen der Erhebungsbogenaktion keine Angaben über die Höhe der nicht in einer eigenen Kostenstelle erfaßten Datenschutzkosten gemacht haben

---

* Bei Unternehmungen mit einer eigenen Kostenstelle "Datenschutz" ist nur der Teil der Datenschutzkosten angesprochen, der nicht in der Kostenstelle erfaßt wird.

Die Auswertungen im folgenden beziehen sich auf die 31 Unternehmungen, die im Rahmen der Erhebungsbogenaktion Angaben über die Höhe ihrer Datenschutzkosten, die nicht in einer eigenen Kostenstelle erfaßt werden, gemacht haben. Zur besseren Übersichtlichkeit werden zunächst die Angaben solcher Unternehmungen ausgewertet, die bestimmte Datenschutzkosten in einer eigenen Kostenstelle erfassen. Bei diesen Unternehmungen repräsentieren die im folgenden ausgewerteten Zahlen daher nur einen Teil aller entstandenen Datenschutzkosten, nämlich den, der nicht in der Kostenstelle erfaßt wird. Anschließend werden die Zahlen derjenigen Unternehmungen ausgewertet, die nicht über eine Kostenstelle "Datenschutz" verfügen. Bei diesen Unternehmungen repräsentieren die Angaben daher ihren gesamten Datenschutzaufwand.

Einen Überblick über die Höhe der Datenschutzkosten und denjenigen Anteil daran, der dem BDSG zugerechnet wird, bei solchen Industrieunternehmungen, die außerdem über eine eigene Kostenstelle "Datenschutz" verfügen, geben die Abbildungen 17 und 18. Aufgeführt werden nur die Kosten, die außerhalb der Kostenstelle angefallen sind. Es handelt sich daher um Schätzwerte der jeweiligen Industrieunternehmung.

Aus Gründen der Anonymisierung werden die Unternehmungen mit einer Kostenstelle "Datenschutz" der Branchen Kreditwirtschaft, Versicherungswirtschaft, Handel, Service-Rechenzentrum und Beratung/Dienstleistung/Werbung in den Abbildungen 19 und 20 zusammen dargestellt. Abb. 19 gibt somit einen Überblick über die Höhe der Datenschutzkosten, die in den Unternehmungen der genannten Branchen über die in der Kostenstelle "Datenschutz" ausgewiesenen Kosten hinaus entstanden sind. Da die Beträge nicht gesondert erfaßt werden, handelt es sich erneut - wie in Abb. 17 - um Schätzwerte der jeweiligen Unternehmung. Abb. 20 gibt an, mit welchem Prozentsatz die genannten Beträge dem BDSG zugerechnet werden.

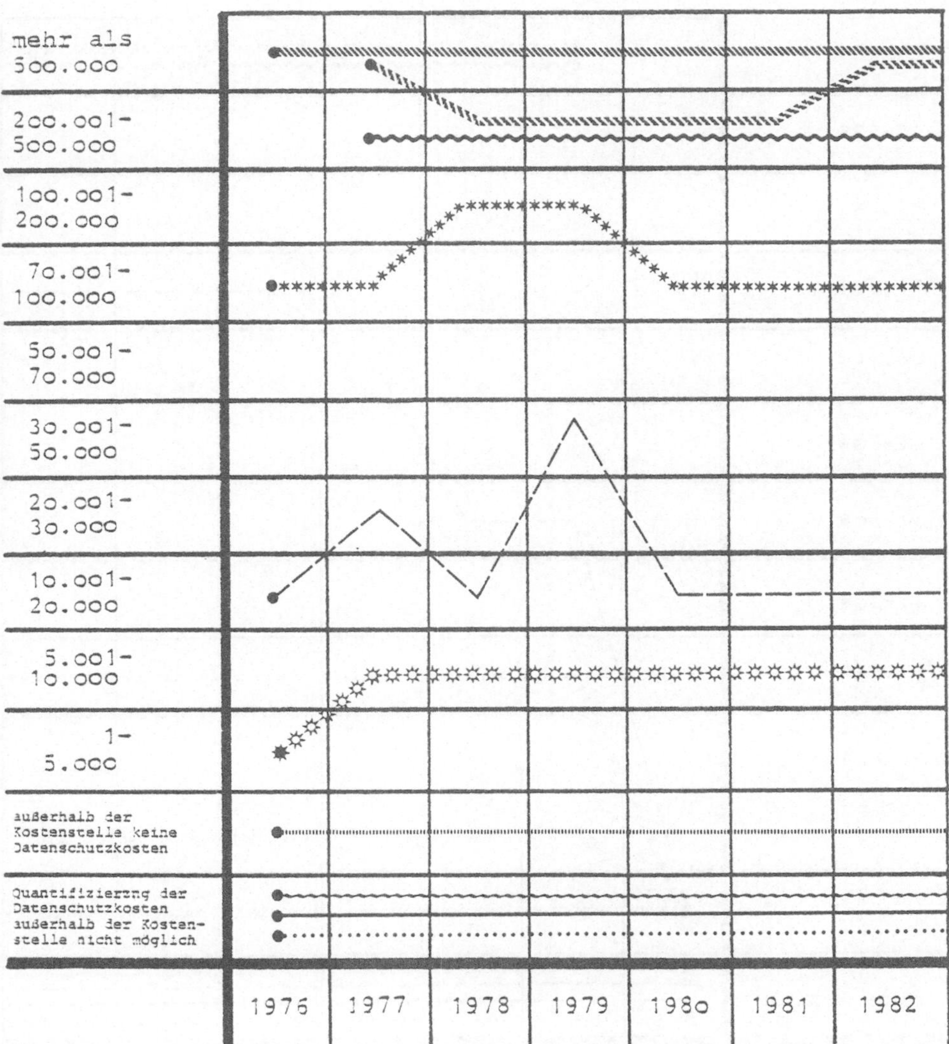

Abb. 17: Anzahl der Industrieunternehmungen mit einer eigenen
Kostenstelle "Datenschutz", bei denen in dem jeweiligen Jahr außerhalb der Kostenstelle Datenschutzkosten
in der entsprechenden Höhe anfielen

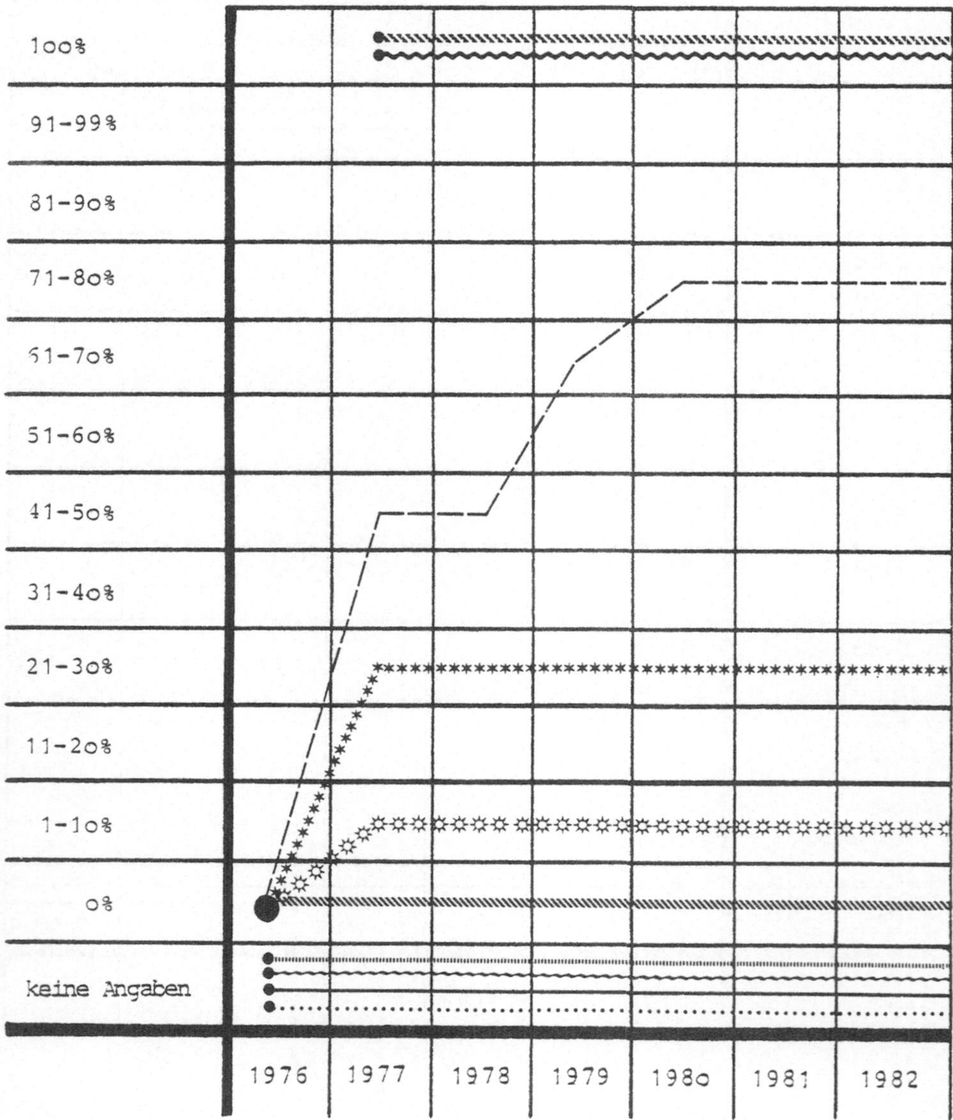

Abb. 18: Anzahl der Industrieunternehmungen mit einer eigenen Kostenstelle "Datenschutz", die in dem jeweiligen Jahr die außerhalb der Kostenstelle angefallenen Kosten mit dem entsprechenden Prozentsatz ausschließlich dem BDSG zugeordnet haben

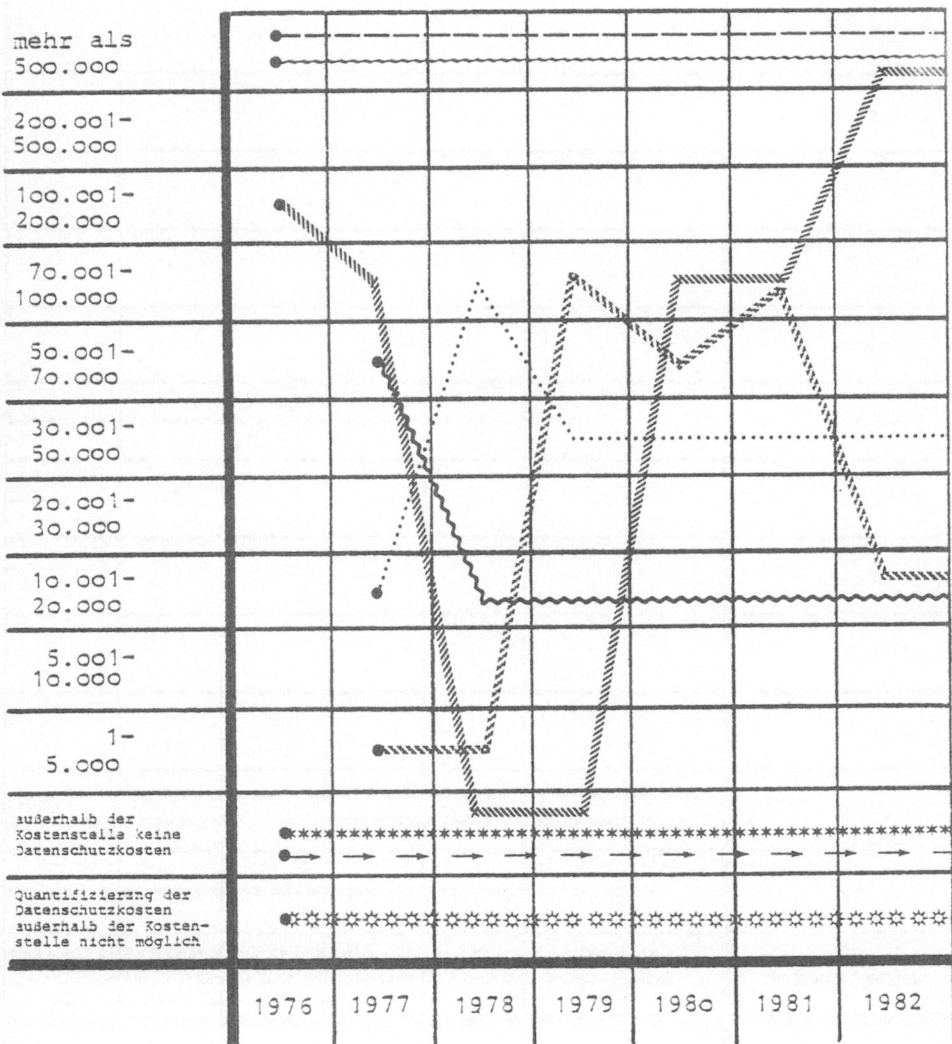

Abb. 19: Anzahl der Unternehmungen mit einer eigenen Kostenstelle "Datenschutz" - ohne Industrieunternehmungen -,
bei denen in dem jeweiligen Jahr außerhalb der Kostenstelle Datenschutzkosten in der entsprechenden Höhe
anfielen

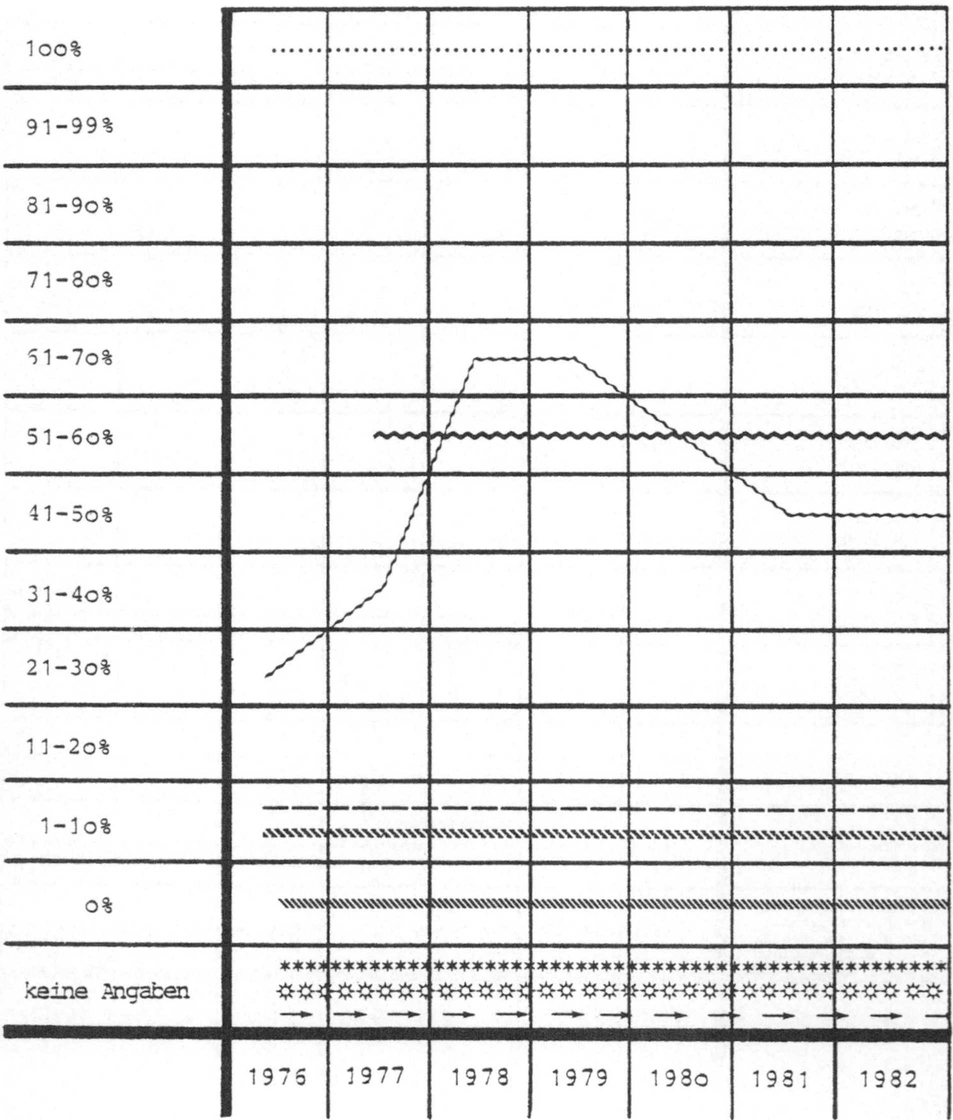

Abb. 20: Anzahl der Unternehmungen mit einer eigenen Kostenstelle "Datenschutz" - ohne Industrieunternehmungen -,
die in dem jeweiligen Jahr die außerhalb der Kostenstelle angefallenen Kosten mit dem entsprechenden
Prozentsatz ausschließlich dem BDSG zugeordnet haben

In den folgenden Abbildungen 21 bis 24 werden die Angaben derjenigen Unternehmungen ausgewertet, die nicht über eine eigene Kostenstelle "Datenschutz" verfügen. Die angegebenen Zahlen repräsentieren demnach die Gesamthöhe aller in der Unternehmung angefallenen Datenschutzkosten. Da diese Kosten auf Unternehmungsebene nicht gesondert erfaßt werden, handelt es sich in jedem Fall um Schätzwerte.

Abb. 21 gibt einen Überblick über die Höhe der Datenschutzkosten in Industrieunternehmungen ohne eigene Kostenstelle "Datenschutz". Abb. 22 gibt an, mit welchem Prozentsatz diese Kosten dem BDSG zugerechnet werden.

Aus Gründen der Anonymisierung werden die Unternehmungen ohne Kostenstelle "Datenschutz" der Branchen Kreditwirtschaft, Versicherungswirtschaft, Handel, Service-Rechenzentrum und Beratung/Dienstleistung/Werbung in den Abbildungen 23 und 24 gemeinsam dargestellt. Wie in Abb. 21 für die Industrieunternehmungen, so handelt es sich in Abb. 23 für die Unternehmungen der übrigen Branchen um Schätzwerte der gesamten betrieblichen Datenschutzkosten.

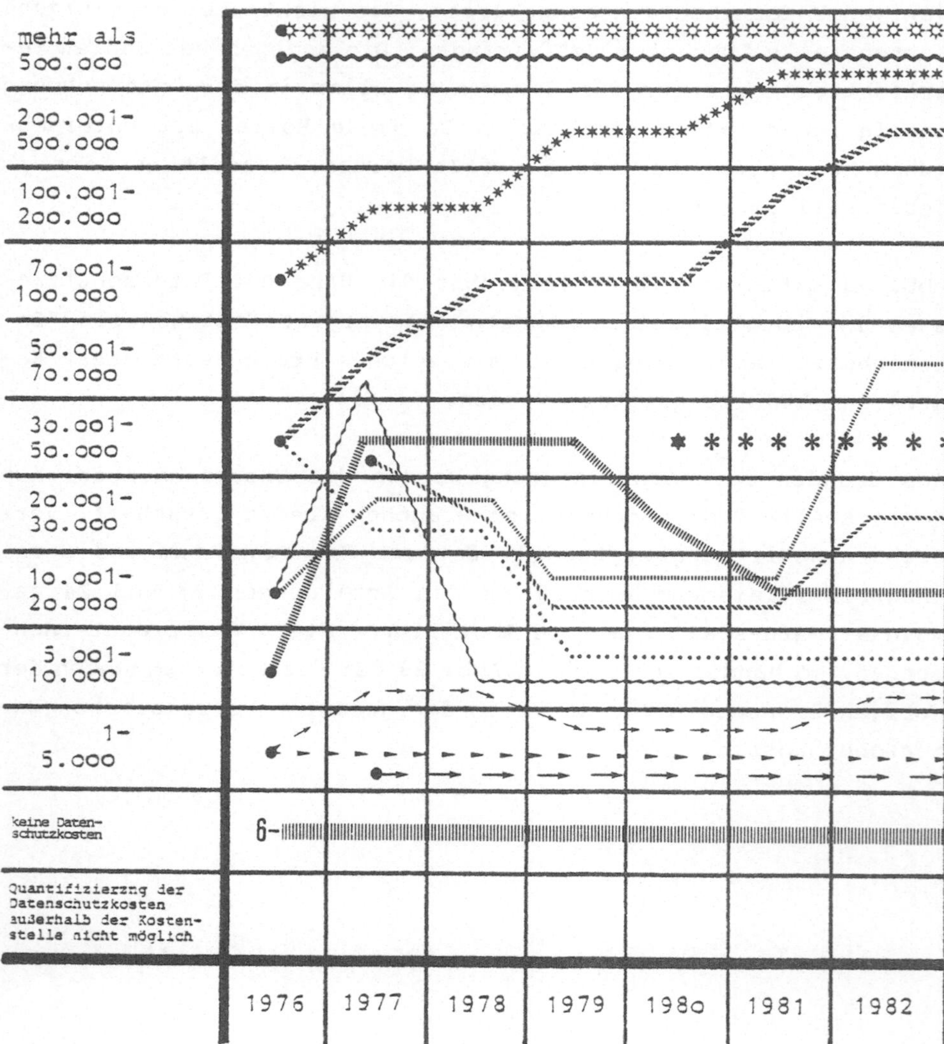

Abb. 21: Anzahl der Industrieunternehmungen ohne eigene Kostenstelle "Datenschutz", bei denen in dem jeweiligen Jahr
Datenschutzkosten in der entsprechenden Höhe anfielen

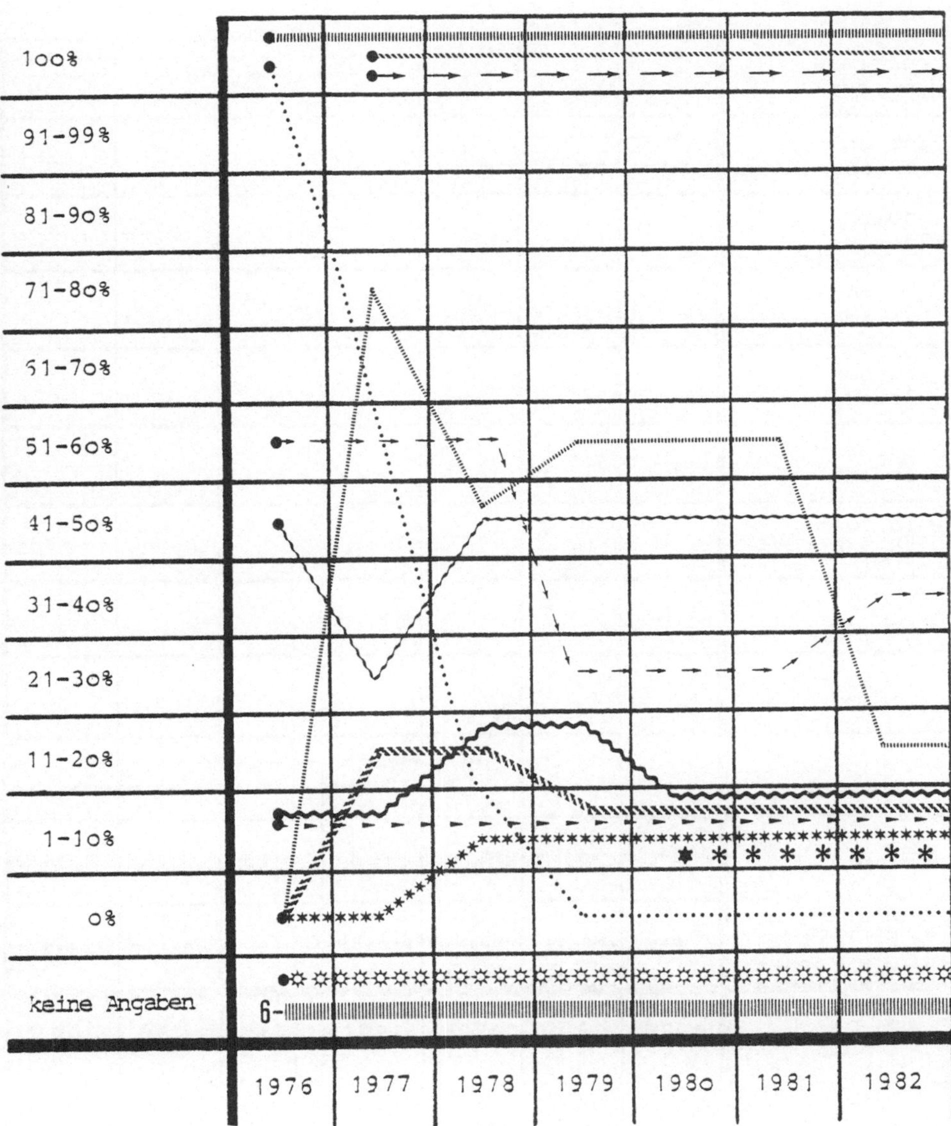

Abb. 22: Anzahl der Industrieunternehmungen ohne eigene Kostenstelle "Datenschutz", die in dem jeweiligen Jahr die
entstandenen Datenschutzkosten mit dem entsprechenden
Prozentsatz ausschließlich dem BDSG zugeordnet haben

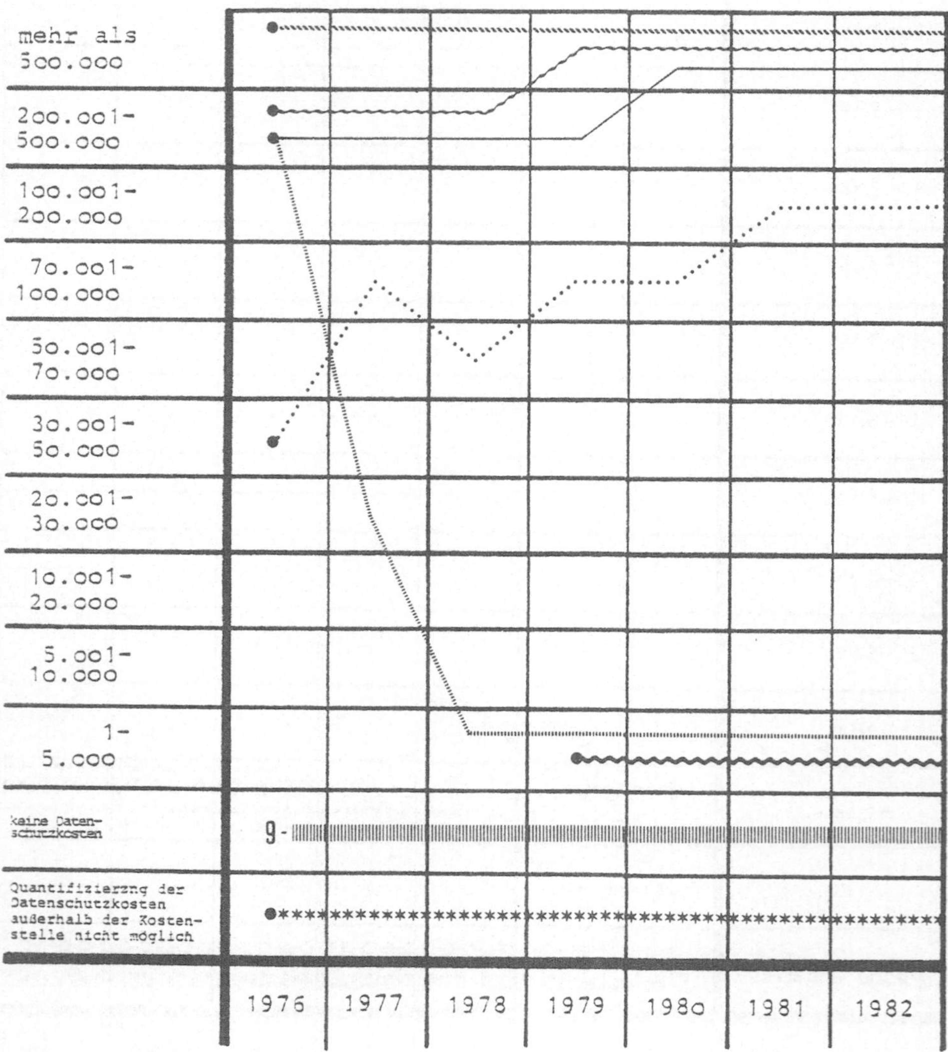

Abb. 23: Anzahl der Unternehmungen ohne eigene Kostenstelle "Datenschutz" - ausgenommen Industrieunternehmungen -, bei denen in dem jeweiligen Jahr Datenschutzkosten in der entsprechenden Höhe anfielen

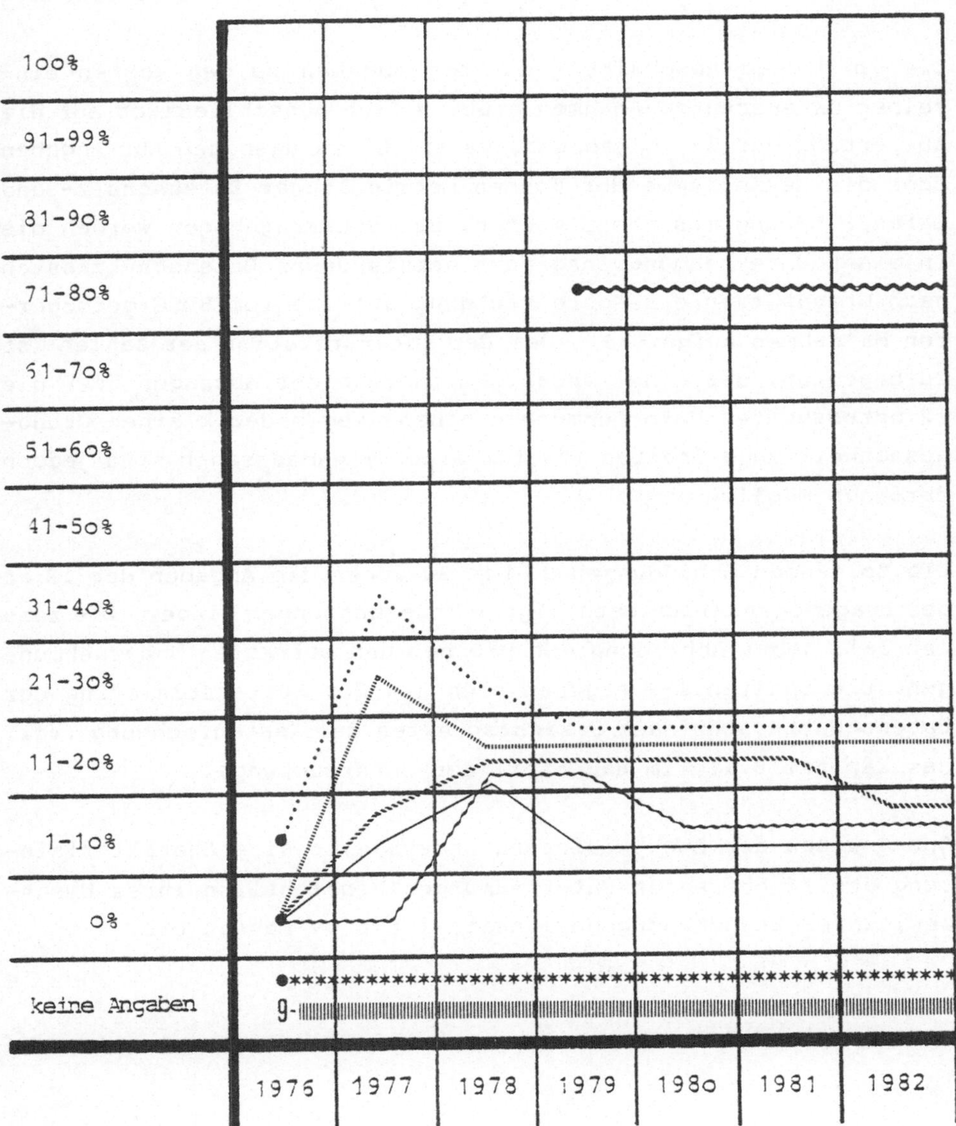

Abb. 24: Anzahl der Unternehmungen ohne eigene Kostenstelle "Datenschutz" - ausgenommen Industrieunternehmungen -, die in dem jeweiligen Jahr die entstandenen Datenschutzkosten mit dem entsprechenden Prozentsatz ausschließlich dem BDSG zugeordnet haben

IV. Angaben zur Höhe der Kosten einzelner Datenschutzmaßnahmen

Die in diesem Abschnitt gemachten Angaben zu den Kosten einzelner Datenschutzmaßnahmen stützen sich ausschließlich auf die Auswertung der 12 Fragebögen, da die Erhebungsbögen nur Angaben über die Gesamtsumme der Kosten betrieblicher Datenschutz- und Datensicherungsmaßnahmen machen. Bei den Fragebögen werden die in einer Unternehmung insgesamt entstandenen Datenschutzkosten nach Grundsätzen der Kostenrechnung auf die vom BDSG geforderten Maßnahmen aufgeteilt. Bei der Interpretation der Zahlen ist zu beachten, daß einer Verallgemeinerung der Aussagen über die 12 untersuchten Unternehmungen hinaus wegen der kleinen Grundgesamtheit enge Grenzen gesetzt sind. Trendaussagen sind jedoch durchaus möglich.

Die folgenden Abbildungen 25 bis 30 geben die Angaben der 12 an der Fragebogenaktion beteiligten Unternehmungen wieder. Die Zeilen 1-12 jeder Abbildung entsprechen den befragten Unternehmungen. Die Spalten 1-9 ergeben sich aus der Systematisierung der Datenschutzkosten nach Gesichtspunkten der Kostenrechnung (vgl. das Kapitel B.II. im Hauptteil der Untersuchung).

Aus Gründen der Anonymisierung unterbleibt eine Charakterisierung der 12 befragten Unternehmungen hinsichtlich ihres Umsatzes, ihrer Branchenzugehörigkeit, ihrer DV-Kosten etc.

Nr. der befragten Unternehmung	Nr. der Maßnahme lt. Schaubild								
	1	2	3	4	5	6	7	8	9
1		30.000							50.000
2		40.000	5.000		150.000		10.000		10.000
3		40.000		2.000	20.000		2.500		40.000
4		37.000		5.000	46.000		14.000		15.000
5	50.000	100.000			200.000	60.000	20.000		100.000
6		40.000		6.000	35.100	2.000	15.600	9.000	51.000
7		21.000	132.000		8.000		4.400	22.000	11.000
8	50.000	150.000	70.000	10.000			10.000	220.000	130.000
9	20.000	150.000	10.000				250.000		260.000
10		25.000		3.000	29.000		4.500	3.600	9.000
11		300.000			1 Mio.		50.000		100.000
12					8.000				8.000

Abb. 25: Kosten der Bestellung und Tätigkeit eines betrieblichen Datenschutzbeauftragten in 12 befragten Unternehmungen (in DM)

Nr. der befragten Unternehmung \ Nr. der Maßnahme lt. Schaubild	1	2	3	4	5	6	7	8	9
1					5.000		1.000		
2					20.000		1.000		
3	10.000	30.000	25.000	10.000	10.000	1.500	2.500	1.000	2.500
4	14.000	27.000						36.000	
5					20.000		5.000		
6					6.750		150		
7					13.000		2.400		
8					85.000		120.000		
9					2.000				
10					4.000		500		
11	10.000	10.000		100.000		20.000		10.000	
12					2.000		50		

Abb. 26: Kosten der Verpflichtung der Mitarbeiter auf das Datengeheimnis in 12 befragten Unternehmungen (in DM)

Nr. der befragten Unternehmung \ Nr. der Maßnahme lt. Schaubild	1	2	3	4	5	6	7	8	9
1		10.000					5.000		
2					50.000		1.000		
3		2.500	1.500		5.000		2.000		500
4		95.000					35.000	68.000	
5		15.000			600.000		150.000		
6	10.000	26.000	16.500		265.000		9.950		
7		13.200	5.000			1.000			
8	100.000	100.000	200.000		50.000	20.000		20.000	20.000
9									
10					16.000	2.000			
11		20.000		10.000	100.000	10.000	20.000		
12					2.000				

Abb. 27: Kosten der Schulung der Mitarbeiter in Fragen des Datenschutzes und der Datensicherung in 12 befragten Unternehmungen (in DM)

Nr. der befragten Unternehmung \ Nr. der Maßnahme lt. Schaubild	1	2	3	4	5	6	7	8	9
1					10.000		10.000		
2									100
3									
4									
5									
6					7.200				
7									
8					40.000				50.000
9									
10									
11							1.000		
12									

Abb. 28: Kosten der Unterstützung der Aufsichtsbehörde in 12 befragten Unternehmungen (in DM)

Nr. der befragten Unternehmung ╲ Nr. der Maßnahme lt. Schaubild	1	2	3	4	5	6	7	8	9
1					10.000				5.000
2					2.000				
3									
4		37.000					25.000		
5									
6									
7									
8		130.000					10.000		
9									
10							4.000		
11	5.000	10.000	5.000		40.000	10.000	10.000		
12									

Abb. 29: Kosten auf Grund der Berücksichtigung der Rechte des Betroffenen in 12 befragten Unternehmungen (in DM)

Nr. der be-fragten Unternehmung \ Nr. der Maßnahme lt. Schaubild	1	2	3	4	5	6	7	8	9
1	2 Mio.		1 Mio.						
2	30.000		60.000		2.000				1.000
3	50.000			10.000					
4	40.000		800.000	70.000	60.000			130.000	89.000
5	70.000		90.000						
6	1 Mio.		1 Mio.		69.250				9.000
7			25 Mio.			15.800			
8	6 Mio.	2 Mio.	9 Mio.	2 Mio.	1 Mio.	200.000	200.000	1 Mio.	1 Mio.
9									
10			10.000	20.000	80.000	30.000	15.000		5.000
11	1 Mio.		1 Mio.	50.000	5.000	5.000	5.000	5.000	5.000
12									

Abb. 30: Kosten auf Grund der Maßnahmen zur Datensicherung in 12 befragten Unternehmungen (in DM)

V. Angaben zu den Kosten auf Grund mittelbarer Beeinflussung der
   Datenverarbeitung durch das BDSG

Da Angaben zu den Kosten auf Grund mittelbarer Beeinflussung der
Datenverarbeitung durch das BDSG nur im Rahmen des Fragebogens
erhoben wurden, liegen der Auswertung die Verhältnisse von 12
Unternehmungen zugrunde. Bei den Fragen zur mittelbaren Beeinflussung wurde unterschieden zwischen der Möglichkeit, daß auf
Grund des BDSG die Nutzung von Datenbeständen in einzelnen Fällen gänzlich unterblieb, und der Möglichkeit, daß eine Nutzung
zwar nicht unterbleiben mußte, jedoch nur mit erhöhtem technischen und organisatorischen Aufwand erfolgen konnte, um den Anforderungen des BDSG zu genügen. Die Ergebnisse gibt Abb. 31
wieder.

	ja	nein
Wurden wünschenswerte Nutzungen von Datenbeständen auf Grund des BDSG unterlassen?	2	10
Konnten wünschenswerte Nutzungen von Datenbeständen auf Grund des BDSG nur mit aufwendigeren Verfahren realisiert werden?	5	7

Abb. 31: Einfluß des BDSG auf die Datenverarbeitung bei den
         12 Unternehmungen, die sich an der Fragebogenaktion
         beteiligten

Von den 2 befragten Unternehmungen, nach deren Angaben auf Grund
des BDSG bestimmte Nutzungen von Datenbeständen unterbleiben
mußten, gab die eine an, daß hierdurch keine Mehrkosten entstanden seien. Die andere Unternehmung gab Mehrkosten in Höhe von

DM 1 Mio. an. Die Mehrkosten der 5 Unternehmungen, die auf Grund
des BDSG aufwendigere DV-Verfahren durchführen mußten, betrugen
nach eigenen Angaben:

- 10.000 DM
- 10.000 DM
- 50.000 DM
- 405.000 DM
- 1 Mio. DM.

Da die genannten Kosten - entsprechend den Angaben der Unternehmungen - ohne das BDSG nicht entstanden wären, gehören sie zu
den mittelbar durch das Gesetz verursachten Kosten.

VI. Angaben zu den Kosten auf Grund der Verabschiedung des BDSG
    und der anschließenden Novellierungsdiskussion

Da auch Angaben zu den Kosten auf Grund der Verabschiedung des
BDSG und der anschließenden Novellierungsdiskussion nur im Rahmen des Fragebogens erhoben wurden, liegen der Auswertung die
Ergebnisse von 12 Unternehmungen zugrunde. Abb. 32 zeigt, wieviele Unternehmungen sich an der Vorbereitung oder Kritik des
Gesetzentwurfs vor 1977 beteiligten und wieviele Unternehmungen seit 1977 die Novellierungsdiskussion aktiv begleiteten.

	ja	nein
Hat sich Ihre Unternehmung vor 1977 an der Vorbereitung oder Kritik des Gesetzentwurfs zum BDSG beteiligt?	5	7
Hat sich ihre Unternehmung nach 1977 an der Novellierungsdiskussion be- teiligt?	10	2

Abb. 32: Teilnahme der 12 Unternehmungen, die sich an der Fra-
         gebogenaktion beteiligten, an der Diskussion des BDSG

Den fünf Unternehmungen, die sich vor 1977 an der Vorbereitung
und Kritik des BDSG-Entwurfes beteiligten, sind nach eigenen
Angaben folgende Kosten entstanden:

- unwesentlich
- 10.000 DM
- 10.000 DM
- 20.000 DM
- 80.000 DM.

Die zehn Unternehmungen, die sich seit 1977 an der Novellierungsdiskussion aktiv beteiligten, gaben folgende Kosten an:

- keine Angabe
- unwesentlich
- 2.000 DM
- 2.000 DM
- 4.500 DM
- 5.000 DM
- 5.000 DM
- 15.000 DM
- 50.000 DM
- 60.000 DM.

VII. Auswirkung der Novellierung des BDSG auf die Kosten

Da auch Fragen zu den Auswirkungen der Novellierung des BDSG
auf die Kosten nur im Rahmen des Fragebogens erhoben wurden,
liegen der Auswertung nur die Angaben der 12 an der Fragebogenaktion beteiligten Unternehmungen zugrunde. Einen Überblick
gibt Abb. 33.

	keine zusätzlichen Kosten	geringe	mitt-lere	hohe zusätzliche Kosten
Verpflichtung der Mitarbeiter auf das Datengeheimnis auch bei ausschließlicher Verarbeitung "interner Daten"	11	1	-	-
Einführung eines verschuldens-unabhängigen und in der Höhe nicht begrenzten Schadensersatzanspruchs des Betroffenen gegenüber der Unternehmung	4	3	1	4
Zusätzliche Speicherung der Datenquellen bei übermittelten Daten und damit Ausweitung der Auskunftspflicht auch auf diese Angaben	3	3	1	5
Abschaffung der Entgeltlichkeit der Auskunft an den Betroffenen	6	3	3	-
Einführung eines Kündigungs-schutzes für den Datenschutzbe-auftragten, vergleichbar demjenigen der Betriebsratsmitglieder	11	1	-	-
Ausweitung der Rechte der Auf-sichtsbehörde dahingehend, daß sie unter erleichterten Voraussetzungen tätig werden kann und Sanktionsmöglichkeiten erhält	3	2	7	-
Protokollierung von On-line-Abfragen Dritter	9	-	2	1

Abb. 33: Auswirkungen einer Novellierung des BDSG auf die Datenschutzkosten - Teil I

Die verschiedenen Novellierungsentwürfe betreffen weit mehr kostenwirksame Einzelfragen, als im Rahmen der empirischen Untersuchung KODA angesprochen werden konnten. Die Punkte in Abb. 33
repräsentieren damit nur eine Auswahl der im Zentrum der Diskussion stehenden Novellierungsabsichten. Aus diesem Grund stand am
Ende der Auflistung den Unternehmungen noch Raum zur Verfügung,
weitere Punkte aus der Novellierungsdiskussion aufzugreifen und
ihre Auswirkungen auf die Kosten anzugeben. Das Ergebnis zeigt
Abb. 34. Bei der Interpretation der Angaben ist zu berücksichtigen, daß allein die Tatsache, daß ein bestimmter Punkt von einer
Unternehmung überhaupt aufgegriffen wurde, schon dafür spricht,
daß dieses Problem auch zahlreiche weitere Unternehmungen berührt.
Denn erfahrungsgemäß wird ein Problem nur dann verbalisiert,
wenn auch andere das Problembewußtsein teilen.

	keine zusätz- lichen Kosten	geringe	mitt- lere	hohe zusätz- liche Kosten
Stärkere Zweckbindung der Datenverarbeitung		1		1
Aufnahme der Datenerhebung in die Phasen der Datenver- arbeitung		1		
Widerspruchsrecht für Daten- übermittlung				1
Verschlüsselung von Daten bei Netzübertragung				1
Erweiterung des Dateibegriffs		1		
Quasi-Verbot von On-line- Abfragen Dritter				1
Wahlrecht des Betroffenen auf Sperrung		1		
Benachrichtigungspflicht bei berichtigten Daten		1		

Abb. 34: Auswirkungen einer Novellierung des BDSG auf die Datenschutzkosten - Teil II

VIII. Angaben zu Nutzenaspekten der Datenschutzgesetzgebung

Fragen zu Nutzenaspekten der Datenschutzgesetzgebung bildeten
den Abschluß sowohl des Frage- als auch des Erhebungsbogens. Sie
wurden darüber hinaus auch den Unternehmungen im Rahmen der Expertengespräche vorgelegt. Antworten liegen daher von allen 61
Unternehmungen vor, die sich am Projekt KODA beteiligten. Einen
Überblick gibt Abb. 35.

	kein Nutzen	geringer	mitt-lerer	hoher Nutzen
Rationellere Datenverarbeitung (z.B. wegen einer übersicht-licheren Organisation der Da-tenbestände oder einer klareren Aufgabenzuweisung)?	40	15	5	1
Zuverlässigere Datenverarbei-tung (z.B. wegen zusätzlich ein-geführter Schutzmaßnahmen, um Störungen oder Ausfälle im Verarbeitungsprozeß auszu-schließen)?	33	16	12	-
Verbesserte Qualität der DV-Ergebnisse, also der Daten und Dateien?	44	14	3	-
Zusätzliche Möglichkeiten der Öffentlichkeitsarbeit (public relations) aufgrund des hohen Datenschutzstandards?	51	8	2	-
Vertrauensvollere Zusammenarbeit mit Lieferanten und Kunden?	51	7	2	1

Abb. 35: Nutzen der Datenschutzgesetzgebung für die Unternehmungen - Teil I

Das BDSG kann in weit mehr als den in Abb. 35 genannten Punkten
den Unternehmungen Nutzen bringen. Aus diesem Grund war sowohl
im Fragebogen als auch im Erhebungsbogen Raum für weitere Ein-
tragungen vorhanden. Einen Überblick über das Ergebnis gibt
Abb. 36. Bei der Interpretation der Angaben ist zu berücksichtigen - vgl. hierzu auch die Erläuterungen zu Abb. 34 -, daß schon
die Tatsache, daß ein bestimmter Nutzenaspekt überhaupt von
einer Unternehmung eigens aufgeführt wird, dafür spricht, daß
er auch bei zahlreichen weiteren Unternehmungen von Bedeutung
ist.

	kein Nutzen	geringer	mitt-lerer	hoher Nutzen
Verbesserte DV-Organisation und -Dokumentation	-	1	7	3
Leichtere Durchsetzbarkeit von Datenschutz- und Datensiche-rungsmaßnahmen	-	-	3	4
Erhöhtes Sicherheitsbewußtsein der Mitarbeiter	-	-	11	-
Vertrauen von Mitarbeitern und Betriebsrat in die Ordnungs-mäßigkeit der DV	-	-	1	-

Abb. 36: Nutzen der Datenschutzgesetzgebung für die Unternehmungen - Teil II

Im Rahmen der vorliegenden Auswertung wurden unter dem Oberbegriff
"Verbesserte DV-Organisation und -Dokumentation" folgende Stichworte der befragten Unternehmungen zusammengefaßt:

- leichtere Regelung der datenschutzrechtlich normierten Phasen
  der DV;
- Regelung der Auskunftsverfahren;
- Regelung der Datenübermittlung;

- Minderung der Informationsredundanz;
- gründlichere Durchführung von closed-shop-Betrieb;
- verbesserte Zutritts- und Zugriffskontrolle;
- genauere Abgrenzung des Verteilers von EDV-Listen;
- vollständigere und zeitnahere Dokumentation von DV-Programmen;
- Anlaß zur Überprüfung der Ablauforganisation.

Unter den Oberbegriff "Leichtere Durchsetzbarkeit von Datenschutz- und Datensicherungsmaßnahmen" wurden folgende, von den Unternehmungen genannten Stichworte subsumiert:

- Einsatz spezieller Datensicherungssoftware;
- Erleichterung der Ausweitung von Datensicherungsmaßnahmen;
- Initiierung von Datenschutzklauseln;
- Erlaß von Datenschutzrichtlinien;
- verbesserte Einhaltung des Datenschutzes im ganzen Betrieb.

Anhang 2: Auswahl und Einsatz des empirischen Instrumentariums

Ziel des empirischen Teils des Forschungsprojektes KODA war es, den theoretisch entwickelten Katalog möglicher Kostenquellen des Datenschutzes durch entsprechende Untersuchungen zu untermauern. Die rein qualitativen Aussagen werden auf diese Weise durch quantitative Erhebungen ergänzt. Im folgenden wird das für die empirische Untersuchung ausgewählte Instrumentarium dargestellt und sein Einsatz dokumentiert. Bei den Instrumenten handelt es sich um:

1. Kontakt zu Verbänden; hierdurch sollte vor allem organisatorische Unterstützung erlangt werden.

2. Expertengespräche; sie bieten den höchsten Informationsgehalt. Auf Grund des notwendigen zeitlichen und finanziellen Aufwandes auf beiden Seiten - der Seite des Interviewers und der des Interviewten - konnten sie jedoch nur für einen relativ kleinen Kreis von Gesprächspartnern vorgesehen werden.

3. Fragebögen; ihnen ist ein mittlerer Informationsgehalt beizumessen. Da sie auf dem Postweg versandt werden konnten und nicht eines persönlichen Gesprächs bedurften, war es möglich, eine größere Anzahl von Partnern zu erreichen. Die Beantwortung eines Fragebogens jedoch verlangte, daß sich der Interviewte sowohl mit der Datenschutzsituation in seiner eigenen Unternehmung als auch mit dem komplizierten Aufbau des Fragebogens sehr intensiv auseinandersetzte. Dem Kreis der möglichen Partner waren dadurch Grenzen gesetzt.

4. Erhebungsbögen; sie haben - verglichen mit Expertengesprächen und Fragebögen - einen niedrigeren Informationsgehalt. Dem steht jedoch die Möglichkeit gegenüber, einen sehr viel grösseren Personenkreis ansprechen zu können, da die Fragen nur einen geringen Detaillierungsgrad aufweisen. Ihre Beantwortung warf deshalb i.d.R. nur wenige sachliche und zeitliche Probleme auf.

I. Kontakt zu Verbänden

Der Kontakt zu Verbänden der deutschen Wirtschaft bildete den ersten Schritt bei dem Versuch, den erarbeiteten Kriterienkatalog der Kostenquellen des Datenschutzes empirisch abzusichern. Folgende Verbände wurden angesprochen:

- Bundesverband der Deutschen Industrie (BDI),
- Bundesverband deutscher Banken,
- Gesamtverband der Deutschen Versicherungswirtschaft (GDV).

Die genannten Verbände unterstützten die Projektarbeit in erster Linie rein organisatorisch. So stellten sie eigenes Adressenmaterial für die Versendung von Frage- bzw. Erhebungsbögen zur Verfügung oder übersandten selbst die von der Projektgruppe KODA erarbeiteten Unterlagen. Darüber hinaus formulierten sie Empfehlungsschreiben, die den Aussendungen an Unternehmungen der jeweiligen Branche hinzugefügt wurden, und setzten sich in eigenen, hausinternen Arbeitskreisen zum Datenschutz sehr für das Forschungsprojekt KODA ein.

Hilfen bei der Ausarbeitung und Formulierung des Frage- bzw. Erhebungsbogens gingen über die rein organisatorische Unterstützung bei der Versendung hinaus. Sie betrafen die Einberufung eines Expertenkreises, der die Unterlagen vor ihrer Vervielfältigung und Versendung einer eingehenden Prüfung unterzog. Die Unterstützung durch die Verbände betraf die Auswahl geeigneter Personen, die terminlichen Abstimmungen und die Besorgung von Tagungsräumen. Eine Einflußnahme der angesprochenen Verbände auf mögliche Untersuchungsergebnisse ist zu keinem Zeitpunkt auch nur ansatzweise versucht worden. Die Projektgruppe hätte sich in einem solchen Fall sofort von dem Kontakt zurückgezogen.

Abschließend läßt sich festhalten, daß der Kontakt zu den Verbänden eine wertvolle Hilfe bei der organisatorischen Abwicklung des Projektes war und den Einstieg in die Problematik erleichtert hat.

II. Durchführung von Expertengesprächen

Ausführliche Interviews mit Sachverständigen aus den Bereichen
Datenschutz, Datensicherung, Datenverarbeitung, interne Revision
und Organisation bildeten die informativste, aber auch die auf-
wendigste Form der empirischen Erhebung. Bei der Auswahl der Gesprächspartner wurden folgende Grundsätze beachtet:

1. Gesprächspartner sollten ausschließlich aus dem betrieblichen
   Bereich stammen. Mitarbeiter wissenschaftlicher Einrichtungen, Beamte und Angestellte aus dem öffentlichen Bereich bzw.
   aus Unternehmungen, die dem zweiten Abschnitt des BDSG zugerechnet werden, sowie Sachverständige von Verbänden und Kammern kamen als Interviewpartner zur Ermittlung der Kosten des
   Datenschutzes nicht in Betracht. Auf diese Weise sollte eine
   größtmögliche Nähe zu den betrieblichen Kostenquellen erreicht werden.

2. Es sollten nur solche Gesprächspartner gewählt werden, die
   sich durch eine intensive Auseinandersetzung mit Fragen des
   Datenschutzes und der Datensicherung in der Vergangenheit bereits öffentlich bekannt gemacht haben. Dieses Kriterium sollte die Gewähr dafür bieten, daß die erforderlichen Angaben
   einfacher, also mit geringerem Aufwand der Projektgruppe KODA
   erhoben werden konnten und daß sie mit einem höheren Grad an
   Wahrscheinlichkeit den tatsächlich angefallenen Kosten des Datenschutzes entsprechen.

3. Bei der Auswahl der Gesprächspartner sollte darauf geachtet
   werden, daß die unterschiedlichen Branchen und Betriebsgrö-
   ßen angemessen vertreten sind.

Grundlage der Gespräche war der im folgenden Kapitel III.a) erläuterte Fragebogen. Er sollte das Interview vorstrukturieren

und den Einstieg in die Diskussion ermöglichen. Ziel war jedoch, über den Fragebogen hinausgehende Informationen zu erhalten. Ein besonderes Augenmerk galt dabei den unternehmungsinternen Untersuchungen und Publikationen zum Datenschutz. Zu beachten waren hier insbesondere Kostenerhebungen, aber auch jegliche Art interner Datenschutzhandbücher, die einen guten Überblick über die diesbezüglichen betrieblichen Aktivitäten geben konnten. Auf der Grundlage der Expertengespräche sollte es möglich sein, die mit den übrigen Erhebungsinstrumenten gewonnenen Daten in einen der Realität möglichst nahekommenden Gesamtzusammenhang zu stellen.

III. Konzeption, Versendung und Rücklauf des detaillierten Frage-
     bogens mit Erläuterungen

a) Konzeption des Fragebogens mit Erläuterungen

1. Ziel des Fragebogens

Der Fragebogen bietet die Möglichkeit, von einer größeren Anzahl
betroffener Unternehmungen detaillierte Angaben über Kosten und
Nutzenaspekte des Datenschutzes zu erhalten als dies durch per-
sönlich geführte Expertengespräche möglich ist. Ein Ziel des
Fragebogens ist es, die Kosten der einzelnen Datenschutzmaßnahmen - aufgegliedert nach den in Kapitel B.II. "Differenzierung
der betrieblichen Datenschutz- und Datensicherungsmaßnahmen nach
Kriterien der Kostenrechnung" im Hauptteil der vorliegenden Untersuchung ausführlich beschriebenen zeitlichen und sachlichen
Kriterien - zu ermitteln. Nur so lassen sich Aussagen beispielsweise darüber machen, welche Kosten durch die jeweilige Daten
schutzmaßnahme einmalig in der Vergangenheit angefallen sind,
wie hoch die jährliche Fixkostenbelastung ist und welche variablen Kosten durchschnittlich pro Jahr entstehen. Ein weiteres
Ziel des Fragebogens besteht darin, auch solche Kosten zu erfassen, die auf Grund einer mittelbaren Beeinflussung der betrieblichen Datenverarbeitung entstanden sind oder wegen der Teilnahme von Unternehmungsvertretern an öffentlichen Hearings und
anderen Formen der Beratung einschlägiger Gesetze von der Wirtschaft getragen werden müssen. Schließlich ist es Ziel des Fragebogens, Aussagen über Nutzenaspekte der Datenschutzgesetzgebung für die Unternehmungen zu ermöglichen. Der Fragebogen muß
damit insgesamt ein sehr breites Spektrum von Fragestellungen
abdecken.

Das Ziel des Fragebogens läßt sich demnach zusammenfassend fol-
gendermaßen formulieren:

be. Bei Kreditinstituten tritt an seine Stelle die Bilanzsumme und bei Versicherungen die Höhe der Beitragseinnahmen. Da der Fragebogen keinen Hinweis auf den Namen der Unternehmung enthält, über deren Datenschutzsituation er jeweils Auskunft gibt - die Auswertung sollte anonymisiert erfolgen -, konnten zur Auswertung nicht allgemeine Firmenunterlagen herangezogen werden, die u.a. die Höhe des Umsatzes oder einer vergleichbaren Größe nennen. Allein schon zur besseren Charakterisierung der Unternehmung schien daher die Frage 4 erforderlich.

Über die Charakterisierung der Unternehmung hinaus sollte die Angabe des Größenkriteriums "Umsatz", "Bilanzsumme" oder "Beitragseinnahmen" die Möglichkeit bieten, die Kosten des Datenschutzes hierzu ins Verhältnis zu setzen, um mit der gewonnenen Prozentzahl Unternehmungen unterschiedlicher Größe und Branche hinsichtlich ihres Datenschutzaufwandes vergleichen zu können. Ihr kommt damit für die Auswertungsmöglichkeiten des Fragebogens besondere Bedeutung zu.

5. Wie hoch sind Ihre jährlichen DV-Kosten?

Für die Frage nach den Kosten der Datenverarbeitung gilt ähnliches, wie es zur vorangegangenen Frage ausgeführt wurde. Auch hier werden mit den Angaben zwei Ziele verfolgt:

a) Sie dienen der Charakterisierung der befragten Unternehmung.
b) Sie ermöglichen die Bildung von Verhältniszahlen zwischen Datenverarbeitungs- und Datenschutzkosten.

Die Angaben zu Frage 5 können damit wesentlich zur Erhöhung der Aussagefähigkeit der Untersuchung beitragen, verlangen aber auch von allen Beteiligten - den Fragenden und den Befragten - besondere Sorgfalt.

6. Wurden in Ihrer Unternehmung in der Vergangenheit bereits Untersuchungen hinsichtlich der Kosten des Datenschutzes und
   der Datensicherung durchgeführt?

Diese Frage wurde mit der Bitte verbunden, die Ergebnisse einer
solchen Untersuchung - wenn möglich - der Projektgruppe KODA zur
Verfügung zu stellen. Auf diese Weise sollte der empirische Teil
des Forschungsvorhabens auf eine breitere Basis gestellt werden
können. Frage 6 schließt die allgemeinen Fragen zur Unternehmung
ab.

2.2. Fragen zu Maßnahmen des Datenschutzes und der Datensicherung

Bei den Fragen zu Maßnahmen des Datenschutzes und der Datensicherung handelt es sich um den zentralen Abschnitt des gesamten Fragebogens. Hier sollen die den Unternehmungen unmittelbar entstandenen Kosten detailliert aufgeschlüsselt werden. Die Konzeption
der Fragen greift die Ergebnisse des Kostenquellenkataloges (Kapitel B.I. im Hauptteil der Untersuchung) auf und ermöglicht so
die Bildung von sechs Detailfragen, die nach gleichem Muster aufgebaut sind.

Grundlage sind die in Kapitel B.I.a) 1. und 2. im Hauptteil bereits detailliert ausgeführten Verpflichtungen des BDSG. Jede
dieser Verpflichtungen kann in der Unternehmung zahlreiche hard-
oder softwaretechnische, organisatorische, personelle, bauliche
oder versicherungstechnische Einzelmaßnahmen auslösen. Im Fragebogen wurden zur Verdeutlichung beispielhaft jeweils einige mögliche Einzelmaßnahmen aufgeführt, die mit der Verpflichtung zur
Bestellung eines betrieblichen Datenschutzbeauftragten und mit
seiner Tätigkeit im Zusammenhang stehen. Zur besseren Übersicht
seien die sechs Verpflichtungen des BDSG noch einmal genannt:

a) Bestellung und Tätigkeit eines betrieblichen Datenschutzbeauftragten,
b) Verpflichtung der Mitarbeiter auf das Datengeheimnis,
c) Schulung der Mitarbeiter in Fragen des Datenschutzes und der
   Datensicherung,
d) Unterstützung der Aufsichtsbehörde,
e) Berücksichtigung der Rechte des Betroffenen,
f) Maßnahmen zur Datensicherung.

Alle betrieblichen Maßnahmen des Datenschutzes und der Datensicherung lassen sich einer oder mehrerer dieser sechs Verpflichtungen zuordnen. Es handelt sich hierbei um eine Gliederung nach
sachlich-inhaltlichen Kriterien.

Neben dieser Gliederung der Datenschutzverpflichtungen nach sachlich-inhaltlichen Kriterien wurde im Forschungsprojekt KODA eine
Einteilung der Einzelmaßnahmen des Datenschutzes nach formalen
Kriterien erarbeitet (vgl. Kapitel B.II. im Hauptteil der Untersuchung). Somit wird deutlich, daß jede betriebliche Datenschutz-
und Datensicherungsmaßnahme aus zwei unterschiedlichen Blickwin-
keln - einem sachlich-inhaltlichen und einem formalen - betrachtet werden kann. Die formalen Einteilungskriterien sind:

1. der Zeitpunkt der Implementierung der Maßnahme,
2. die Ursache für die Implementierung der Maßnahme,
3. die Durchführungshäufigkeit der Maßnahme,
4. der Wiederholungsgrad der Maßnahme,
5. die Innovationstiefe der Maßnahme.

Aus den fünf formalen Kriterien wurde eine Übersicht aller Datenschutzmaßnahmen abgeleitet, die auf der untersten Ebene zwischen neun verschiedenen Feldern unterscheidet (vgl. hierzu das
Schaubild auf S. ++). Die Fragen zu Maßnahmen des Datenschutzes
und der Datensicherung im Fragebogen stellen dieser Übersicht

die nach sachlich-inhaltlichen Kriterien geführten Verpflichtungen auf Grund des BDSG gegenüber. Jede Einzelmaßnahme einer Verpflichtung kann einem der neun Felder zugeordnet werden. Durch die Gliederung der Maßnahmen nach formalen Kriterien war es möglich, die Gesamtkosten einer Verpflichtung nach Gesichtspunkten der Kostenrechnung aufzuteilen, beispielsweise in einmalige Kosten in der Vergangenheit und gegenwärtige, wiederholt anfallende Kosten oder in fixe und variable Kosten. Für jeden beantworteten Fragebogen konnte folgende Matrix ausgefüllt werden:

		Sachlich-inhaltliche Gliederungskriterien				
		Betrieblicher Datenschutz-beauftragter	Verpflichtung auf das Datengeheimnis	Schulung der Mitarbeiter	Unterstützung der Aufsichtsbehörde	Rechte des Betroffenen	Datensicherung
Formale Gliederungskriterien (vgl. Abb. 8 . S. 107)	1						
	2						
	3						
	4						
	5						
	6						
	7						
	8						
	9						

Abb. 1: Schema zur Auswertung der "Fragen zu Maßnahmen des Datenschutzes und der Datensicherung" eines Fragebogens

2.3. Fragen zur mittelbaren Beeinflussung der Datenverarbeitung durch das BDSG

Im vorangegangenen Abschnitt wurde nach den Kosten gefragt, die auf Grund von Datenschutz- und Datensicherungsmaßnahmen unmittelbar entstanden sind. Darüber hinaus ist ein mittelbarer Einfluß des BDSG auf die Datenverarbeitung und deren Kosten denkbar. Die Umsetzung der Verpflichtungen des BDSG in die betriebliche Praxis löste neben anderen Maßnahmen zahlreiche aufbau- und vor allem ablauforganisatorische Änderungen aus. Diese Änderungen wiederum konnten nicht ohne Einfluß auf die Kosten der Datenverarbeitung bleiben. Denkbar sind sowohl eine Verminderung als auch eine Erhöhung der Kosten. Soweit es um Nutzenaspekte des BDSG (Kostenreduktion) geht, werden die dazugehörigen Fragen weiter unten noch ausführlich erläutert (vgl. in diesem Anhang das Kapitel III.a) 2.5.: "Fragen zu Nutzenaspekten der Datenschutzgesetzgebung"). An dieser Stelle sollen nur die möglichen Kostenerhöhungen behandelt werden.

Eine mittelbare Beeinflussung der Datenverarbeitung durch das BDSG liegt beispielsweise vor, wenn die Auswertung von Daten unter einem anderen Aspekt als dem ihrer ursprünglichen Erhebung und Speicherung aus Datenschutzgründen unterbleiben mußte, obwohl sie für die Unternehmung nützliche Erkenntnisse zu bringen versprach. Ein weiteres Beispiel für eine mittelbare Kostenbeeinflussung ist dann gegeben, wenn unternehmungsintern bei der Verarbeitung personenbezogener Daten auf Grund des BDSG kompliziertere und damit aufwendigere softwaretechnische und organisatorische Datenschutz- und Datensicherungsverfahren eingeführt werden müssen. Die Kosten der Maßnahmen selbst gehen unmittelbar auf das BDSG zurück. Die von den Maßnahmen u.U. verursachten zusätzlichen Personalkosten oder Kostensteigerungen auf Grund langwierigerer Programmabläufe zählen zu den Kosten, die nur mittelbar vom BDSG verursacht wurden und daher Gegenstand dieses Teils des Fragebogens sind.

Ein Charakteristikum der durch das BDSG verursachten Kosten, die auf eine mittelbare Beeinflussung zurückgehen, ist, daß sie bei keiner Unternehmung in der Kostenrechnung gesondert ausgewiesen werden. Sowohl bei der grundsätzlichen Frage, ob sie überhaupt angefallen sind, als auch ganz besonders bei der Frage, wie hoch diese Kosten einer mittelbaren Beeinflussung im Durchschnitt der vergangenen Jahre gewesen sind, ist man daher auf Schätzungen der Befragten angewiesen. Für die Konzeption des Fragebogens im Forschungsprojekt KODA ergab sich daraus die Notwendigkeit, auf eine weitere Aufschlüsselung der Kosten verzichten zu müssen. Der Detaillierungsgrad konnte somit nur sehr gering sein. Die in diesem Abschnitt gestellten Fragen berühren daher nur die beiden genannten Bereiche - die grundsätzliche Existenz solcher Kosten und deren Höhe, augedrückt in einem pauschalen Jahresbetrag.

2.4. Fragen zum Gesetzgebungsverfahren

Zu den Kosten, die das BDSG in der Wirtschaft ausgelöst hat, gehören neben den Kosten der Datenschutz- und Datensicherungsmaßnahmen und den mittelbar durch diese Maßnahmen verursachten Kostensteigerungen bei der Datenverarbeitung auch solche Kosten, die den Unternehmungen durch die Teilnahme an der öffentlichen Diskussion der Gesetzesentwürfe vor der Verabschiedung und der geplanten Novellierung des BDSG entstanden sind (vgl. im Hauptteil der Untersuchung das Kapitel B.I.a) 4.: "Mitwirkung am Gesetzgebungsverfahren des BDSG"). Kosten dieser Art sind vor allem Reisekosten, Spesen u.ä., welche durch die Teilnahme von Mitarbeitern der Unternehmungen an Diskussionsveranstaltungen oder Sitzungen der verschiedenen Verbände, Kammern und anderer Institutionen entstanden sind. Darüber hinaus können in diesem Bereich beispielsweise auch Material-, Telefon-, Porto-, Kopier- und ähnliche Kosten angefallen sein.

Da keine Unternehmung verpflichtet ist oder war, sich an der Diskussion der Gesetzentwürfe zu beteiligen, muß im Rahmen des

Fragebogens zunächst geklärt werden, ob die befragte Unternehmung sich überhaupt an den Diskussionen um die Verabschiedung
bzw. Novellierung des BDSG beteiligt hat. Nur wenn sie die entsprechende Frage bejaht, wird in einem weiteren Schritt nach den
dabei jeweils insgesamt entstandenen Kosten gefragt. Auch hier
werden, wie schon bei den vorhergehenden "Fragen zur mittelbaren
Beeinflussung der Datenverarbeitung durch das BDSG" und einigen
weiteren Fragen des Fragebogens, Schätzungen des Interviewten
häufig die einzig möglichen Angaben sein. Exakte oder auch nur
ungefähre Aufzeichnungen über die auf diese Weise entstandenen
Kosten liegen in den Unternehmungen vielfach nicht vor.

Neben dieser Erhebung der bisher durch das Gesetzgebungsverfahren
zum BDSG bereits angefallenen Kosten soll auch auf Veränderungen
der Datenschutz- und Datensicherungskosten eingegangen werden,
welche möglicherweise mit einer Novellierung des BDSG verbunden
sind. Zu diesem Zweck wird den Interviewten im Bereich der "Fragen zur Novellierung des Gesetzes" eine zusätzliche Frage vorgelegt, durch die geklärt werden soll, ob die Unternehmungen auf
Grund der geplanten Änderungen des BDSG Steigerungen ihrer Da-
tenschutz- und Datensicherungskosten erwarten. Da es sich bei den
diskutierten Novellierungsvorschlägen ausnahmslos um Verschär-
fungen des Datenschutzes handelt, sind auch in Zukunft zumindest
Maßnahmen im bisher praktizierten Umfang erforderlich, möglicherweise sogar einige darüber hinaus. Ein Sinken der entsprechenden
Kosten ist somit nicht zu erwarten, so daß auch die entsprechende Frage nur auf mögliche Kostensteigerungen ausgerichtet zu sein
braucht.

Eine Quantifizierung dieser Kosten erscheint jedoch auch durch
grobe Schätzungen kaum möglich. An dieser Stelle des Fragebogens
erfolgt daher lediglich eine ordinale Zuordnung, die Aussagen
darüber zuläßt, ob aller Voraussicht nach durch die geplanten
Änderungen keine, geringe, mittlere oder hohe zusätzliche Kosten

verursacht werden. Diese Zuordnung wird im Fragebogen für sieben unter Kostengesichtspunkten besonders wichtige Novellierungsvorschläge vorgenommen, während für weitere geplante Änderungen, denen möglicherweise im Einzelfall ebenfalls Kostenwirkungen zugerechnet werden, entsprechende Leerzeilen vorgesehen sind.

2.5. Fragen zu Nutzenaspekten der Datenschutzgesetzgebung

Entsprechend der zentralen Zielsetzung des Projektes standen bei allen bisher erläuterten Fragen die Kosten des Datenschutzes im Mittelpunkt. Zum Abschluß des Fragebogens wurde daher auf mögliche Nutzenaspekte der Datenschutzgesetzgebung für die einzelne Unternehmung eingegangen. Eine einseitige Beurteilung der finanziellen und sonstigen Konsequenzen, welche auf Grund der Datenschutzgesetzgebung für die einzelne Unternehmung entstehen, wurde auf diese Weise vermieden.

Das Pendant des Kostenbegriffs ist in der betriebswirtschaftlichen Literatur der Leistungsbegriff. Unter Leistung wird dabei die bewertete, sachzielbezogene Gütererstellung einer Periode verstanden. Da bei der Einhaltung gesetzlicher Bestimmungen zum Datenschutz jedoch keine Leistungen in diesem engeren betriebswirtschaftlichen Sinne erstellt werden, wurden die Fragen an dieser Stelle des Fragebogens auf den umfassenderen Begriff des Nutzens abgestellt. (Vgl. dazu Kapitel A.III.c) im Hauptteil der Untersuchung).

Nutzeneffekte dieser Art können sich dabei für die einzelne Unternehmung insbesondere durch eine rationellere und zuverlässigere Datenverarbeitung, durch eine verbesserte Qualität der DV-Ergebnisse, durch zusätzliche Möglichkeiten der Öffentlichkeitsarbeit sowie durch eine vertrauensvollere Zusammenarbeit mit Lieferanten und Kunden ergeben. Diese Aspekte werden daher im Fragebogen explizit aufgeführt, wobei die befragte Unternehmung

für jeden einzelnen Aspekt angeben soll, ob auf Grund der Erfüllung gesetzlicher Datenschutzbestimmungen in dieser Hinsicht
kein, ein geringer, ein mittlerer oder ein hoher Nutzen entstanden ist.

Für sonstige positive Effekte, welche möglicherweise mit der Datenschutzgesetzgebung verbunden sind, werden darüber hinaus einige Leerzeilen frei gelassen. Auch für diese zusätzlichen Aspekte
soll jeweils angegeben werden, ob mit ihnen ein geringer, ein
mittlerer oder ein hoher Nutzen verbunden ist.

Eine exakte Quantifizierung der einzelnen Nutzeneffekte erscheint
nicht möglich, so daß lediglich die hier vorgenommene Abstufung
in kein, geringer, mittlerer oder hoher Nutzen durchführbar ist.
Da dabei jedoch die verschiedenen Stufen nicht scharf voneinander abgegrenzt sind, wirken sich die subjektiven Einschätzungen
des jeweils Interviewten an dieser Stelle stark aus. Bei einer
späteren Auswertung der hier erzielten Ergebnisse ist somit immer zu beachten, daß es sich lediglich um Trendaussagen handelt.
Trotzdem ermöglichen diese in ihrer Gesamtheit einen Überblick
über Art und Ausmaß der Nutzenaspekte, die mit der Datenschutzgesetzgebung verbunden sind.

Während somit auf eine detaillierte Quantifizierung der einzelnen Nutzenaspekte verzichtet werden muß, zielt die abschliessen-
de Frage in diesem Bereich auf eine Quantifizierung des Gesamt-
nutzens. Wenn eine Quantifizierung des gesamten Nutzens, der innerhalb der befragten Unternehmung mit der Datenschutzgesetzgebung verbunden ist, zumindest näherungsweise möglich ist, soll
dieser Betrag in die entsprechende Rubrik des Fragebogens eingetragen werden.

3. Erläuterungen zum Fragebogen

Um einerseits den Umfang des Fragebogens nicht unnötig auszudeh-
nen, andererseits aber doch bei den Befragten das richtige Ver-

ständnis der gestellten Fragen sicherzustellen, wurden von der Projektgruppe KODA neben dem eigentlichen Fragebogen ausführliche "Erläuterungen zum Fragebogen" erarbeitet und in einem gesonderten Papier zusammengestellt.

Innerhalb dieser Erläuterungen wurden dem Befragten nach einer kurzen Einleitung, in der u.a. Problemstellung und Zielsetzung des Projektes erläutert werden, Hinweise und Hilfestellungen zur richtigen Beantwortung der einzelnen Fragen gegeben. Neben der genannten Erleichterung für den Befragten wurde so eine größere Vergleichbarkeit der Angaben verschiedener Unternehmungen gewährleistet.

Die Erläuterungen beziehen sich insbesondere auf den zentralen Teil B des Fragebogens - die "Fragen zu Maßnahmen des Datenschutzes und der Datensicherung". Es wird dabei zunächst die im Projekt erarbeitete Systematik der betrieblichen Datenschutz- und Datensicherungsmaßnahmen (vgl. Kapitel B. II. im Hauptteil der Untersuchung), welche innerhalb des Fragebogens für jede der sechs Verpflichtungen des BDSG ausgefüllt werden soll, in ihren Grundzügen dargestellt. Die aus dieser Systematik resultierenden neun Felder auf der Kostenebene werden anschließend jeweils im einzelnen erläutert und durch ein Beispiel aus dem Bereich der Bestellung und Tätigkeit eines betrieblichen Datenschutzbeauftragten ergänzt.

Die auf diese Weise entstandenen umfangreichen "Erläuterungen zum Fragebogen" wurden bei der anschließenden Versendung jeder befragten Unternehmung gemeinsam mit dem Fragebogen zur Verfügung gestellt.

b) Versendung des Fragebogens mit Erläuterungen

1. Zusammenstellung der Adressen

Bei der Zusammenstellung der Unternehmungen, die von der Frage-

bogenaktion erfaßt werden sollten, bemühte sich die Projektgruppe KODA um die Unterstützung verschiedener Verbände der deutschen
Wirtschaft. Auf diese Weise konnte sichergestellt werden, daß
die befragten Unternehmungen einen repräsentativen Querschnitt
bilden. So wurde verhindert, daß die Befragung in branchenspezifischer, größenorientierter oder regionaler Hinsicht einseitig
ausgerichtet war.

Wie oben bereits ausgeführt, wurde das Projekt vom Bundesverband
der Deutschen Industrie (BDI), dem Gesamtverband der Deutschen
Versicherungswirtschaft (GDV) und dem Bundesverband deutscher
Banken unterstützt. Die Unterstützung bestand darin, daß die
Auswahl und Zusammenstellung der innerhalb der einzelnen Wirt-
schaftsbereiche anzuschreibenden Unternehmungen in Abstimmung
mit den oben genannten Verbänden erfolgte. Zusätzlich wurde den
verschickten Fragebögen ein Begleitschreiben des jeweils zuständigen Verbandes beigefügt. In diesem Begleitschreiben wurden die
Unternehmungen ausdrücklich auf die Unterstützung durch ihren
jeweiligen Verband hingewiesen und zur Beantwortung des Fragebogens aufgefordert.

Das Ziel der Unterstützung durch die Verbände lag dabei zum einen
in einer möglichst repräsentativen Streuung der Fragebögen, zum
anderen in einer Verbesserung der Rücklaufquote. Eine Einflußnahme der Verbände auf die Ergebnisse der Untersuchung war dabei von
vornherein ausgeschlossen.

Als Ergebnis dieser Adressenzusammenstellung wurden der Fragebogen sowie die entsprechenden Erläuterungen schließlich zwischen
dem 23.11.1982 und dem 17.3.1983 an insgesamt 99 Unternehmungen
der deutschen Wirtschaft verschickt. Die finanzielle und personelle Ausstattung des Projektes ließ dabei keine - im statisti-
schen Sinne - repräsentative Erhebung durch eine entsprechend
umfangreiche Befragung zu. Trotzdem konnte durch die breite Streu-

ung der Fragebögen über verschiedene Bereiche der Wirtschaft eine
allzu große Einseitigkeit der Ergebnisse vermieden werden, so
daß die Ergebnisse zumindest Trendaussagen zulassen.

2. Gewährleistung der anonymisierten Auswertung

Um die - für eine Mitarbeit der zu befragenden Unternehmungen
notwendige - absolute Geheimhaltung der erhobenen Daten zu gewährleisten, wurden durch die Projektgruppe KODA folgende Vor-
kehrungen getroffen:

- Verpflichtung der Projektmitarbeiter zu strikter Geheimhaltung
  über die Projekttätigkeiten, insbesondere in Bezug auf die von
  den Unternehmungen gemachten Angaben;
- getrennte Aufbewahrung der eine Identifizierung der Fragebögen
  ermöglichenden Unterlagen und der ausgefüllten Fragebögen
  selbst;
- Vernichtung sämtlicher Begleitschreiben sowie der Fragebögen
  nach Beendigung des Projektes KODA;
- auf dem Fragebogen keine Nennung des Namens oder ähnlicher Angaben;
- Garantie des BIFOA für eine auschließlich anonymisierte Veröf-
  fentlichung der erhaltenen Ergebnisse.

Die umfangreichen Garantie- und Sicherheitsleistungen der Projektgruppe KODA sollten die Akzeptanz der Erhebung bei den befragten Unternehmungen erhöhen und so zu einer erhöhten Rücklaufquote beitragen.

c) Rücklauf des Fragebogens

Die Projektgruppe KODA versandte insgesamt 99 Fragebögen. Hiervon wurden 12 Fragebögen zurückgeschickt, was einer Rücklaufquote
von ca. 12% entspricht. Eine derartige Quote kann im Rahmen empirischer Projekte durchaus noch als normal angesehen werden.

IV. Konzeption, Versendung und Rücklauf des einfachen Erhebungs-
    bogens

a) Konzeption des Erhebungsbogens

1. Ziel des Erhebungsbogens

Anders als der umfangreiche und für eine schnelle Bearbeitung
durch den Befragten zu komplizierte Fragebogen sollte der Erhebungsbogen eine möglichst große Anzahl von Unternehmungen erreichen. Hierbei sollten keine detaillierten Angaben über Kosten-
und Nutzenaspekte der in Kapitel B.II. des Hauptteils beschriebenen sachlichen und zeitlichen Kriterien gemacht werden, da ein
auf eine derartige Beantwortung ausgerichteter Erhebungsbogen
den Rahmen der durch das Gebot der Benutzerfreundlichkeit gesetz-
ten Grenzen bei weitem gesprengt hätte.

Die zur Beantwortung des Erhebungsbogens benötigte Zeit sollte
45 Minuten nicht übersteigen. Deshalb wurden kurze und prägnante
Antworten so weit wie möglich vorformuliert, um durch einfaches
Ankreuzen die entsprechende Antwort geben zu können. Dies sollte
die Akzeptanz des Erhebungsbogens bei befragten Unternehmungen
erhöhen.

Bezogen auf den Inhalt wurden - auf Grund der mit dem Fragebogen
gemachten Erfahrungen - folgende Ziele gesetzt:

Es sollten Angaben über die Kosten und den Nutzen des Datenschutzes gemacht werden, um die Erkenntnisse aus den Expertengesprächen und der Fragebogenaktion empirisch abzusichern. Hierbei
waren auf Grund der formalen Zielsetzung des Erhebungsbogens
- Vergrößerung der Grundgesamtheit bei weniger differenzierten
Fragestellungen - keine detaillierten Angaben über die Art, die
Höhe und die Ursache der anfallenden Kosten zu erwarten.

2. Aufbau des Erhebungsbogens

2.1 Allgemeine Fragen zur Unternehmung

Um eine Vergleichbarkeit der die Kosten- und Nutzenaspekte des
Datenschutzes betreffenden speziellen Fragen zu gewährleisten,
war auch beim Erhebungsbogen eine Systematisierung der befragten
Unternehmungen erforderlich. Hierzu dienten die im folgenden erläuterten allgemeinen Fragen zur Unternehmung:

a) Welcher Branche/welchem Wirtschaftszweig ordnen Sie Ihre Unternehmung zu?

Eine Zuordnung der Unternehmungen zu einem bestimmten Wirtschaftszweig war, wie schon die Expertengespräche und der Fragebogen
gezeigt hatten, von besonderer Bedeutung, da etwa in Unternehmungen, deren Geschäft weitgehend von Daten bzw. deren Verarbeitung abhängt (so zum Beispiel Banken und Versicherungen), ein
ungleich höherer Datenschutzaufwand betrieben werden muß, als es
etwa bei Handwerksunternehmungen der Fall ist. Um einen Vergleich der beschriebenen Unternehmungen zu ermöglichen, wurden
deshalb folgende Wirtschaftszweige aufgelistet:

- Industrie,
- Kreditwirtschaft,
- Versicherungswirtschaft,
- Handel,
- Handwerk,
- Service-Rechenzentrum,
- Beratung/Dienstleistung/Werbung,
- Sonstiges.

b) Wie hoch war(en) in Ihrer Unternehmung 1982:

- der Umsatz,

- die Beitragseinnahmen,
- die Bilanzsumme.

Die Höhe des Umsatzes - bzw. bei Kreditinstituten die Höhe der Bilanzsumme sowie bei Versicherungsunternehmungen die Höhe der Beitragseinnahmen - sollte bei der Auswertung des Erhebungsbogens die Möglichkeit geben, eine Relativierung der angefallenen Datenschutzkosten bezogen auf die Unternehmung vornehmen zu können. Erst hierdurch wurde ein Kostenvergleich auch unterschiedlicher Wirtschaftszweige ermöglicht.

c) Wie hoch waren in Ihrer Unternehmung die DV-Kosten?

Die Höhe der DV-Kosten ist insofern für die Auswertung des Erhebungsbogens von besonderer Bedeutung, als daß durch die Bildung von Verhältniszahlen etwa zwischen Datenverarbeitungs- und Datenschutzkosten oder zwischen Datenverarbeitungskosten und Umsatz nicht nur eine nähere Charakterisierung der entsprechenden Unternehmungen möglich wird, sondern auch - wie schon unter b) beschrieben - mit Hilfe der erhaltenen Verhältniszahlen branchenin- und -externe Vergleiche ermöglicht werden.

d) Welchem Abschnitt des BDSG rechnen Sie Ihre Unternehmung zu?

Durch die Zuordnung der Unternehmungen zum 3. Abschnitt (Datenverarbeitung für eigene Zwecke), zum 4. Abschnitt (Datenverarbeitung im Auftrag für fremde Zwecke) oder sowohl zum 3. als auch zum 4. Abschnitt wurde eine weitere Charakterisierung der Unternehmung vorgenommen.

Durch die Beantwortung der allgemeinen Fragen zur Unternehmung wurden Rahmeninformationen gegeben, die die Angaben zu den übrigen Fragen verständlicher und letztlich vergleichbarer machten.

2.2. Fragen zur Kostenstelle "Datenschutz"

Die Fragen 2) bis 8) des Erhebungsbogens beziehen sich auf alle
Kosten, die mittelbar oder unmittelbar durch Maßnahmen des
Datenschutzes und der Datensicherung hervorgerufen wurden. Im
Gegensatz zum Fragebogen, der die Kosten des Datenschutzes und
der Datensicherung anhand einer BDSG- und gleichzeitig kosten-
rechnungsbezogenen Systematisierung quantifiziert, knüpfen die
Fragen des Erhebungsbogens an einer möglichen unternehmungsinternen Kostenstelle "Kosten des Datenschutzes" an. Im Erhebungsbogen wurden alle möglicherweise der Kostenstelle zugerechneten
Kostenarten explizit aufgelistet, um eine möglichst genaue Abgrenzung der jeweils berücksichtigten Kosten zu erhalten und um
eine Zurechnung der einzelnen Kosten zu erleichtern. Zur besseren Übersicht sei im folgenden noch einmal auf die Fragen im
einzelnen eingegangen:

- Verfügen Sie über eine eigene Kostenstelle "Kosten des Datenschutzbeauftragten" oder allgemeiner "Kosten des Datenschutzes"?

  Diese Frage dient der Erfassung der absoluten Anzahl aller Unternehmungen mit einer eigenen Kostenstelle "Kosten des Datenschutzes".

- Welche Kosten werden in dieser Kostenstelle erfaßt?

  Die Auflistung einzelner, in der Kostenstelle erfaßter Kosten
  sollte in erster Linie die Vergleichbarkeit der hier erfaßten
  Kosten gewährleisten. Auf eine Quantifizierung der einzelnen
  Kostenquellen wurde verzichtet. Durch ein einfaches Ankreuzen
  der verschiedenen Kostenquellen sollte vielmehr erkennbar werden, welche Kosten die jeweiligen Unternehmungen in der oben
  genannten Kostenstelle erfassen. Erst hierdurch wird die oben
  genannte Vergleichbarkeit ermöglicht.

Der Punkt "Verschiedene Verrechnungskosten" beinhaltet anteilige Gemeinkosten der Unternehmung, die der oben genannten
Kostenstelle zugerechnet werden.

Abschließend wurde bei dieser Frage noch Raum für weitere Ein-
tragungen hier nicht aufgelisteter Kostenquellen gelassen, um
eine Verfälschung etwa durch branchen- oder firmenspezifische
Sondermaßnahmen des Datenschutzes, die auf Grund der breiten
Streuung dieses Erhebungsbogens keine Berücksichtigung finden
konnten, auszuschließen.

- Wie hoch waren die in der genannten Kostenstelle angefallenen
  Kosten pro Jahr?

Zur Beantwortung dieser Frage wurde den befragten Unternehmungen eine Matrix vorgelegt, in welche - durch ein Kreuz im entsprechenden Feld - eine Angabe über die Gesamthöhe der in der
Kostenstelle "Kosten des Datenschutzes" zusammengefaßten Kosten eingetragen werden sollte. Durch die Angabe der Gesamtko-
stenhöhe pro Jahr zwischen 1976 und 1982 wurden insbesondere
auch Aussagen über die Kostenentwicklung in dem genannten
Zeitraum möglich.

- Welcher Anteil der in Frage 4) für die Jahre 1976 bis 1982 genannten Kosten entfiel in dem jeweiligen Jahr nach Ihrer Schätzung auf Maßnahmen, die ausschließlich auf das BDSG zurückgeführt werden können, also nicht bereits aus unternehmungseigenem Interesse veranlaßt wurden (in %)?

Diese Matrix sollte ermöglichen, die in den Antworten zu Frage
4) enthaltenen, rein BDSG-initiierten Kosten des Datenschutzes
zu errechnen, um mit den so erhaltenen Zahlenwerten eine bessere Vergleichsbasis für branchenfremde Unternehmungen zu
schaffen.

2.3. Fragen zu den Datenschutzkosten außerhalb einer Kostenstelle

Im Erhebungsbogen wurden in den Fragen 2) bis 5) nur diejenigen
Kosten erhoben, die in einer eigenen Kostenstelle erfaßt worden
waren. Es mußte jedoch berücksichtigt werden, daß zahlreiche Unternehmungen entweder eine solche Kostenstelle nicht eingerichtet
hatten oder daß - außer den in der Kostenstelle erfaßten Kosten -
- zusätzliche Datenschutz- und Datensicherungskosten angefallen
waren, die jedoch in anderen Kostenstellen erfaßt worden waren.
Diesen Problemkreis versuchten die Fragen 6) bis 8) des Erhebungsbogens aufzuhellen, indem in einer ersten Frage zunächst
grundsätzlich ermittelt wurde, ob in der befragten Unternehmung
neben den in einer eigenen Kostenstelle bereits erfaßten Kosten
bzw. ohne eine solche Kostenstelle Kosten des Datenschutzes und/
oder der Datensicherung angefallen waren.

Durch die Fragen 7) und 8) des Erhebungsbogens wurde versucht,
von den befragten Unternehmungen eine grobe Quantifizierung der
Kosten zu erhalten:

- Wie hoch waren die in Frage 6) genannten Kosten? Versuchen Sie
  bitte, zumindest eine grobe Schätzung vorzunehmen.

Entsprechend der Vorgehensweise bei Frage 4) erhielten die
Befragten auch hier eine Matrix, in der sie durch Ankreuzen
des entsprechenden Feldes die Gesamthöhe der in den Fachabteilungen erfaßten Kosten pro Jahr angeben konnten. Die Ziele der
Frage 4) galten hier entsprechend:

- Darstellung des Kostenverlaufs zwischen 1976 und 1982;
- Quantifizierung der entsprechenden Kosten in den jeweiligen
  Jahren;
- Vergleich der jeweiligen Kosten innerhalb des dargestellten
  Zeitraums;

- Bildung von Verhältniszahlen.

- Welcher Anteil der in Frage 7) für die Jahre 1976-1982 genannten Kosten entfiel in dem jeweiligen Jahr nach Ihrer Schätzung
  auf Maßnahmen, die ausschließlich auf das BDSG zurückgeführt
  werden können, also nicht bereits aus unternehmungseigenem Interesse veranlaßt wurden (in %)?

Ebenso wie bei Frage 5) bestand das Ziel dieser Frage darin,
eine branchen- und unternehmungsunabhängige Vergleichsbasis
zu erhalten, um Unternehmungen mit hohen, vielfach durch unternehmungseigenes Interesse hervorgerufenen Datenschutz- und
Datensicherungskosten einerseits und Unternehmungen ohne dies-
bezügliches Eigeninteresse, also mit niedrigeren Datenschutz-
und Datensicherungskosten anderseits vergleichen zu können.

2.4. Fragen zu Nutzenaspekten der Datenschutzgesetzgebung

Die Frage 9) des Erhebungsbogens beschäftigt sich mit den Nut-
zeneffekten der Datenschutz- und Datensicherungsmaßnahmen. Sie
ist identisch mit Teil E. des Fragebogens, versucht also, durch
einen ordinalen Bewertungsmaßstab eine Reihenfolgebildung der
Nutzenaspekte zu ermöglichen.

b) Versendung des Erhebungsbogens

Die Versendung des Erhebungsbogens erfolgte am 17. März 1983 an
189 Unternehmungen. An Unternehmungen, von denen bis zum 28.
April 1983 noch keine Antwort vorlag, wurde eine an das Schrei-
ben vom 17. März erinnernde 'Mahnung' versandt. Bei dem Versand
des Erhebungsbogens wurde - im Gegensatz zu der Versendung des
Fragebogens - nicht auf eine Adressenliste verschiedener Verbände zurückgegriffen, sondern es wurden anhand einer Liste der

fünfhundert umsatzstärksten Unternehmungen die anzuschreibenden
Unternehmungen branchen- und umsatzbezogen gestreut ausgewählt.
Zusätzlich erhielten auch alle Unternehmungen, die bereits einen
Fragebogen erhalten hatten, einen Erhebungsbogen zugesandt.

c) Rücklauf des Erhebungsbogens

Von den 189 angeschriebenen Unternehmungen sandten 54 den ausgefüllten Erhebungsbogen zurück, was einer Rücklaufquote von 29%
entspricht. Der letzte Erhebungsbogen erreichte die Projektgruppe
KODA am 7. Juni 1983.

Anhang 3: Das empirische Instrumentarium

I. Fragebogen

II. Erläuterungen zum Fragebogen

III. Erhebungsbogen

**Kostenmäßige Auswirkungen des Datenschutzes
für die Wirtschaft (Forschungsprojekt KODA)**

Fragebogen

Betriebswirtschaftliches Institut

für Organisation und Automation

an der Universität zu Köln

Projektgruppe KODA

Universitätsstr. 45, 5000 Köln 41

Tel.: 0221 - 44 60 81

A. Allgemeine Fragen zur Unternehmung

1. Welcher Branche/welchem Wirtschaftszweig
   ordnen Sie Ihre Unternehmung zu?

   Industrie   ( )
   Kreditwirtschaft   ( )
   Versicherungswirtschaft   ( )
   Handel   ( )
   Handwerk   ( )
   Service-Rechenzentrum   ( )
   Beratung/Dienstleistung/Werbung   ( )
   Sonstiges   ( )

2. Welche Rechtsform hat Ihre Unternehmung? _________________

3. Ist Ihre Unternehmung
   - eine Konzernmuttergesellschaft?   ( )
   - Tochtergesellschaft einer inländischen
     Konzernmuttergesellschaft?   ( )
   - Tochtergesellschaft einer ausländischen
     Konzernmuttergesellschaft?   ( )
   - Mitglied einer Genossenschaft?   ( )
   - unabhängig?   ( )

4. wie hoch ist der Umsatz Ihrer Unternehmung
   pro Jahr?   DM ....

   Beachten Sie hierzu bitte die
   "Erläuterungen zum Fragebogen", Seite 4.

5. Wie hoch sind Ihre jährlichen DV-Kosten? DM ....

**Beachten Sie hierzu bitte die
"Erläuterungen zum Fragebogen", Seite 5.**

	ja	nein

6. Wurden in Ihrer Unternehmung in der
Vergangenheit bereits Untersuchungen
hinsichtlich der Kosten des Datenschutzes und der Datensicherung durchgeführt?   ( )   ( )

Falls "ja": Fügen Sie die Ergebnisse bitte
             - wenn möglich - diesem Frage-
             bogen bei. Herzlichen Dank!

**B. <u>Fragen zu Maßnahmen des Datenschutzes und der Datensiche-
rung</u>**

**Beachten Sie hierzu bitte die "Erläuterungen zum Fragebogen",
Seite 6 - 20.**

**a) <u>Bestellung und Tätigkeit eines betrieblichen Datenschutz-
beauftragten</u>**

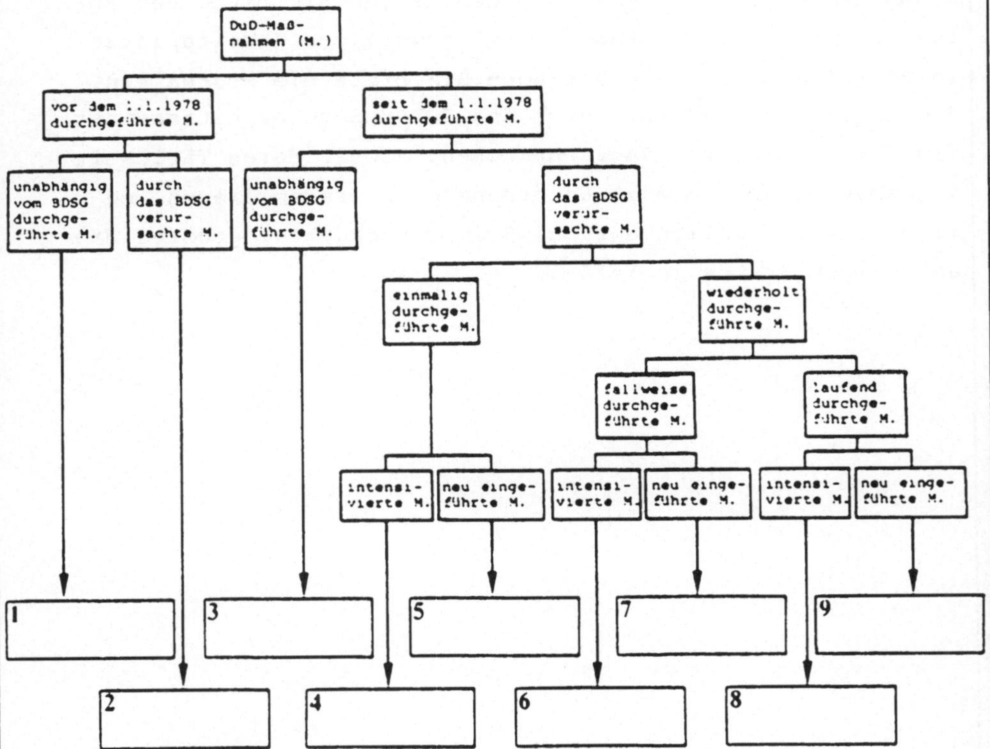

<u>Beispiele zu den Feldern 1-9</u>

Beachten Sie hierzu in erster Linie die genannten Beispiele
in den "Erläuterungen zum Fragebogen". Ein weiteres Beispiel
für Kosten, die im Rahmen dieser Verpflichtung angefallen

sein könnten, bezieht sich auf die Gruppe von Sachverständigen und Vertrauensmännern des DSB, die dieser zur Unterstützung seiner Aufgaben in verschiedenen Unternehmensbereichen
u.U. benannt hat. Gerade in einer Konzerngesellschaft bildet diese Gruppe häufig den Datenschutzausschuß. Soweit diese Mitarbeiter in unregelmäßigen Abständen und mit unter-
schiedlichem Zeitaufwand für den Datenschutz gem. BDSG tätig
werden, entstehen variable Kosten für eine neu eingeführte
Maßnahme. Entsprechend der durchschnittlichen Arbeitsbelastung pro Jahr für diese Aufgaben tragen Sie bitte den Anteil an den Gesamtkosten für die jeweiligen Arbeitsplätze
in Feld 7 ein. In Feld 9 tragen Sie bitte die Kosten ein,
die Ihrer Unternehmung durch den DSB und seine Mitarbeiter
als fixe Kosten pro Jahr entstehen. Soweit deren Tätigkeit
Aufgaben umfaßt, die im Unternehmensinteresse liegen und
nicht ausschließlich auf das BDSG zurückgehen, gehören die
anteiligen Kosten in Feld 3.

b) <u>Verpflichtung der Mitarbeiter auf das Datengeheimnis</u>

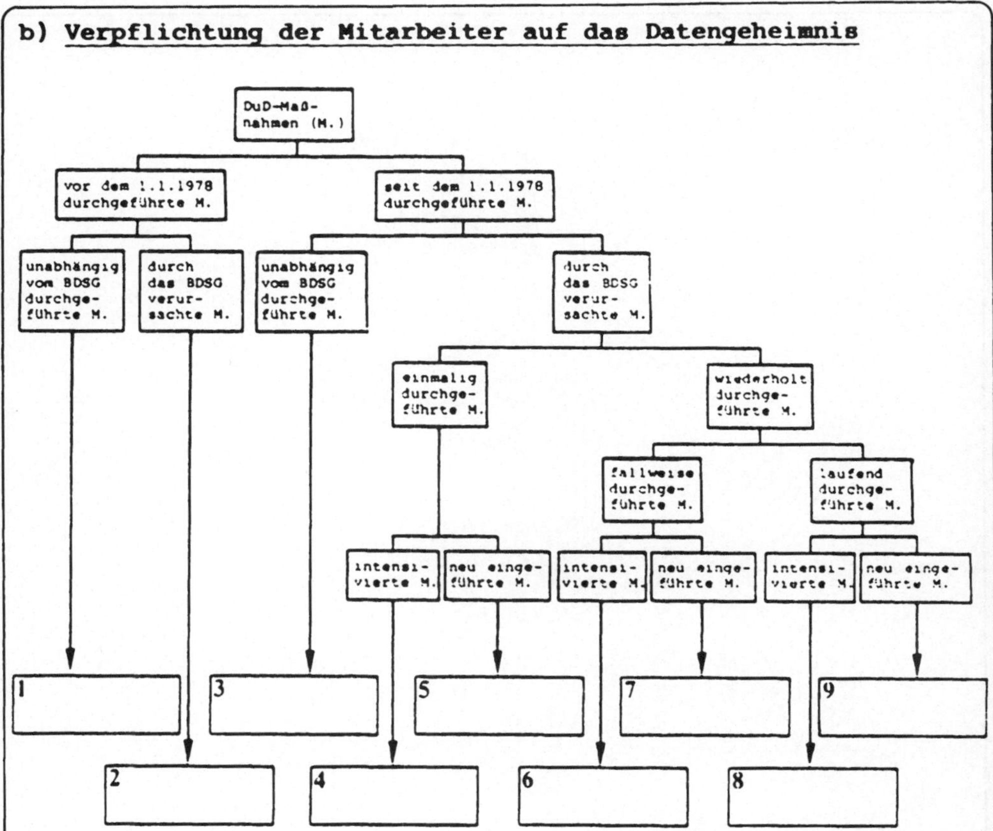

<u>Beispiele zu den Feldern 1-9</u>

Kurz nach Inkrafttreten des BDSG führte Ihre Unternehmung u.U.
eine einmalige Aktion durch, bei der alle Mitarbeiter, die mit
personenbezogenen Daten in Berührung kommen konnten, auf das
Datengeheimnis verpflichtet wurden. Hierdurch entstanden Personalausfallkosten, Reise-, Telefon-, Porto- und Druckkosten
für das Formular etc. Da es sich hier um eine einmalig durchgeführte Maßnahme in der Vergangenheit handelt, die aufgrund
des BDSG neu eingeführt werden mußte, tragen Sie die Gesamtkosten der Aktion bitte in Feld 5 ein. Mittlerweile findet
eine Verpflichtung nur noch dann statt, wenn personelle Veränderungen eingetreten sind. Die variablen Kosten, die dadurch durchschnittlich pro Jahr anfallen, tragen Sie bitte
in Feld 7 ein.

KODA - FRAGEBOGEN

6

c) Schulung der Mitarbeiter in Fragen des Datenschutzes und der Datensicherung

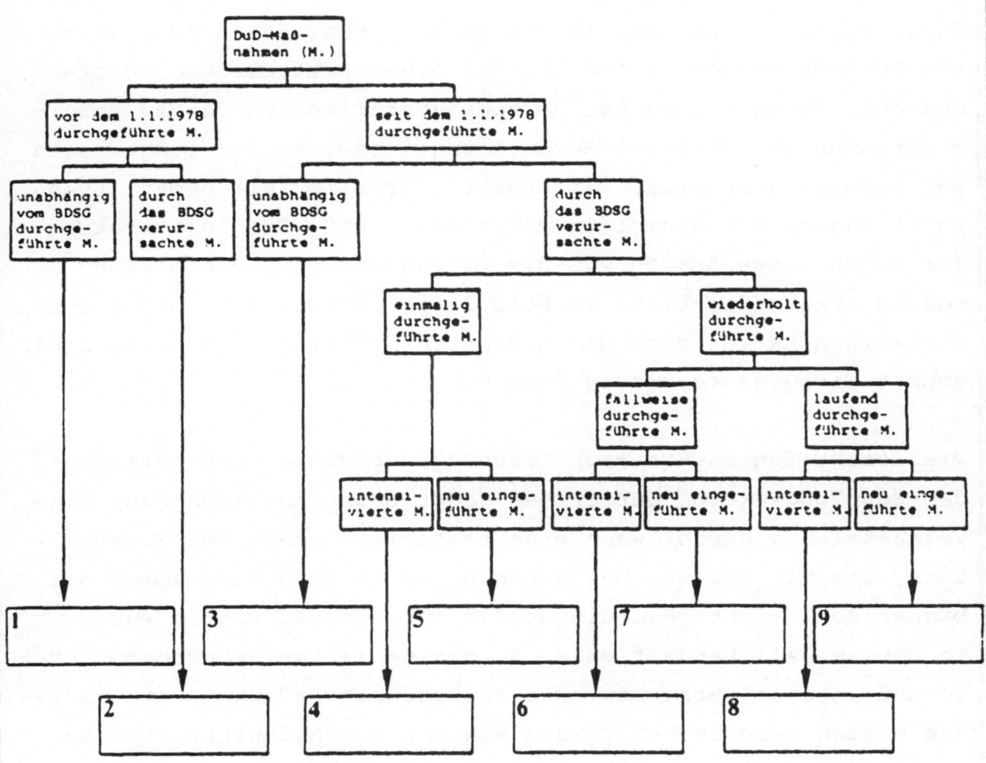

Beispiele zu den Feldern 1-9

Sowohl vor dem Inkrafttreten des BDSG als auch danach wurden
von Ihrer Unternehmung u.U. Schulungsveranstaltungen durchgeführt, die die Mitarbeiter mit den Problemen und entsprechenden Lösungsmöglichkeiten der Datensicherung vertraut machen
sollten - unabhängig von der Schulungsverpflichtung des BDSG.
Die Kosten, die hierdurch durchschnittlich pro Jahr entstanden sind bzw. heute anteilig auf die gesamten Schulungsveranstaltungen zu Datenschutz und Datensicherung entfallen, tragen Sie bitte in die Felder 1 bzw. 3 ein.

Vielleicht wurden darüber hinaus mit Blick auf das BDSG bereits im Jahr 1977 und nach dem Inkrafttreten des Gesetzes auch in den Jahren 1978 und 1979 im Rahmen einer einmaligen, groß angelegten Schulungsaktion alle betroffenen Mitarbeiter Ihrer Unternehmung und der von Ihnen mitbetreuten Zweigwerke und Tochtergesellschaften mit den neuen Bestimmungen vertraut gemacht. Diese Aktion hat Personalausfallkosten der zu unterrichtenden Mitarbeiter, Herstellungs- bzw. Anschaffungskosten für Schulungsmaterial, Reisekosten für alle Teilnehmer, eventuell Kosten für Raummiete etc. verursacht. Den Gesamtbetrag der durch diese Aktion vor dem 1. Januar 1978 entstandenen Kosten tragen Sie bitte in Feld 2 ein. Soweit die Kosten der einmaligen Aktion nach dem genannten Stichtag angefallen sind, gehört die Gesamtsumme in Feld 5.

Vielleicht führen Sie nach Abschluß der großen und umfassenden Schulungsaktion der ersten Jahre heute nur noch dann eine Veranstaltung durch, wenn eine bestimmte Anzahl von Mitarbeitern, die mit personenbezogenen Daten in Berührung kommt und bisher noch nicht geschult worden ist, überschritten wurde. In diesem Fall handelt es sich um eine fallweise durchgeführte und intensivierte bzw. neu eingeführte Maßnahme, die variable Kosten verursacht. Tragen Sie den durchschnittlichen Betrag pro Jahr in die Felder 6 bzw. 7 ein.

Denkbar ist auch, daß Sie in das Lehrprogramm zu Fragen der Datenverarbeitung, das Sie ohnehin - wegen des unternehmungseigenen Interesses - durchführen, den Punkt "Datenschutz gem. BDSG" zusätzlich aufgenommen haben. Entsprechend dem Anteil dieses zusätzlichen Punktes am gesamten Lehrstoff darf auch nur ein Teil der insgesamt durch die Schulung entstandenen Kosten angesetzt werden. Verursachen die Seminare variable Kosten, werden diese in die Felder 6 bzw. 7 eingetragen. Fixe Kosten gehören zu den Feldern 8 bzw. 9.

d) <u>Unterstützung der Aufsichtsbehörde</u>

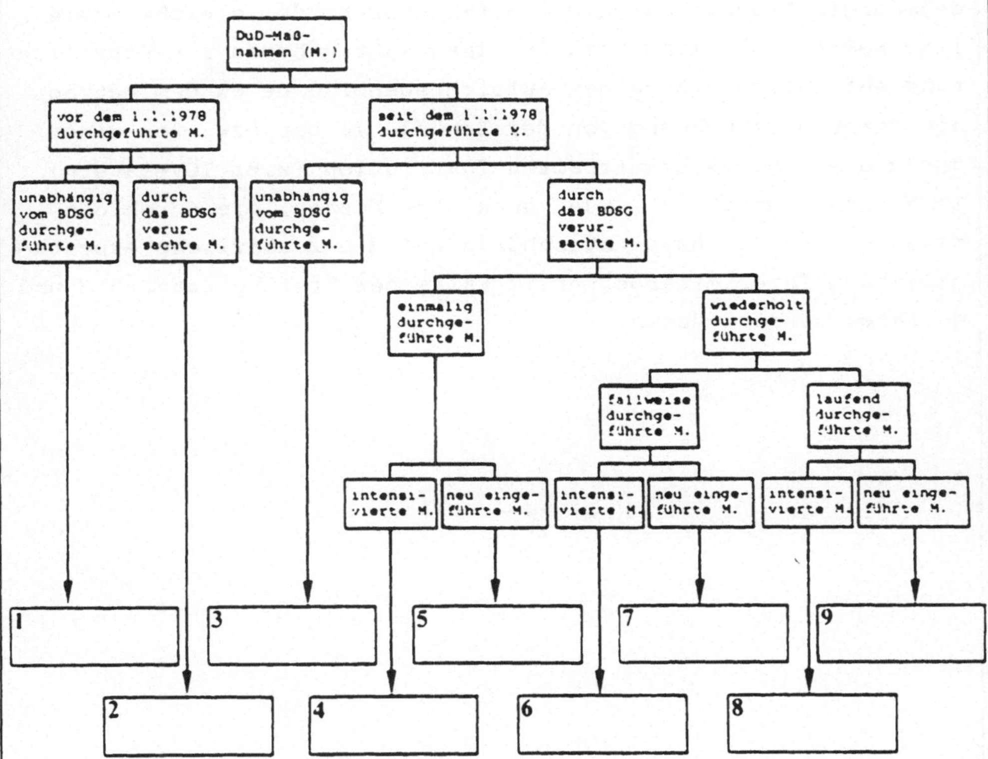

Beispiele zu den Feldern 1-9

Da weder vor dem 1. Januar 1978 noch - in der Zeit danach -
unabhängig vom BDSG zur Unterstützung der Aufsichtsbehörden
Kosten in nennenswertem Umfang angefallen sein dürften, werden
die Felder 1-3 in diesem Fall i.d.R. frei bleiben. In Feld 5
tragen Sie bitte den Kostenbetrag ein, der Ihrer Unternehmung
durch eine einmalige und damit abgeschlossene Prüfung durch
die Aufsichtsbehörde in der Vergangenheit u.U. entstanden ist.
In Feld 7 wird der Betrag eingesetzt, der sich bei unregelmä-
ßiger, aber wiederholter Prüfung im Durchschnitt der letzten

Jahre für Ihre Unternehmung pro Jahr ergibt. In Feld 9 gehört schließlich eine Angabe über die Höhe der Kosten, die bei regelmäßiger Prüfung durch die Aufsichtsbehörde, gleichsam wie fixe Kosten, jährlich anfällt. Insgesamt gehören zur Verpflichtung auf Unterstützung der Aufsichtsbehörde neben dem Betrag, der Ihrer Unternehmung von der Behörde selber bzw. von einer durch die Behörde beauftragten Institution (z.B. TÜV-Bayern) in Rechnung gestellt wurde, auch alle Kosten, die durch die Meldungen an die Aufsichtsbehörde und die zusätzliche Arbeitsbelastung Ihrer Mitarbeiter im Falle der Prüfung entstehen und getragen werden müssen.

e) Berücksichtigung der Rechte des Betroffenen

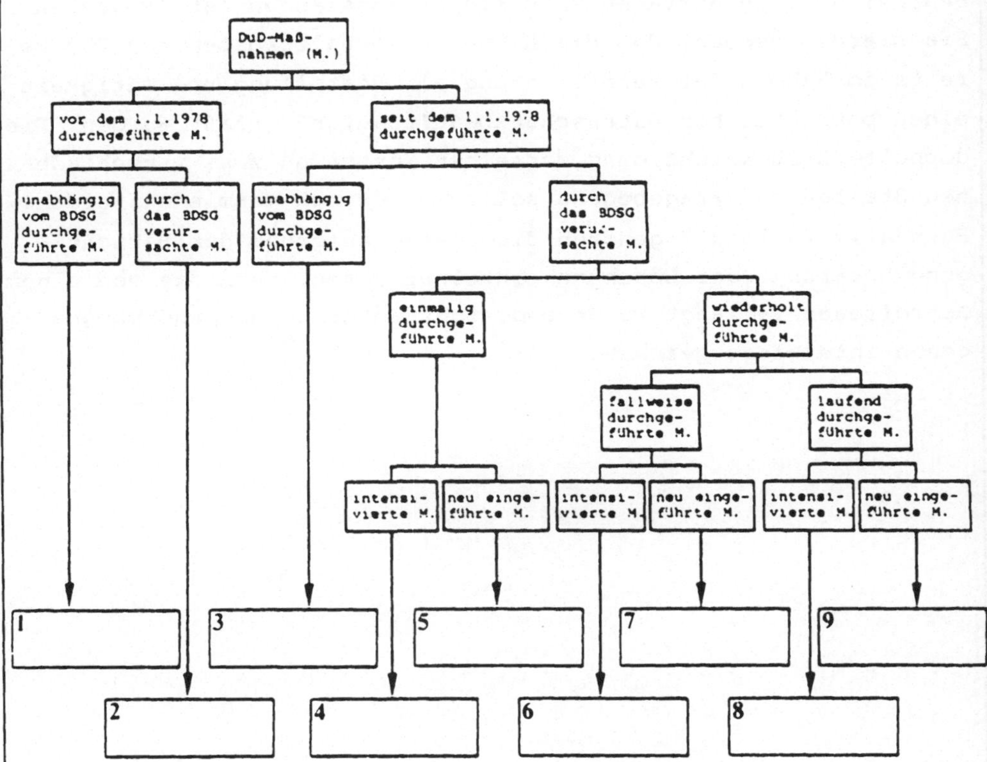

Beispiele zu den Feldern 1-9

An dieser Stelle sollen die Kosten erhoben werden, die Ihrer Unternehmung durch die Rechte des Betroffenen auf Berichtigung, Sperrung, Löschung und Auskunft entstanden sind. In Feld 2 werden all die Kosten eingetragen, die vor dem 1. Januar 1978 anfielen. So ist es durchaus möglich, daß von Ihrer Unternehmung vor dem genannten Stichtag eine umfangreiche Benachrichtigungsaktion durchgeführt wurde. In diesem Fall tragen Sie bitte die Summe aller hierdurch entstandenen Kosten - z.B. Lohn- und Gehaltskosten, Druck- und Portokosten - in Feld 2 ein. Ein Beispiel für Kosten, die in Feld 7 genannt werden müssen, ist der Betrag, der im Durchschnitt der letzten Jahre pro Jahr für die Bearbeitung von Anfragen Betroffener entstanden ist. Beachten Sie hierbei jedoch, daß die Lohn- und Gehaltskosten des DSB bereits im Rahmen der Verpflichtung a) "Bestellung und Tätigkeit eines betrieblichen Datenschutzbeauftragten" erfaßt wurden. Die doppelte Berücksichtigung derselben Kosten an zwei verschiedenen Stellen des Fragebogens sollte unbedingt vermieden werden. Ebenfalls zu Feld 7 gehören die Kosten aufgrund der Berichtigung Sperrung oder Löschung einzelner Daten, wenn das von einem Betroffenen verlangt wurde und nicht aufgrund unternehmungseigenen Interesses geschah.

f) <u>Maßnahmen zur Datensicherung</u>

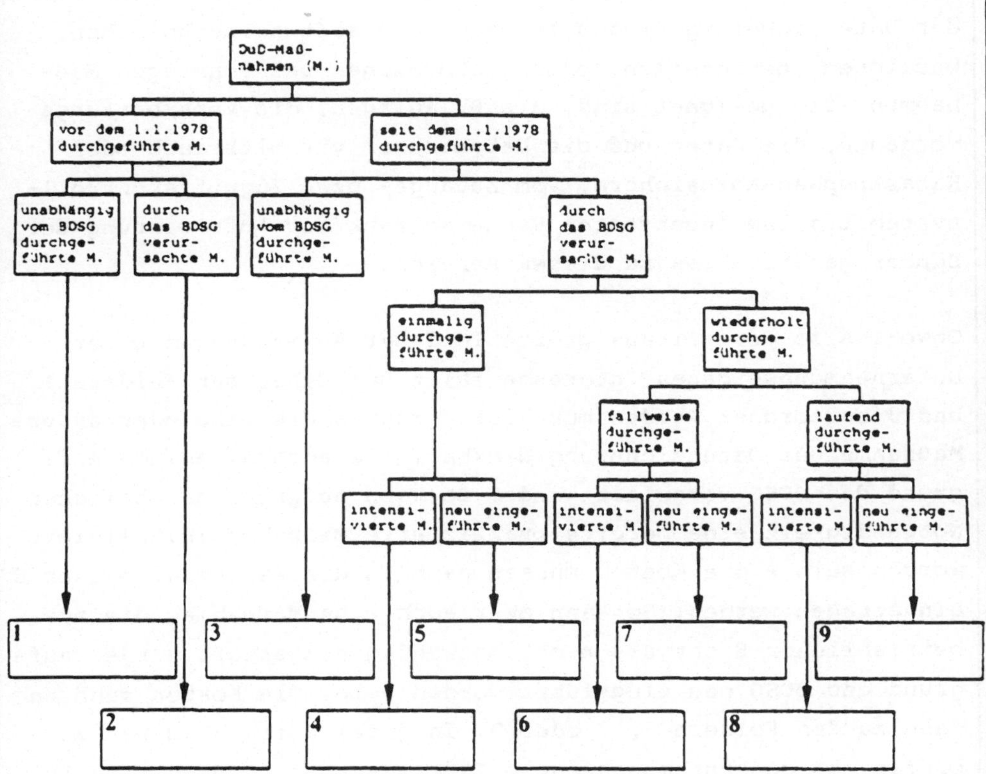

<u>Beispiele zu den Feldern 1-9</u>

Es kann wohl davon ausgegangen werden, daß die Maßnahmen zur
Datensicherung, die insbesondere in § 6 BDSG und den "10 Geboten" der dazugehörigen Anlage genannt werden, weitestgehend
im unternehmungseigenen Interesse durchgeführt werden. I.d.R.
werden Sie demnach im Rahmen dieser Verpflichtung nur in die
Felder 1 - für die Zeit vor dem 1. Januar 1978 - und 3 - für
die Zeit danach - die entsprechenden Beträge eintragen. Da es
sich hierbei um eine Mischung aus fixen und variablen Kosten
handelt, nennen Sie bitte die Beträge, die vor bzw. nach dem

genannten Stichtag im Durchschnitt der Jahre pro Jahr angefallen sind bzw. auch heute noch anfallen. Beispiele für Maßnahmen der Datensicherung sind alle hard- und softwaretechnischen, baulichen, personellen, organisatorischen und sonstigen Maßnahmen, die geeignet sind, die DV-Anlagen, die Verarbeitungsvorgänge, die Daten und die Datenträger vor Mißbrauch oder Katastrophen abzusichern. Vom Zugangs- bzw. Zugriffskontrollsystem bis zum feuerfesten Panzerschrank zur Aufbewahrung der Bänder gehört alles zu diesem Bereich.

Obwohl also der weitaus größte Teil der Aufwendungen unter unternehmungseigenes Interesse fällt und daher den Feldern 1 und 3 zugeordnet werden muß, ist durchaus die eine oder andere Maßnahme der Datensicherung denkbar, die ausschließlich aufgrund des BDSG veranlaßt wurde. So kann aufgrund gesetzlicher Notwendigkeit eine bereits praktizierte Maßnahme intensiviert worden sein - die Kosten müssen dann in die Felder 4, 6 oder 8 eingetragen werden. So kann aber auch eine Maßnahme, die aus betrieblicher Sicht als nicht notwendig eingestuft wurde, aufgrund des BDSG neu eingeführt worden sein. Die Kosten gehören dann zu den Feldern 5, 7 oder 9. In jedem Fall ist genau zu prüfen, ob unternehmungseigene Interessen nicht doch eine Rolle gespielt haben oder spielen bei der Einrichtung einer Maßnahme zur Datensicherung.

C. <u>**Fragen zur mittelbaren Beeinflussung der Datenverarbeitung**</u>
<u>**durch das BDSG**</u>

Beachten Sie hierzu bitte die
"Erläuterungen zum Fragebogen", S. 20 - 21.

                                                              ja   nein

1. Wurden in Ihrer Unternehmung technisch
   mögliche und aus betrieblicher Sicht
   sinnvolle Auswertungen, Bearbeitungen,
   Verarbeitungen oder sonstige Nutzungen
   von Datenbeständen unterlassen, weil
   Ihnen diese nach dem BDSG als unzulässig
   erschienen?   ( )   ( )

   Falls "nein": weiter bei Frage 4.

2. Hat die Unterlassung der genannten
   möglichen und sinnvollen Nutzungen
   zu sonst vermeidbaren Mehrkosten bzw.
   zu entgangenen Zahlungseingängen geführt?   ( )   ( )

   Falls "nein": weiter bei Frage 4.

3. Wie hoch sind die entstandenen Mehrkosten bzw. die entgangenen Zahlungs-
   eingänge im Durchschnitt der vergangenen Jahre pro Jahr?   DM ....

                                        ja   nein

4. Wurden in Ihrer Unternehmung technisch
   oder organisatorisch kompliziertere
   DV-Nutzungen gewählt, weil Ihnen die
   unkomplizierteren Problemlösungen nach
   den Vorschriften des BDSG als unzulässig erschienen?   ( )   ( )

Falls "nein": weiter bei Punkt D.

5. Wie hoch sind die zusätzlichen Kosten
   aufgrund der technisch oder organisa-
   torisch komplizierteren Verfahren der
   Nutzung bestehender Datenbestände im
   Durchschnitt der vergangenen Jahre pro
   Jahr?   DM ....

D. Fragen zum Gesetzgebungsverfahren des BDSG

**Beachten Sie hierzu die
"Erläuterungen zum Fragebogen", S. 23.**

a) Fragen zur Verabschiedung des Gesetzes

                                ja   nein

1. Hat Ihre Unternehmung vor der Verabschiedung des BDSG im Deutschen Bundestag - also
   vor 1977 - an der Vorbereitung oder der
   Kritik des Gesetzentwurfs teilgenommen?   ( )   ( )

2. Welche zusätzlichen Kosten sind Ihrer
   Unternehmung dadurch - aufsummiert über
   alle Jahre der diesbezüglichen Tätigkeit - insgesamt entstanden?   DM ....

b) Fragen zur Novellierung des Gesetzes

                                ja   nein

1. Hat Ihre Unternehmung seit der Verabschiedung des BDSG im Deutschen Bundestag - also seit 1977 - an der Vorbereitung oder der Kritik der Novellierung des BDSG teilgenommen?   ( )   ( )

2. Welche zusätzlichen Kosten sind Ihrer
   Unternehmung dadurch - aufsummiert
   über alle Jahre der diesbezüglichen
   Tätigkeit - insgesamt entstanden?   DM ....

3. Erwarten Sie, daß die geplanten Änderungen des BDSG
   für Ihre Unternehmung, verglichen mit den derzeigigen
   Kosten des Datenschutzes und der Datensicherung, zusätzliche Kosten verursachen?

	keine zusätz-lichen Kosten	geringe	mitt-lere	hohe zusätz-liche Kosten
- Verpflichtung der Mitarbeiter auf das Datengeheimnis auch bei ausschließlicher Verarbeitung "interner Daten"	( )	( )	( )	( )
- Einführung eines verschuldens-unabhängigen und in der Höhe nicht begrenzten Schadensersatz-anspruchs des Betroffenen ge-genüber der Unternehmung	( )	( )	( )	( )
- Zusätzliche Speicherung der Datenquellen bei übermittelten Daten und damit Ausweitung der Auskunftspflicht auch auf diese Angaben.	( )	( )	( )	( )
- Abschaffung der Entgeltlichkeit der Auskunft an den Betroffenen	( )	( )	( )	( )
- Einführung eines Kündigungs-schutzes für den Datenschutzbe-auftragten, vergleichbar demje-nigen der Betriebsratsmitglieder	( )	( )	( )	( )
- Ausweitung der Rechte der Auf-sichtsbehörde dahingehend, daß sie unter erleichterten Voraus-setzungen tätig werden kann und Sanktionsmöglichkeiten erhält	( )	( )	( )	( )

	keine zusätz- lichen Kosten	geringe	mitt- lere	hohe zusätz- liche Kosten
- Protokollierung von On-line- Abfragen Dritter	( )	( )	( )	( )
- Weitere, kostenwirksame No- vellierungsvorschläge, die sich in Ihrer Unternehmung auswirken könnten:				
_________________________	( )	( )	( )	( )
_________________________	( )	( )	( )	( )
_________________________	( )	( )	( )	( )
_________________________	( )	( )	( )	( )
_________________________	( )	( )	( )	( )
_________________________	( )	( )	( )	( )

KODA - FRAGEBOGEN

E. <u>Fragen zu Nutzenaspekten der Datenschutzgesetzgebung</u>

1. Waren und sind mit der Realisation von Datenschutz- und Datensicherungsmaßnahmen aufgrund der gesetzlichen Bestimmungen Nutzeneffekte für Ihre Unternehmung verbunden?

	kein Nutzen	geringer	mitt- lerer	hoher Nutzen
- Rationellere Datenverarbeitung (z.B. wegen einer übersichtlicheren Organisation der Datenbestände oder einer klareren Aufgabenzuweisung)?	( )	( )	( )	( )
- Zuverlässigere Datenverarbeitung (z.B. wegen zusätzlich eingeführter Schutzmaßnahmen, um Störungen oder Ausfälle im Verarbeitungsprozeß auszuschließen)?	( )	( )	( )	( )
- Verbesserte Qualität der DV-Ergebnisse, also der Daten und Dateien?	( )	( )	( )	( )
- Zusätzliche Möglichkeiten der Öffentlichkeitsarbeit (public relations) aufgrund des hohen Datenschutzstandards?	( )	( )	( )	( )
- Vertrauensvollere Zusammenarbeit mit Lieferanten und Kunden?	( )	( )	( )	( )
- Sonstige positive Effekte der Datenschutzgesetzgebung:				
_____________________	( )	( )	( )	( )
_____________________	( )	( )	( )	( )
_____________________	( )	( )	( )	( )
_____________________	( )	( )	( )	( )
_____________________	( )	( )	( )	( )
_____________________	( )	( )	( )	( )

2. Wenn eine Quantifizierung des Nutzens
   möglich ist, geben Sie bitte - u.U.
   näherungsweise - den Betrag an: DM ....

Herzlichen Dank für Ihre Mitarbeit!

Den ausgefüllten Fragebogen senden Sie bitte in dem beigefüg-
ten Umschlag an uns zurück.

Kostenmäßige Auswirkungen des Datenschutzes für die Wirtschaft (Forschungsprojekt KODA)

Erläuterungen zum Fragebogen

Sehr geehrte Damen und Herren,

Sie haben sich entschlossen, durch das sorgfältige Ausfüllen des beiliegenden Fragebogens einen Beitrag zum Gelingen unseres Forschungsprojektes zu leisten. Dafür danken wir Ihnen bereits jetzt sehr herzlich!

Bevor Sie jedoch mit der Beantwortung der Fragen - insbesondere zum Teil B des Fragebogens - beginnen, müssen wir Sie bitten, sich unbedingt die vorliegenden "Erläuterungen" genau durchzulesen. Nur so ist das richtige Verständnis der Fragen möglich und erst dann werden Ihre Angaben mit denen anderer Unternehmungen vergleichbar. Auch für diese Mühe, die Sie sich machen werden, dürfen wir uns ganz herzlich bedanken.

Gestatten Sie uns zunächst einige Vorbemerkungen zum Projekt:

Auch Ihre Unternehmung ist - soweit sie personenbezogene Daten verarbeitet - vom Bundesdatenschutzgesetz (BDSG) betroffen. Vielleicht wurde auch in Ihrem Haus die Kostenbelastung, die von den neuen Bestimmungen zusätzlich ausgeht, von einigen Mitarbeitern sehr kritisch beurteilt. Soweit Ihre Unternehmung einen Datenschutzbeauftragten bestellen mußte, haben Sie hierfür sicherlich eine eigene Kostenstelle eingerichtet und können relativ schnell und problemlos die Höhe der angefallenen Kosten nennen.

Auf der anderen Seite haben Sie und Ihre Mitarbeiter u.U. auch festgestellt, daß durchaus positive Effekte vom BDSG auf Ihre Unternehmung ausgingen. So erfolgt die automatisierte Datenverarbeitung jetzt vielleicht rationeller und damit zeit- und kostensparender.

Wenn Sie einen Blick in die Literatur oder die Stellungnahmen der politischen Parteien zu diesem Problembereich werfen, werden Sie feststellen, daß beide Meinungen mit gleicher Überzeugung vertreten werden. So wie die einen über die allmählich nicht mehr tragbare Kostenbelastung immer neuer Gesetze - auch des Bundesdatenschutzgesetzes - klagen, weisen die anderen auf die positiven Effekte gerade des BDSG für Organisation und Datenverarbeitung hin oder stellen gar die Behauptung auf, alle in diesem Gesetz vorgesehenen Maßnahmen hätten die Unternehmungen ohnehin bereits aus Eigeninteresse durchgeführt. Wirklich zusätzliche Kosten seien demnach gar nicht entstanden.

Vor diesem Hintergrund führt das BIFOA eine wissenschaftliche Untersuchung durch, durch die die Kosten, die aufgrund des BDSG zusätzlich von der Wirtschaft in der Bundesrepublik Deutschland getragen werden müssen, der Art und der Höhe nach ermittelt werden sollen. Sicherlich wird bei der Erhebung eines der Hauptprobleme darin bestehen, diejenigen Datenschutz- und vor allem Datensicherungskosten abzugrenzen, die auf Maßnahmen zurückgeführt werden können, die in der Tat auch ohne das Gesetz, also unabhängig von der Verpflichtung durch das BDSG, aufgrund unternehmungseigenen Interesses durchgeführt worden wären. Gerade in diesem Punkt sind wir auf Ihre Mithilfe durch eine sorgfältige Bearbeitung des Fragebogens ganz besonders angewiesen.

Die von Ihnen gemachten Angaben werden selbstverständlich streng vertraulich behandelt. In den Abschlußbericht, der aller Voraussicht nach im September 1983 der Öffentlichkeit vorgelegt werden wird, gehen die Daten nur in aggregierter und damit anonymisierter Form ein. Alle Mitarbeiter dieses Projektes sind schriftlich zur besonderen Geheimhaltung verpflichtet. Die Angaben zu Name, Adresse und Telefonnummer von Ihnen und Ihrer Firma werden separat vom Fragebogen aufbewahrt und zum Ende des Projektes vernichtet. Sie dienen aus-

schließlich den Mitarbeitern des Projetes für eventuelle Rück-
fragen.

Nochmals herzlichen Dank für Ihre Mühe, die Sie sich mit dem
Fragebogen geben werden. Sie helfen uns damit, einen Beitrag
zur Versachlichung der Datenschutzdiskussion zu leisten.

BIFOA-Forschungsgruppe KODA

Dipl.-Kfm. Helmut Weber   Dipl.-Kfm. Thomas Werhahn

Erläuterungen zu Teil A des Fragebogens: "Allgemeine Fragen zur Unternehmung"

Erläuterungen zu Frage 4: "Wie hoch ist der Umsatz Ihrer Unternehmung pro Jahr?"

Um im Verlauf der Untersuchung zutreffende Verhältniszahlen z.B. zwischen Umsatz und Datenschutzaufwand bilden zu können, kommt dieser Frage besondere Bedeutung zu.

Da das BDSG bei der Abgrenzung der speichernden Stelle an der juristischen Person anknüpft, soll auch bei der vorliegenden Untersuchung die Unternehmung, deren Umsatz an dieser Stelle einzutragen ist, gleichgesetzt werden mit der speichernden Stelle gem. BDSG, also mit der juristischen Person bzw. der Personengesellschaft, die die Daten verarbeitet.

Das heißt im einzelnen:

- Wenn Ihre Unternehmung die eigenen Daten ausschließlich im eigenen Haus verarbeitet und weder im Auftrag für andere Unternehmungen tätig wird, noch selbst Datenverarbeitungsaufträge an andere vergibt, ergibt das Verhältnis von Umsatz zu Datenschutzaufwand eine realistische Größe bereits für Ihre Unternehmung.

- Wenn Ihre Unternehmung - z.B. als Konzerngesellschaft oder als Service-Rechenzentrum - jedoch Daten anderer Gesellschaften in deren Auftrag mitverarbeitet bzw. die eigenen Daten durch eine andere Unternehmung verarbeiten läßt, ist das Verhältnis von Datenschutzaufwand zu Umsatz entweder zu hoch oder zu niedrig, jeweils bezogen nur auf Ihre Unterneh-

mung. Dieser Nachteil gleicht sich jedoch bei der Addition
aller von uns erhobenen Daten wieder aus. Die Anknüpfung an
der speichernden Stelle, für die die Umsatzhöhe angegeben
werden soll, erscheint damit am zweckmäßigsten.

**Erläuterungen zu Frage 5: "Wie hoch sind Ihre jährlichen
DV-Kosten?"**

Hier gilt grundsätzlich das gleiche wie zu Frage 4. Geben Sie
demnach all die DV-Kosten an, die pro Jahr im Rahmen Ihrer
Unternehmung als der speichernden Stelle i.S. des BDSG anfallen. Beispiele für DV-Kosten sind die Personalkosten der DV-
Abteilung, Leasing- oder Mietraten der Anlage bzw. deren Ab-
schreibungsraten, Strom- und Heizungskosten, Materialkosten
oder Kosten der Schulung.

Erläuterungen zu Teil B des Fragebogens: "Fragen zu durchgeführten Datenschutz- und Datensicherungsmaßnahmen"

In der Abbildung auf S. 7 finden Sie eine systematische Gliederung der Datenschutz- und Datensicherungsmaßnahmen (DuD-Maßnahmen) in Ihrer Unternehmung und zwar unabhängig davon, ob sie durch das BDSG verursacht wurden oder nicht. Da diese Einteilung die Grundlage bildet für die folgenden Fragen, sei sie hier kurz erläutert:

Die Gesamtheit aller in Ihrer Unternehmung durchgeführten DuD-Maßnahmen wird zunächst nach einem rein zeitlichen Kriterium unterteilt in diejenigen, die vor dem Inkrafttreten des BDSG durchgeführt wurden und diejenigen, die seitdem praktiziert werden. Als Stichtag gilt der 1. Januar 1978.

Eine Ebene tiefer können wir wiederum jeweils zwei Gruppen unterscheiden. Die vor dem 1.1.1978 durchgeführten Maßnahmen werden in ihrer überwiegenden Mehrheit nicht durch das BDSG verursacht worden sein. Darüber hinaus ist es jedoch durchaus denkbar, daß entweder durch bereits vor dem genannten Stichtag geltende Bestimmungen (Bestellung eines Datenschutzbeauftragten zum 1. Juli 1977) oder durch Vorwegnahme der Erfüllung von Vorschriften, die ohnehin zum 1. Januar 1978 in Kraft treten würden, Maßnahmen getroffen wurden, die ohne eine Verabschiedung des Gesetzes nicht hätten eingeführt werden müssen. Gleichermaßen gibt es seit dem 1. Januar 1978 Maßnahmen, die auf das eigene Schutzinteresse jeder Unternehmung zurückzuführen sind, und solche, die eindeutig durch das BDSG verursacht wurden. Dieser letzten Gruppe gilt nun unser weiteres Interesse.

Auf der nächsten Ebene sehen wir, daß alle DuD-Maßnahmen, die seit dem 1. Januar 1978 aufgrund des BDSG durchgeführt werden, unterteilt werden können in solche, die nur einmal - vor allem

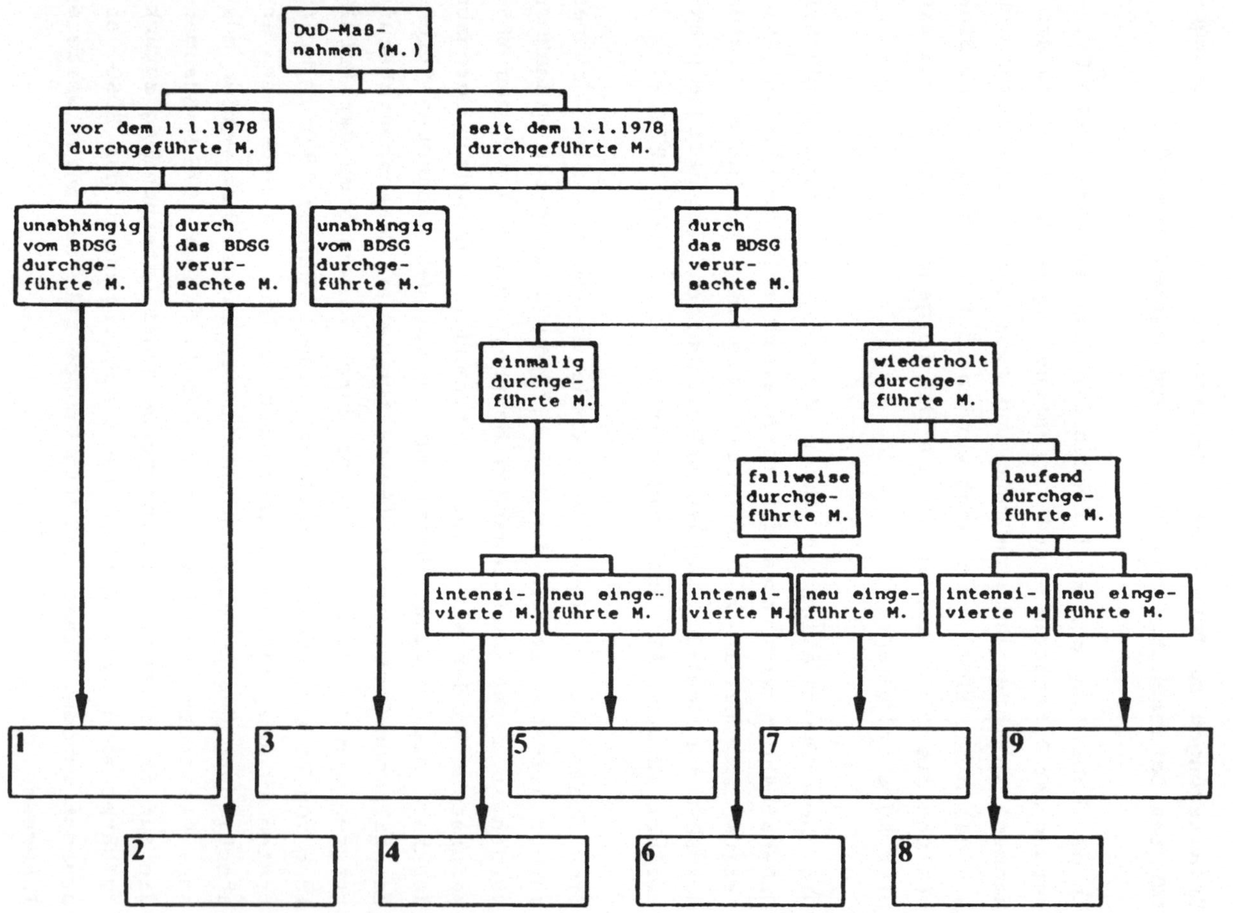

Abb.: Systematische Darstellung der betrieblichen Datenschutz- und Datensicherungsmaßnahmen

zum Zwecke der Umstellung und Anpassung - veranlaßt werden
mußten bzw. müssen und solche, die wiederholt durchgeführt
werden müssen. Zu den wiederholt durchgeführten Maßnahmen gehören all diejenigen, die auch in Zukunft immer wieder getroffen werden müssen und nicht durch eine einmalige Handlung als
abgeschlossen gelten können.

Auf der vorletzten Ebene sehen wir, daß die wiederholt durchgeführten Maßnahmen wiederum unterteilt werden können in diejenigen, die nur fallweise, also ohne daß ihr Einsatz vorher
geplant werden könnte, durchgeführt werden und damit variable
Kosten verursachen und solche, die quasi permanent wirken und
damit fixe Kosten verursachen.

Alle durch das BDSG verursachten DuD-Maßnahmen können schließlich darin bestehen, daß aufgrund eigenen Interesses der Unternehmung durchgeführte Maßnahmen wegen des Gesetzes intensiviert werden müssen, bzw. darin, daß völlig neue Maßnahmen
eingeführt werden müssen. Dies zeigt uns die letzte Ebene des
Schaubildes.

Wir erhalten somit neun Felder auf der Kostenebene. Diesen
Feldern stellen wir folgende sechs Verpflichtungen gegenüber,
die sich aus dem BDSG ergeben:

a) Bestellung und Tätigkeit eines betrieblichen Datenschutzbeauftragten,
b) Verpflichtung der Mitarbeiter auf das Datengeheimnis,
c) Schulung der Mitarbeiter in Fragen des Datenschutzes und
   der Datensicherung,
d) Unterstützung der Aufsichtsbehörde,
e) Berücksichtigung der Rechte des Betroffenen,
f) Maßnahmen zur Datensicherung.

All die zahlreichen Einzelaktivitäten auf dem Gebiet des Datenschutzes und der Datensicherung in Ihrer Unternehmung lassen sich einer der sechs genannten Verpflichtungen zuordnen.

Ziel dieses Teils der Erhebung ist es nun, von Ihnen zu er-
fahren, welche Kosten durch die Verpflichtungen a)-f) jeweils
in den Fällen der Felder 1)-9) Ihrer Unternehmung entstanden
sind.

Wegen der zentralen Bedeutung der folgenden Fragen für die
gesamte Erhebung wollen wir jedoch zunächst die neun Kosten-
felder nochmals erläutern. Zu Ihrem besseren Verständnis fügen wir jedesmal als Beispiel die Kosten an, die mit der Bestellung und Tätigkeit des betrieblichen Datenschutzbeauftragten (DSB) verbunden sein könnten. Die Höhe der eingesetzten
Beträge ist selbstverständlich rein fiktiv.

Feld 1:

Tragen Sie in dieses Feld die Kosten der jeweils angesprochenen Verpflichtung ein, soweit deren Maßnahmen
- vor dem 1. Januar 1978 durchgeführt wurden und
- mit dem BDSG in keiner Weise in Zusammenhang gebracht werden
  können.
Nennen Sie bitte den durchschnittlichen Kostenbetrag eines Jahres. Sie müssen also im Bedarfsfall die alten Unterlagen aus
der Zeit vor 1978 heranziehen. Kosten, die nach dem 1.1.1978
angefallen sind, gehören nicht in Feld 1.

Beispiel zu Feld 1:

Bereits 1971 hatte die Unternehmung einen Mitarbeiter damit
beauftragt, regelmäßig die Datensicherungseinrichtungen zu
kontrollieren und im Falle von Schwachstellen dem Vorstand

Verbesserungsvorschläge zu unterbreiten. Diese Tätigkeit hat ca. 40% der Arbeitszeit des Mitarbeiters beansprucht. Die Gesamtkosten des Arbeitsplatzes - bestehend aus den Lohnkosten, anteiligen Kosten für Schreibkräfte, Büroausstattung, Material etc. - betrugen 1977 DM 75.000,-. In Feld 1 wird demnach ein Betrag von DM 30.000,- eingetragen.

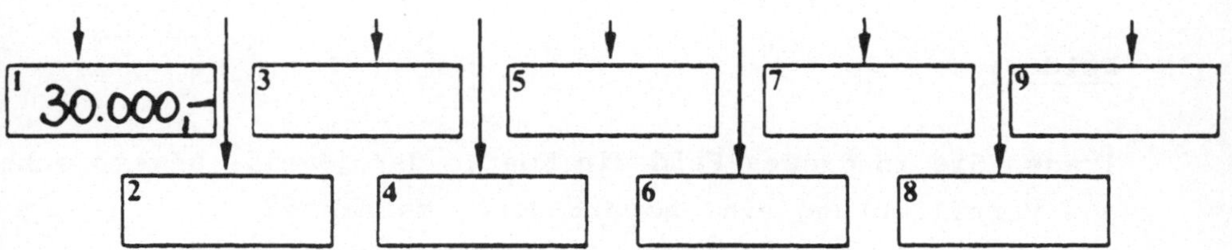

Feld 2:

Tragen Sie in dieses Feld die Kosten der jeweils angesprochenen Verpflichtung ein, soweit deren Maßnahmen
- vor dem 1. Januar 1978 durchgeführt wurden und
- entweder bereits unmittelbar vom BDSG vorgeschrieben waren oder im Hinblick auf die ohnehin in Kürze auch gesetzlich verlangten Maßnahmen nur zur Sicherstellung eines reibungslosen Übergangs vorgezogen wurden.

Nennen Sie bitte den Gesamtbetrag des Jahres 1977 für die jeweils angesprochene Verpflichtung.

Beispiel zu Feld 2:

Seit dem 1. Juli 1977 ist der bisher nur für Fragen der Datensicherung zuständige Mitarbeiter zum DSB bestellt. Gerade zu Beginn seiner Tätigkeit nahmen die hierdurch zusätzlich zu erfüllenden Pflichten aufs ganze Jahr gerechnet weitere 30% seiner Arbeitszeit in Anspruch (zusätzlich zu den oben bereits erwähnten 40% für die Datensicherungsaufgaben). In Feld 2 wird demnach ein Betrag von DM 22.500,- eingetragen.

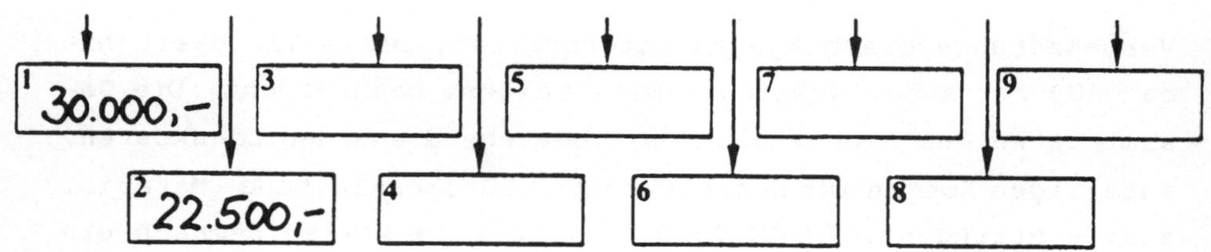

Feld 3:

Tragen Sie in dieses Feld die Kosten der jeweils angesprochenen Verpflichtung ein, soweit deren Maßnahmen
- nach dem 1. Januar 1978 durchgeführt wurden und
- auch ohne das Inkrafttreten des BDSG - also bereits aufgrund
  des unternehmungseigenen Schutzinteresses - in genau der
  gleichen Form realisiert worden wären.
Da die Maßnahmen sowohl fixe als auch variable Kosten verursachen können, nennen Sie bitte einen durchschnittlichen Satz pro
Jahr.

Beispiel zu Feld 3:

Auch nach seiner Bestellung zum DSB behält der Mitarbeiter
seine Aufgabe zu regelmäßiger Kontrolle der Datensicherung
bei. Diese Tätigkeit nimmt inzwischen nur noch 25% seiner Arbeitszeit in Anspruch. Die Gesamtkosten seines Arbeitsplatzes
sind gestiegen auf DM 85.000,-. Daraus ergibt sich für Feld 3
ein Betrag von DM 21.250,-. Darüber hinaus fallen immer wieder
Kosten für den Beauftragten für Datensicherung an, die in ihrer
Höhe variabel sind (Kosten aufgrund des Besuchs von Fachmessen
und Weiterbildungsveranstaltungen auf dem Gebiet der Datensicherung, Anschaffung von Spezialliteratur etc.). Der Vorstand
ist aus unternehmungseigenem Interesse sehr daran interessiert,

daß der beauftragte Mitarbeiter immer über den neuesten Stand
der Technik informiert ist. In den Jahren seit 1978 hat sich
herausgestellt, daß für diese variablen Kosten jährlich ein Betrag von ca. DM 2.500,- angesetzt werden kann. In Feld 3 wird
demnach insgesamt ein Betrag von DM 23.750,- eingetragen.

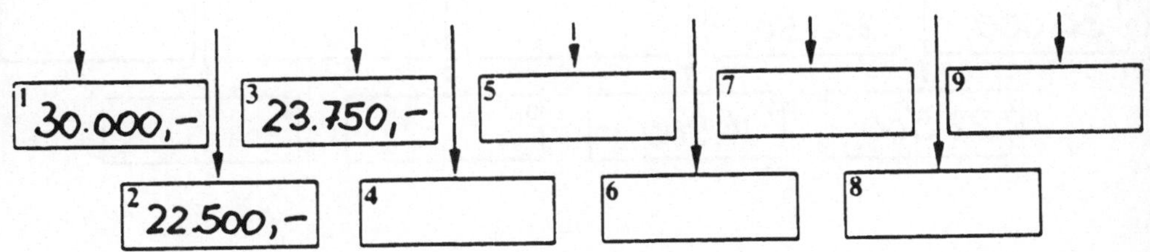

Feld 4:

Tragen Sie in dieses Feld die Kosten der jeweils angesprochenen Verpflichtung ein, soweit deren Maßnahmen
- nach dem 1. Januar 1978 durchgeführt wurden,
- ausschließlich aufgrund des BDSG praktiziert werden mußten,
- darin bestanden, daß sie in der Vergangenheit nur einmal
  durchgeführt werden mußten und
- bereits vorhandene Maßnahmen, die aus unternehmungseigenem
  Interesse schon vor dem genannten Stichtag veranlaßt worden
  waren, nur noch verstärkten.
Geben Sie bitte die Gesamtkosten an, die durch die einmalige
Intensivierung der Maßnahmen verursacht wurden.

Beispiel zu Feld 4:

Aufgrund der Aufgaben, die der DSB gegenüber seiner früheren
Tätigkeit als Beauftragter für Datensicherung jetzt zusätz-
lich erfüllen muß, erhielt der Mitarbeiter einen zusätzlichen
Schrank für sein Büro und einen Schreibtisch, der anstelle nur

eines Unterschrankes jetzt zwei aufweist. Dadurch entstanden
einmalige Mehrkosten von DM 4.900,-. Dieser Betrag wird demnach in Feld 4 eingetragen.

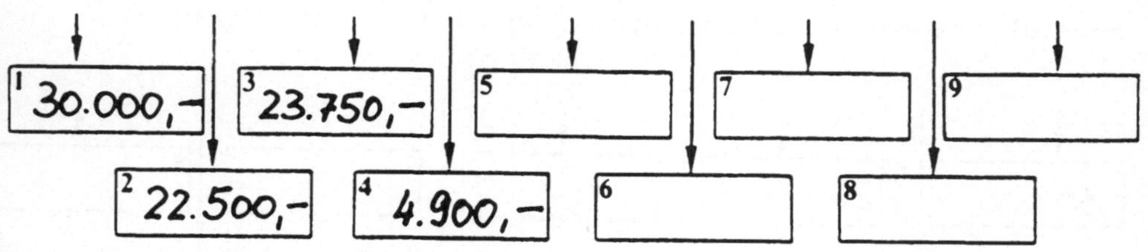

Feld 5:

Tragen Sie in dieses Feld die Kosten der jeweils angesprochenen Verpflichtung ein, soweit deren Maßnahmen
- nach dem 1. Januar 1978 durchgeführt wurden,
- ausschließlich aufgrund des BDSG praktiziert werden mußten,
- darin bestanden, daß sie in der Vergangenheit nur einmal
  durchgeführt werden mußten und
- vor dem genannten Stichtag noch gar nicht, auch nicht mit
  einem niedrigeren Intensitätsgrad, in der Unternehmung üblich waren.
Geben Sie bitte die Gesamtkosten an, die durch die einmalige
Aktion in der Vergangenheit verursacht worden sind.

Beispiel zu Feld 5:

Durch die Vorschriften des BDSG sah sich der DSB 1978/79 veranlaßt, in einer einmaligen, großen Aktion alle Mitarbeiter,
die mit personenbezogenen Daten in Berührung kommen, mit den
neuen Bestimmungen vertraut zu machen. Während die Schulungsveranstaltungen heute nur noch für die neu eingestellten Mit-

arbeiter durchgeführt werden und auf der Seite des DSB in dem
Anteil von 30% seiner Arbeitszeit, die er als DSB tätig ist,
mit enthalten sind, beanspruchte die einmalige Schulungsaktion
der Jahre 1978/79 im ersten Jahr weitere 25% seiner Arbeitszeit
und im zweiten Jahr nochmals 15%. In Feld 5 muß demnach ein Betrag eingesetzt werden von DM 21.250,- für 1978 zuzüglich DM
12.750,- für 1979, also insgesamt von DM 34.000,-. Die darüber
hinaus durch diese einmalige Schulungsaktion entstandenen Kosten wie Lohnausfallkosten der zu Unterrichtenden, Kosten des
Schulungsmaterials etc. werden nicht im Rahmen der Verpflichtung zur "Bestellung und Tätigkeit eines betrieblichen Datenschutzbeauftragten", sondern bei der Verpflichtung zur "Schulung der Mitarbeiter in Fragen des Datenschutzes und der Datensicherung" in das entsprechende Feld 5 eingetragen.

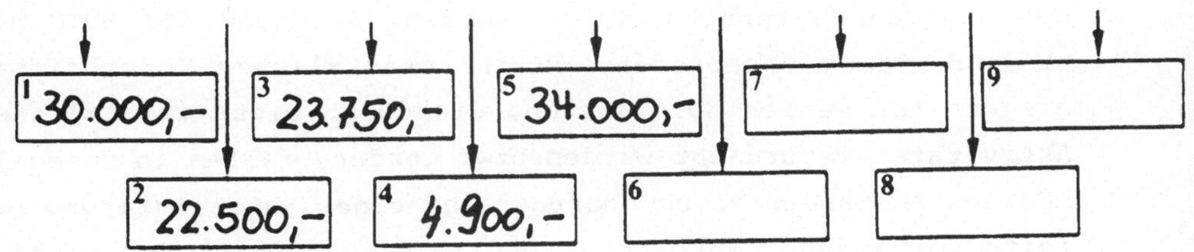

Feld 6:

Tragen Sie in dieses Feld die Kosten der jeweils angesprochenen Verpflichtung ein, soweit deren Maßnahmen
- seit dem 1. Januar 1978 durchgeführt werden,
- ausschließlich aufgrund des BDSG praktiziert werden,
- auch in der Gegenwart wiederholt anfallen und damit Kosten
  verursachen,
- nicht etwa dauernd, sondern nur hin und wieder, also fallweise, durchgeführt werden und
- in der Intensivierung von bereits vor dem genannten Stichtag
  praktizierten Maßnahmen bestehen.

Da es sich hier um variable Kosten handelt, tragen Sie bitte
den Betrag ein, der aufgrund Ihrer Erfahrung im Durchschnitt
der letzten Jahre pro Jahr angefallen ist.

<u>Beispiel zu Feld 6:</u>

Im Rahmen der Verpflichtung zur "Bestellung und Tätigkeit eines betrieblichen Datenschutzbeauftragten" fielen bei der als Beispiel gewählten Unternehmung keine Kosten zu Feld 6 an. Das Feld erhält deshalb einen Strich.

Ein mögliches Beispiel für Kosten, die in Feld 6 eingetragen werden müßten, ist jedoch folgendes:

Auch vor dem Inkrafttreten des BDSG wurde der Beauftragte für Datensicherung bei der Planung und Einrichtung neuer DV-Anlagen und Verarbeitungsverfahren zu Rate gezogen, um sicher zu stellen, daß die unternehmungseigenen Datensicherungsinteressen angemessen berücksichtigt werden. Aufgrund des BDSG muß er heute auch überprüfen, ob die gesetzlichen Vorschriften eingehalten werden. Die Kosten, die durch diese zusätzlichen Aktivitäten verursacht wurden bzw. werden, fallen in unregelmäßigen Abständen an und beruhen auf einer Intensivierung bereits vorhandener Maßnahmen. Der im Durchschnitt der vergangenen Jahre pro Jahr hierfür angefallene Betrag müßte in Feld 6 eingetragen werden.

Da in unserem Beispiel jedoch hier keine Kosten angefallen sind, erhält die Kostenzeile folgende Form:

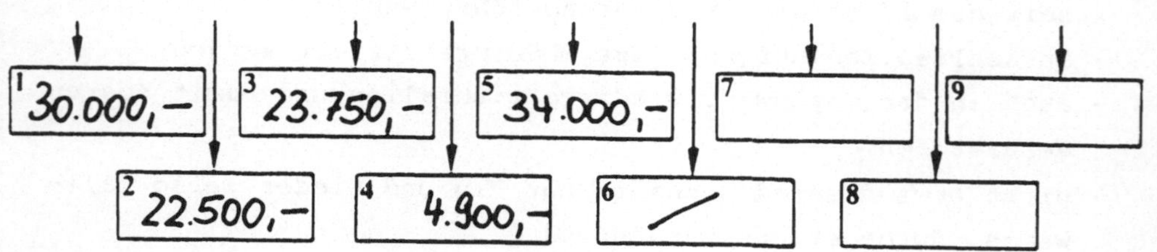

Feld 7:

Tragen Sie in dieses Feld die Kosten der jeweils angesprochenen Verpflichtung ein, soweit deren Maßnahmen
- seit dem 1. Januar 1978 durchgeführt werden,
- ausschließlich aufgrund des BDSG praktiziert werden,
- auch in der Gegenwart wiederholt anfallen und damit Kosten
  verursachen,
- nicht etwa dauernd, sondern nur hin und wieder, also fallweise, durchgeführt werden und
- darin bestehen, daß sie vor dem genannten Stichtag noch gar
  nicht, auch nicht mit einem niedrigeren Intensitätsgrad in
  der Unternehmung üblich waren.

Da es sich hier um variable Kosten handelt, tragen Sie bitte
den Betrag ein, der aufgrund Ihrer Erfahrung im Durchschnitt
der letzten Jahre pro Jahr angefallen ist.

Beispiel zu Feld 7:

In unregelmäßigen Abständen besuchen der DSB und seine Mitarbeiter Seminare und Kongresse, die sich speziell mit Fragen
des Datenschutzes in der Unternehmung befassen. Die hier be-
handelten Themen gehen ausschließlich auf das BDSG zurück. Vor
der Verabschiedung des Gesetzes hat es solche Veranstaltungen
noch nicht gegeben. Sie sind deshalb deutlich zu unterscheiden
von den Bildungsveranstaltungen im Beispiel zu Feld 3, die sich
mit Fragen der Datensicherung befassen und unabhängig vom BDSG,
aus unternehmungseigenem Interesse, besucht wurden und werden.
Für den Besuch von Seminaren und Kongressen zu Fragen des Datenschutzes sind im Durchschnitt der vergangenen Jahre pro Jahr
an Reisekosten, Tagungsgeldern etc. DM 3.500,- angefallen. Zu
diesem Betrag sind in unserem Beispiel noch die Aufwendungen

für Fachliteratur zum Datenschutz hinzuzurechnen, die - ebenfalls im Durchschnitt der letzten Jahre - pro Jahr DM 720,- betrugen. In Feld 7 wird demnach ein Betrag von DM 4.220,- eingetragen.

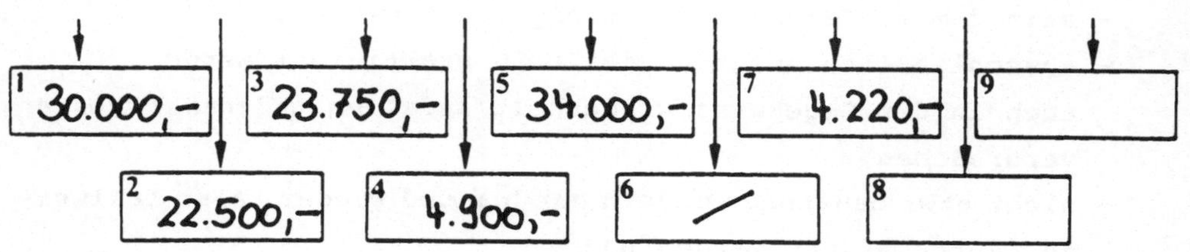

Feld 8:

Tragen Sie in dieses Feld die Kosten der jeweils angesprochenen Verpflichtung ein, soweit deren Maßnahmen
- seit dem 1. Januar 1978 durchgeführt werden,
- ausschließlich aufgrund des BDSG praktiziert werden,
- in der Gegenwart permanent fixe Kosten verursachen und
- darin bestehen, daß bereits vor dem genannten Stichtag praktizierte Maßnahmen intensiviert werden.

Tragen Sie bitte die fixen Kosten ein, die Ihrer Unternehmung pro Jahr entstehen.

Beispiel zu Feld 8:

Auch vor dem Inkrafttreten des BDSG war der Mitarbeiter als Beauftragter für Datensicherung zu regelmäßigen Kontrollen verpflichtet. Diese Tätigkeit aus unternehmungseigenem Interesse beansprucht heute 25% seiner Tätigkeit (vgl. Beispiel zu Feld 3). Darüber hinaus setzt er weitere 10% seiner Tätigkeit ein, um die speziellen Datensicherungsanforderungen gem. der

Anlage zu § 6 BDSG zu überprüfen. Bei Gesamtkosten für seinen Arbeitsplatz von inzwischen DM 85.000,- (vgl. Beispiel zu Feld 3) müssen DM 8.500,- in Feld 8 eingetragen werden.

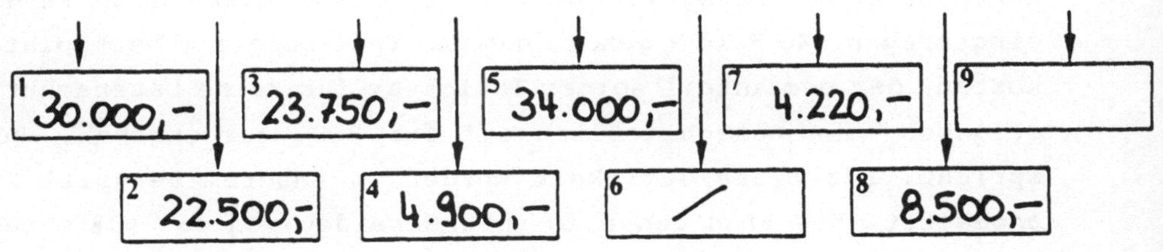

Feld 9:

Tragen Sie in dieses Feld die Kosten der jeweils angesprochenen Verpflichtung ein, soweit deren Maßnahmen
- seit dem 1. Januar 1978 durchgeführt werden,
- ausschließlich aufgrund des BDSG praktiziert werden,
- in der Gegenwart permanent fixe Kosten verursachen und
- darin bestehen, daß sie vor dem genannten Stichtag noch gar nicht, auch nicht mit einem niedrigeren Intensitätsgrad, in der Unternehmung üblich waren.

Tragen Sie bitte die fixen Kosten ein, die Ihrer Unternehmung pro Jahr entstehen.

Beispiel zu Feld 9:

Bevor wir den Betrag erläutern, der in Feld 9 eingetragen werden muß, wollen wir noch einmal zusammenfassen, in welche Teilbeträge die Lohn- und Gehaltskosten des DSB in unserem Beispiel aufgeteilt werden müssen. Der Arbeitsplatz verursacht insgesamt jährliche Kosten von DM 85.000,-. Entsprechend dem Beispiel zu Feld 8 entfallen 25% der Tätigkeit - und damit auch der Kosten -

auf Datensicherungspflichten aus unternehmungseigenem Interesse. Weitere 10% seiner Arbeitszeit setzt der DSB für Datensicherungsaufgaben ein, die durch das BDSG veranlaßt sind. Der entsprechende Betrag von DM 8.500,- wurde deshalb in Feld 8 eingetragen. Zu Feld 9 gehört nun der Teil seiner Arbeitsplatzkosten, der dem Anteil seiner Tätigkeit für reine Datenschutzaufgaben, die ausschließlich auf das BDSG zurückgehen, entspricht. Für diese Tätigkeit werden in unserem Beispiel 20% angesetzt. Sie sind genau zu unterscheiden von den 10% seiner Arbeitszeit im Beispiel zu Feld 8, die für Datensicherungsaufgaben gem. BDSG aufgewandt werden und in den 20% für Datenschutzpflichten nicht enthalten sind. Die Gesamtarbeitszeit des DSB teilt sich in unserem Beispiel demnach wie folgt auf:

- 25% für Datensicherungsaufgaben aus betrieblichem Interesse (DM 21.250,- in Feld 3),
- 10% für Datensicherungsaufgaben aufgrund des BDSG (DM 8.500,- in Feld 8),
- 20% für Datenschutzaufgaben aufgrund des BDSG (DM 17.000,- in Feld 9) und
- 45% für sonstige betriebliche Aufgaben, die mit Datenschutz und Datensicherung nicht im Zusammenhang stehen. Der Restbetrag von DM 38.250,- wird in unserem Beispiel daher nicht weiter berücksichtigt.

Die vollständig ausgefüllte Kostenzeile erhält demnach nach Abschluß des letzten Beispiels in unserem fiktiven Fall für die Verpflichtung zu "Bestellung und Tätigkeit eines betrieblichen Datenschutzbeauftragten" folgende Form:

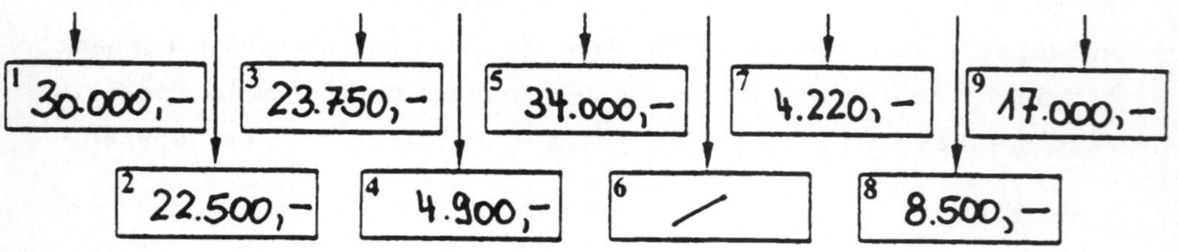

Damit sind die Erläuterungen zum Teil B des Fragebogens und zu den 9 Kostenfeldern, die jeder Verpflichtung des BDSG zugeordnet werden, abgeschlossen. Die jeweils genannten Beispiele aus dem Bereich der "Bestellung und Tätigkeit eines betrieblichen Datenschutzbeauftragten" sollten der Verdeutlichung dienen und können als Denkanstöße aufgefaßt werden zur Recherchierung der in Ihrer Unternehmung tatsächlich angefallenen Kosten. Um Sie beim Ausfüllen des Fragebogens noch etwas zu unterstützen, werden bei den Fragen zu jeder Verpflichtung noch weitere Beispiele genannt.

Erläuterungen zu Teil C des Fragebogens: "Fragen zur mittelbaren Beeinflussung der Datenverarbeitung durch das BDSG"

Im Rahmen des Forschungsprojektes KODA sollen alle Kosten, die aufgrund der Datenschutzgesetzgebung der Wirtschaft entstanden sind, erhoben werden. Hierunter fallen in erster Linie die Kosten der Datenschutzmaßnahmen, nach denen im vorangegangenen Teil B gefragt wurde.

In Teil C des Fragebogens werden nun die Mehrkosten erhoben, die zwar aufgrund des BDSG entstanden sind, aber nicht in direkten Maßnahmen des Datenschutzes bestehen. Wir wollen diese Kostenquellen einer mittelbaren Beeinflussung der Datenverarbeitung durch das BDSG zuordnen. Beispiele für solche Kosten können sein:

- Ein Hardware-Hersteller muß für seine Produkte, die in anderen Ländern bereits auf dem Markt sind, Zusatzeinrichtungen entwickeln, um den Anforderungen des BDSG zu genügen.

- Ein Software-House muß in marktreife Programme zusätzlich Datensicherungsroutinen einbauen.

- Bei einer Unternehmung gestaltet sich der Datenaustausch aufgrund des BDSG erheblich komplizierter. Das vor dem 1.1.1978 praktizierte Verfahren ist heute nicht mehr zulässig und mußte durch ein neues, kostenintensiveres ersetzt werden.

- Bei einer anderen Unternehmung mußte die Verarbeitung und Auswertung bestimmter Daten gänzlich unterbleiben. Dadurch entstanden für den Versand von Werbematerial erhebliche Mehrkosten, da der Kreis der Empfänger nicht mehr so gezielt wie früher ausgewählt werden konnte.

Bitte überlegen Sie nun, ob und, wenn ja, welche Kosten durch den indirekten Einfluß des BDSG auch in Ihrer Unternehmung angefallen sind. Soweit Sie auch eine Aussage über die Höhe der Kosten machen können, tragen Sie diese bitte an der entsprechenden Stelle des Fragebogens ein.

Erläuterungen zum Teil D des Fragebogens: "Fragen zum Gesetzgebungsverfahren des BDSG"

Zahlreiche Unternehmungen und Verbände der deutschen Wirtschaft haben aktiv an der Erstellung des Gesetzestextes in den Jahren vor 1977 teilgenommen und beteiligen sich auch heute noch an der Diskussion um die Novellierung des BDSG - beides kostenverursachende Tätigkeiten, die ohne ein Datenschutzgesetz nicht hätten durchgeführt werden müssen.

So entstanden damals und entstehen auch heute noch vor allem Reisekosten zu den Sitzungen der Verbände und Kammern. Darüber hinaus sind Materialkosten, Telefon-, Porto- und Kopierkosten zu berücksichtigen.

Soweit derartige Kosten auch in Ihrer Unternehmung angefallen sind, tragen Sie bitte die Summe aller Kosten an der entsprechenden Stelle in den Fragebogen ein, je nachdem, ob die Kosten vor der Verabschiedung des BDSG angefallen sind oder ob sie durch die Novellierungsdiskussion hervorgerufen wurden.

**Kostenmäßige Auswirkungen des Datenschutzes
für die Wirtschaft (Forschungsprojekt KODA)**

Erhebungsbogen

Betriebswirtschaftliches Institut

für Organisation und Automation

an der Universität zu Köln

Projektgruppe KODA

Universitätsstr. 45, 5000 Köln 41

Tel.: 0221 - 446081

1) Allgemeine Fragen zur Unternehmung

a) Welcher Branche/welchem Wirtschaftszweig ordnen Sie
   Ihre Unternehmung zu?

   Industrie   ( )
   Kreditwirtschaft   ( )
   Versicherungswirtschaft   ( )
   Handel   ( )
   Handwerk   ( )
   Service-Rechenzentrum   ( )
   Beratung/Dienstleistung/Werbung   ( )
   Sonstiges   ( )

b) Wie hoch war(en) in Ihrer Unternehmung 1982:

   der Umsatz?
                                   ____

   die Beitragseinnahmen?
   (nur bei Versicherungen)
                                   ____

   die Bilanzsumme
   (nur bei Kreditinstituten)
                                   ____

c) Wie hoch waren in Ihrer Unternehmung die DV-Kosten?
                                   ____

d) Welchem Abschnitt des BDSG
   ordnen Sie Ihre Unternehmung
   zu?

   3. Abschnitt (Datenverarbeitung für eigene
      Zwecke)   ( )

   4. Abschnitt (Datenverarbeitung im Auftrag
      für fremde Zwecke)   ( )

   sowohl 3. als auch 4. Abschnitt   ( )

2) **Verfügen Sie über eine eigene Kostenstelle "Kosten des Datenschutzbeauftragten" oder allgemeiner "Kosten des Datenschutzes"?**

ja   ( )   nein   ( )

Falls "nein": weiter bei Frage 6!

3) **Welche Kosten werden in dieser Kostenstelle erfaßt (Mehrfachnennungen sind möglich)?**

Kosten für einen externen Datenschutzbeauf-
tragten   ( )

Lohn- und Gehaltskosten inkl. Lohnnebenkosten
des Datenschutzbeauftragten   ( )

Lohn- und Gehaltskosten inkl. Lohnnebenkosten
der Mitarbeiter des Datenschutzbeauftragten   ( )

Reisekosten   ( )

Schulungs- und Weiterbildungskosten   ( )

Material-, Literatur- und Telefonkosten   ( )

Raummiete, Strom- und Heizungskosten   ( )

Kosten aufgrund der Verpflichtung der Mit-
arbeiter auf das Datengeheimnis   ( )

Kosten aufgrund der Rechte des Betroffenen   ( )

Kosten aufgrund der Unterstützung der Aufsichtsbehörde   ( )

Kosten der Datensicherung (Zu- bzw. Abgangskontrolle, besondere Hard- und Softwareein-
richtungen)   ( )

Datenschutzkosten in den Fachabteilungen   ( )

Verschiedene Verrechnungskosten   ( )

Weitere Beispiele:

---   ( )
---   ( )
---   ( )

**4) Wie hoch waren die in der genannten Kosten-
stelle angefallenen Kosten pro Jahr?**

	1976	1977	1978	1979	1980	1981	1982
mehr als 500.000							
200.001– 500.000							
100.001– 200.000							
70.001– 100.000							
50.001– 70.000							
30.001– 50.000							
20.001– 30.000							
10.001– 20.000							
5.001– 10.000							
1– 5.000							
keine Kosten							

5) Welcher Anteil der in Frage 4 für die Jahre 1976-1982 genannten Kosten entfiel in dem jeweiligen Jahr nach Ihrer
Schätzung auf Maßnahmen, die ausschließlich auf das BDSG
zurückgeführt werden können, also nicht bereits aus unternehmungseigenem Interesse veranlaßt wurden (in %)?

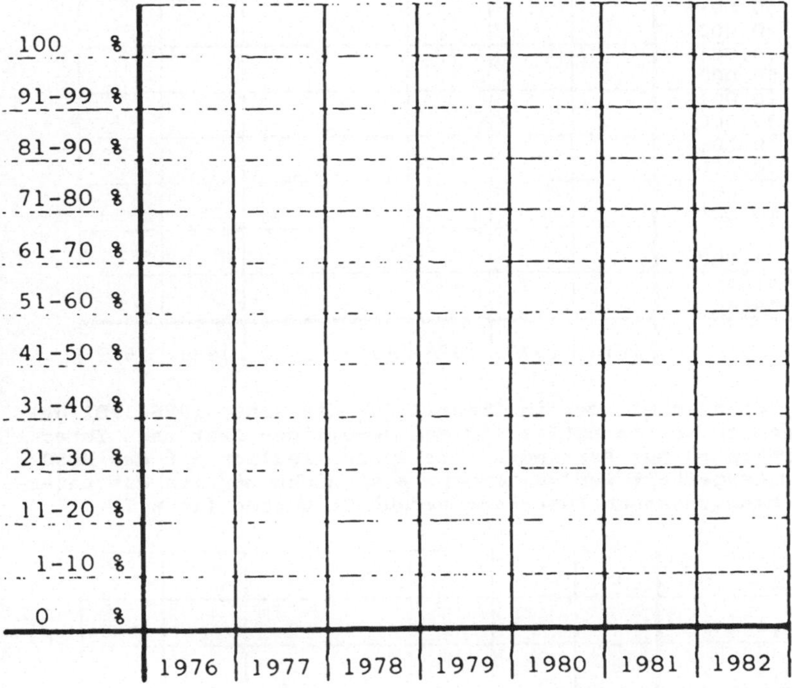

6) Fallen in Ihrer Unternehmung neben den in der eigenen
Kostenstelle bereits erfaßten Kosten weitere Kosten des
Datenschutzes und/oder der Datensicherung an (z.B. in
den Fachabteilungen oder Zweigwerken)?

ja   ( )   nein   ( )

Falls "nein": weiter bei Frage 9!

7) **Wie hoch waren die in Frage 6) genannten Kosten? Versuchen Sie bitte, zumindest eine grobe Schätzung vorzunehmen.**

	1976	1977	1978	1979	1980	1981	1982
mehr als 500.000							
200.001-500.000							
100.001-200.000							
70.001-100.000							
50.001-70.000							
30.001-50.000							
20.001-30.000							
10.001-20.000							
5.001-10.000							
1-5.000							
keine Kosten							

8) **Welcher Anteil der in Frage 7 für die Jahre 1976-1982 genannten Kosten entfiel in dem jeweiligen Jahr nach Ihrer Schätzung auf Maßnahmen, die ausschließlich auf das BDSG zurückgeführt werden können, also nicht bereits aus unternehmungseigenem Interesse veranlaßt wurden (in %)?**

	1976	1977	1978	1979	1980	1981	1982
100 %							
91-99 %							
81-90 %							
71-80 %							
61-70 %							
51-60 %							
41-50 %							
31-40 %							
21-30 %							
11-20 %							
1-10 %							
0 %							

9) Fragen zu Nutzenaspekten der Datenschutzgesetzgebung

a) Waren und sind mit der Realisation von Datenschutz- und
   Datensicherungsmaßnahmen aufgrund der gesetzlichen Bestimmungen Nutzeneffekte für Ihre Unternehmung verbunden?

	kein Nutzen	geringer	mitt- lerer	hoher Nutzen
- Rationellere Datenverarbeitung (z.B. wegen einer übersichtlicheren Organisation der Datenbestände oder einer klareren Aufgabenzuweisung)?	( )	( )	( )	( )
- Zuverlässigere Datenverarbeitung (z.B. wegen zusätzlich eingeführter Schutzmaßnahmen, um Störungen oder Ausfälle im Verarbeitungsprozeß auszuschließen)?	( )	( )	( )	( )
- Verbesserte Qualität der DV-Ergebnisse, also der Daten und Dateien?	( )	( )	( )	( )
- Zusätzliche Möglichkeiten der Öffentlichkeitsarbeit (public relations) aufgrund des hohen Datenschutzstandards?	( )	( )	( )	( )
- Vertrauensvollere Zusammenarbeit mit Lieferanten und Kunden?	( )	( )	( )	( )

- Sonstige positive Effekte der
  Datenschutzgesetzgebung:

( )	( )	( )	( )
( )	( )	( )	( )
( )	( )	( )	( )
( )	( )	( )	( )
( )	( )	( )	( )
( )	( )	( )	( )

b) Wenn eine Quantifizierung des Nutzens
   möglich ist, geben Sie bitte - u.U.
   näherungsweise - den Betrag an: DM ....

Bemerkungen:

____

____

____

____

____

____

____

____

____

____

Herzlichen Dank für Ihre Mitarbeit!

Das BIFOA verbürgt:

Diese Unterlage wird separat vom Fragebogen aufbewahrt und nach Abschluß des Forschungsprojektes vernichtet.

Name der befragten Unternehmung _______________________________

Name des Bearbeiters _______________________________

Funktion in der Unternehmung
( ) Datenschutzbeauftragter
( ) Mitarbeiter des Datenschutzbeauftragten
( ) _______________________________

Telefon-Nummer des Bearbeiters _______________________________

Datum _______________________________

Schicken Sie diese Unterlage bitte zusammen mit dem Fragebogen an uns zurück. Herzlichen Dank!

Anhang 4: Bibliographie zum Themenbereich

I. Publikationen zu Fragen der Datenschutz- und Datensicherungskosten

ANGERMANN, Adolf; THOME, Rainer: Ansätze für eine Kosten-
       Nutzen-Analyse des Datenschutzes. Data Report, 8. Jg.
       1973, Heft 4, S. 18-22.

Betriebswirtschaftliches Institut für Organisation und Auto-
       mation an der Universität zu Köln (BIFOA):
       Informationsforum: Maßnahmen zur Datensicherung und
       zum Datenschutz. Probleme und Kosten der Implementie-
       rung. 16.2.1979. Tagungsunterlagen. Köln 1979.

BÖHM, Kurt: Kostenimplikationen von Datenschutzregelungen.
       In: Datenschutz und Datensicherung. Referate der ge-
       meinsamen Fachtagung der österreichischen Gesellschaft
       für Informatik (ÖI) und der Gesellschaft für Informa-
       tik (GI), Johannes-Keppler-Universität Linz/Österreich
       21.-23. September 1976, hrsg. von R. Dierstein, H.
       Fiedler und A. Schulz, Köln (1976), S. 216-226.

FUTH, Horst: Ein einfaches Verfahren zur Abschätzung von Kosten
       und Risiken der Datenschutz- und Datensicherungsmaßnah-
       men. In: Datenschutz und Datensicherung. Referate der ge-
       meinsamen Fachtagung der österreichischen Gesellschaft
       für Informatik (ÖI) und der Gesellschaft für Informatik
       (GI), Johannes-Keppler-Universität Linz/Österreich 21.-23.
       September 1976, hrsg. von R. Dierstein, H. Fiedler und A.
       Schulz, Köln (1976), S. 227-238.

GLISS, Hans; HENTSCHEL, Bernd; WRONKA, Georg (Hrsg.):
       Datenschutz-Management und Kostendruck. Tagungsband, Re-
       ferate und Ergebnisse der 7. Datenschutzfachtagung (DAFTA)
       9.-10. November 1983, Köln 1984.

GOLA, Peter: Die Benachrichtigungspflicht ist mit Kosten ver-
       bunden. Computer Zeitung, 9. Jg. 1978, Heft 7, S. 43.

GOLDSTEIN, Robert C.: The Cost of Privacy. Operational and
       Financial Implications of Databank-Privacy Regulation.
       Vancouver 1975.

GOLDSTEIN, Robert C.: The Costs of Privacy. Datamation, 21. Jg.
       1975, Heft 10, S. 65-69.

GROCHLA, Erwin: BDSG: Ein Gesetz mit Rationalisierungseffekt?
       Computerwoche, 5. Januar 1978, S. 6.

HERGENHAHN, J.: Auswirkungen des Datenschutzes - Kosten in
        Milliardenhöhe. Manager-Magazin, 6. Jg. 1976, Heft 9,
        S. 64.

HOGREBE, Edmund F.M.: Wirtschaftliche Aspekte des Datenschutzes.
        In: Auswirkungen des Datenschutzes. Eine Studie zum Da-
        tenschutz aufgrund eines Projektes der GMD, Juni 1977,
        hrsg. von der Gesellschaft für Mathematik und Datenver-
        arbeitung mbH (GMD) und dem Institut für Datenverarbei-
        tung im Rechtswesen (IDR), München - Wien 1979, S. 482-
        511.

HOGREBE, E.F.M.: Internationale ökonomische Aspekte des Daten-
        schutzes. (St. Augustin - Darmstadt 1981).

HURZLMEIER, Anton: Datensicherheit und EDV-Wirtschaftlichkeit.
        Eine Untersuchung über die Auswirkungen des Datenschutzes
        im Unternehmen unter besonderer Berücksichtigung des
        Bundesdatenschutzgesetzes. Dipl.-Arb. München 1981.

KOGLIN, Heinz: Datenschutz und Wirtschaftlichkeit aus der Sicht
        der Kommunalverwaltung. Verwaltungsführung - Organisa-
        tion - Personal, 4. Jg. 1982, Heft 5, S. 233-234.

Kommunale Gemeinschaftsstelle für Verwaltungsvereinfachung
        (Hrsg.): Datenschutz in der Kommunalverwaltung: Wirkung
        und Kosten der Maßnahmen zur Risikoabdeckung. KGSt-Be-
        richt Nr. 1/1978. Köln 1978.

LANGE-HELLWIG, Peter: Investitionsbedarf "Datenschutz und Daten-
        sicherung nach dem BDSG". In: Datenschutz-Management und
        Kostendruck. Tagungsband, Referate und Ergebnisse der 7.
        Datenschutzfachtagung (DAFTA) 9.-10. November 1983, hrsg.
        von Hans Gliss, Bernd Hentschel und Georg Wronka, Köln
        1984, S. 69-82.

LINDEMANN, Peter; NAGEL, Kurt; HERRMANN, Günter: Auswirkungen
        des Bundes-Datenschutzgesetzes auf die Wirtschaft. Reihe
        "Wirtschaftsführung - Kybernetik - Datenverarbeitung",
        hrsg. von Peter Lindemann und Kurt Nagel, Bd. 20, (Neu-
        wied 1977).

MUTTER, Peter: Persönlichkeitsschutz und Datensicherung. Über-
        legungen zur Durchführbarkeit und zu den Kosten. (Zürich
        1980).

NAGEL, Kurt: Bestimmungsfaktoren für eine Wirtschaftlichkeits-
        analyse bei Datensicherungssystemen. Datenverarbeitung
        in Steuer, Wirtschaft und Recht, 5. Jg. 1976, Heft 10,
        S. 309-315.

NAGEL, Kurt: Wirtschaftlichkeitsanalyse bei Datensicherungs-
        systemen. IBM Nachrichten, 26. Jg. 1976, Heft 232,
        S. 295-299.

POTHS, Willi: Kosten des BDSG in kleineren und mittleren Unter-
        nehmen. Datenschutz und Datensicherung, o.Jg. 1978,
        Heft 2, S. 86-88.

POUGIN, Erwin: Betriebswirtschaftliche Auswirkungen des Bundes-
        datenschutzgesetzes. Die Betriebswirtschaft, 37. Jg.
        1977, Heft 4, S. 523-531.

SCHUTTERSTEIN, Emil von: Auswirkungen des Bundesdatenschutzge-
        setzes (BDSG) in der Industrie. RKW-Handbuch Führungs-
        technik und Organisation, hrsg. von Erich Potthoff in
        Zusammenarbeit mit dem Rationalisierungs-Kuratorium der
        Deutschen Wirtschaft (RKW) e.V., (Berlin 1978), Kennzahl
        6162, S. 1-36.

WEIHE, Hermann Joachim; BLESGEN, Gregor: Kostenmäßige Auswirkun-
        gen des Bundesdatenschutzgesetzes für die Wirtschaft.
        Der Betrieb, 30. Jg. 1977, Heft 9, S. 433-438.

WISSMANN, Karl-Heinz: Die Kosten des Datenschutzes und Grund-
        sätze ordnungsmäßigen Datenschutzes (GoDS). Datenschutz
        und Datensicherung, o.Jg. 1978, Heft 2, S. 81-85.

II. Einführende Publikationen zum Datenschutz

AUERNHAMMER, Herbert: Bundesdatenschutzgesetz. Kommentar. 2.,
        neubearb. und erweit. Aufl., Köln - Berlin - Bonn -
        München 1981.

BAUMANN, Reinhold: Datenschutz 1983 - Analyse eines Befundes.
        In: Datenschutz-Management und Kostendruck. Tagungs-
        band, Referate und Ergebnisse der 7. Datenschutzfach-
        tagung (DAFTA) 9.-10. November 1983, hrsg. von Hans
        Gliss, Bernd Hentschel und Georg Wronka, Köln 1984,
        S. 19-23.

BEDNAR, Kurt; WEISSENBÖCK, Martin: Datenschutzhandbuch. (Wien)
        1979.

BERGMANN, Lutz; MÖHRLE, Roland: Datenschutzrecht. Handkommen-
        tar zum Bundesdatenschutzgesetz. Stuttgart - München -
        Hannover 1977.

DAMMANN, Ulrich: Anwendungsmatrix des Bundes-Datenschutzge-
        setzes. Online-adl-nachrichten, 15. Jg. 1977, 1. Teil:
        Heft 1/2, S. 74-80, 2. Teil: Heft 3, S. 140-143.

DAMMANN, Ulrich; SIMITIS, Spiros: Bundesdatenschutzgesetz
        (BDSG) mit Materialien und Verwaltungsvorschriften.
        Baden-Baden (1981).

Deutscher Gewerkschaftsbund (DGB) (Hrsg.): Datenschutzfibel.
        Düsseldorf 1980.

EMRICH, Hans Georg; STEINBERG, Karin: Datenschutz im Unter-
        nehmen. Eine programmierte Unterweisung zum Bundes-
        datenschutzgesetz (BDSG) für Mitarbeiter in Wirt-
        schaftsunternehmen. Düsseldorf - Wien 1978.

GARBE, Helmut: Datenschutz und Datensicherung. Handwörter-
        buch der Betriebswirtschaft, 4. Aufl., hrsg. von
        Erwin Grochla und Waldemar Wittmann, Stuttgart 1974,
        Sp. 1109-1115.

Gesellschaft für Datenschutz und Datensicherung (GDD) (Hrsg.):
        Datenschutzpflichten nach dem Bundesdatenschutzgesetz
        (BDSG). GDD-Kurzinformation. Bonn 1979.

Gesellschaft für Datenschutz und Datensicherung (GDD) (Hrsg.):
        GDD-Datensicherungs-PU. Praktische Datensicherungs-
        Schulung am Arbeitsplatz. (Köln 1980).

Gesellschaft für Datenschutz und Datensicherung (GDD) (Hrsg.):
        Programmierte Unterweisung zum Datenschutz. GDD-Daten-
        schutz-PU. 5. Aufl., (Bonn 1980).

GOLA, Peter: Einführung in das Bundesdatenschutzgesetz. Unter-
        lagen für die Mitarbeiterschulung. St.Augustin 1980.

GOLA, Peter; HUMMERICH, Klaus; KERSTAN, Uwe: Datenschutzrecht.
        Erläuterte Rechtsvorschriften und Materialien zum Da-
        tenschutz. Reihe "EDV und Recht", hrsg. von Herbert
        Fiedler, Bd. 10.
        Teil 1: Das Bundesdatenschutzgesetz; Verfassungsrecht-
                licher Datenschutz; Internationaler Datenschutz.
                Berlin 1977.
        Teil 2: Einzelvorschriften des Bundes zum Datenschutz.
                Berlin 1978.
        Teil 3: Datenschutzrecht der Länder. Berlin 1979.

GROCHLA, Erwin; WEBER, Helmut; WERHAHN, Thomas: Betrieblicher
        Datenschutz für Mitarbeiter. Ein Handbuch für die un-
        ternehmungsinterne Schulung. Köln (1983).

HEILMANN, Heidi; WOLF, Friedhelm (Hrsg.): Handbuch des Datenschutzes 1979/80. Organisation des Datenschutzes in
     der Privatwirtschaft. Stuttgart - Wiesbaden 1980.

HELLFORS, Sven; SEIZ, Manfred: Praxis betrieblicher Datensicherung. Datenschutz und Datensicherung durch personelle, organisatorische und technische Maßnahmen.
     (Berlin 1977).

NAGEL, Kurt: Datensicherung und Datenschutz. Handwörterbuch
     der Organisation, 2. Aufl., hrsg. von Erwin Grochla,
     Stuttgart 1980, Sp. 477-486.

ORDEMANN, Hans-Joachim; SCHOMERUS, Rudolf: Bundesdatenschutzgesetz mit Erläuterungen. 3., neubearb. und erweit.
     Aufl., München 1982.

SCHAFFLAND, Hans-Jürgen; WILTFANG, Noeme: Bundesdatenschutzgesetz (BDSG). Ergänzbarer Kommentar nebst einschlägigen Rechtsvorschriften. (Berlin 1977).

SIMITIS, Spiros; DAMMANN, Ulrich u.a.: Kommentar zum BDSG.
     3., völlig neu bearb. Aufl., Baden-Baden 1981.

THOME, Rainer: Datenschutz. München 1979.

WUNDRAM, Robert: Datenschutz im Betrieb. Praktische Hinweise
     zum Bundesdatenschutzgesetz mit Gesetzestext, Auszügen
     aus der amtlichen Begründung und dem Ausschußbericht
     sowie vorläufige Verwaltungsvorschriften. 2., überarb.
     Aufl., (Berlin 1981).

III. Weiterführende Publikationen zum Datenschutz

ABEL, Ralf Bernd: Datenschutzrechtsprechung und offene Fragen.
     In: Datenschutz-Management und Kostendruck. Tagungsband,
     Referate und Ergebnisse der 7. Datenschutzfachtagung
     (DAFTA) 9.-10. November 1983, hrsg. von Hans Gliss,
     Bernd Hentschel und Georg Wronka, Köln 1984, S. 297-304.

ABERLE, Hans-Jürgen; KARAD, Jürgen; PAULI, Kurt: Datenschutz
     im Handwerk. Hinweise für die Praxis in Betrieben und
     Organisationen. (Bad Wörishofen) o.J.

ALBERS, Felicitas: Datenschutz: Das Risiko liegt in den Fachabteilungen. Computerwoche, 30. April 1982, S. 5.

ALBERS, Felicitas: Anwendungsstand von Datenschutz- und Daten-
     sicherungsmaßnahmen beim Einsatz von Kleincomputern in
     Klein- und Mittelbetrieben. In: Datenschutzrecht und
     -praxis im Zeichen der BDSG-Novellierung. Tagungsband,
     Referate und Ergebnisse der 6. Datenschutzfachtagung
     (DAFTA) 27.-29. Oktober 1982, hrsg. von Hans Gliss,
     Bernd Hentschel und Georg Wronka, Köln 1983, S. 219-222.

ALBERS, Felicitas: Die Angst des Unternehmers vor dem unbe-
     rechtigten Zugriff. Hersteller von Bürocomputern bieten
     nur wenig Unterstützung bei Sicherheitsmaßnahmen. Nach-
     richten, Elektronik + Telematik, 37. Jg. 1983, S. 293-
     294.

AUERNHAMMER, Herbert: Einführung in die Novellierung und ihre
     Auswirkungen aus der Sicht des Bundes. In: Datenschutz-
     recht und -praxis im Zeichen der BDSG-Novellierung. Ta-
     gungsband, Referate und Ergebnisse der 6. Datenschutz-
     fachtagung (DAFTA) 27.-29. Oktober 1982, hrsg. von Hans
     Gliss, Bernd Hentschel und Georg Wronka, Köln 1983, S.
     53-59.

AUERNHAMMER, Herbert: Der neue Referentenentwurf zur Novellie-
     rung des Bundesdatenschutzgesetzes. In: Datenschutz-Ma-
     nagement und Kostendruck. Tagungsband, Referate und Er-
     gebnisse der 7. Datenschutzfachtagung (DAFTA) 9.-10.
     November 1983, hrsg. von Hans Gliss, Bernd Hentschel und
     Georg Wronka, Köln 1984, S.305-314.

Ausschuß für wirtschaftliche Verwaltung in Wirtschaft und öffent-
     licher Hand e.V. (AWV) (Hrsg.): Beiträge zum Bundesdaten-
     schutzgesetz - BDSG.
     Teil 1: Der Datenschutzbeauftragte. Der Begriff "Datei".
          Frankfurt 1977.
     Teil 2. Frankfurt 1977.
     Teil 3: Bestandsaufnahme, Erhebungsformular, Auswertung
          der Bestandsaufnahme, Übersichten und Auswer-
          tungslisten, Information und Schulung, Auskunft
          und Auskunftskosten. Frankfurt 1977.
     Teil 4: Mitwirkung des DSB bei der Personalauswahl.
          Frankfurt 1978.
     Teil 5: Datenschutz und Betriebsrat/Personalrat.
          Frankfurt 1980.

BAIER, Bernd; HEYMANN, Frank u.a.: Ordnungsmäßigkeit bei der
     Entwicklung und Änderung von Programmen und Programmtei-
     len aus der Sicht des BDSG. GDD-Dokumantation Nr. 21.
     Ergebnis der Überlegungen und Ausarbeitungen einer Ar-
     beitsgruppe des GDD-Arbeitskreises "Sicherheit von DV-
     Systemen". (Köln) 1982.

BERGER, Peter; GRUGELKE, Gunnar u.a.: Datenschutz bei rechner-
     unterstützten Telekommunikationssystemen (DARUTS). Ab-
     schlußbericht zum Vorprojekt. Berlin 1980.

BIHL, Volker: Sieben Thesen zu Datenschutz und Datenverarbeitung.
     Verwaltungsführung - Organisation - Personal, 4. Jg.
     1982, Heft 5, S. 231-232.

BODE, Albrecht; DREWS, Hans-Ludwig: Die Auswirkungen des Bundes-
     datenschutzgesetzes aus der Sicht der Siemens AG. 3. ak-
     tualisierter Sonderdruck aus der Siemens-Zeitschrift.
     April 1981.

BREKER, Klaus: Problematischer Datenschutz im Konzern.
     Online-adl-nachrichten, 16. Jg. 1978, Heft 9, S. 680-682.

BULL, Hans Peter: Ziele und Mittel des Datenschutzes. Forderun-
     gen zur Novellierung des Bundesdatenschutzgesetzes.
     (Königstein/Ts.) 1981.

BULL, Hans Peter: Datenschutz oder Datenverkehrsordnung?
     Zeitschrift für Rechtspolitik, 15. Jg. 1982, Heft 2,
     S. 55-56.

Deutsche Management Gesellschaft e.V. (DMG); Gesellschaft für
     Datenschutz und Datensicherung (GDD); Verband Deutscher
     Maschinen- und Anlagenbau e.V. (VDMA) (Hrsg.): Daten-
     sicherung. Zwang oder Notwendigkeit. Bericht über das
     Hannover-Forum Datensicherung '80 am 18. April 1980 in
     Hannover.

Deutscher Industrie- und Handelstag (Hrsg.): Daten zum Daten-
     schutz. (Bonn 1977).

Deutsches Institut für Interne Revision (Hrsg.): Revision der
     elektronischen Datenverarbeitung - Kommentierte Prü-
     fungsfragen für die Revisionspraxis. IIR-Schriftenreihe
     Bd. 1. 4., überarb. Aufl., Berlin 1982.

DIERSTEIN, Rüdiger: Anwendungspraxis und -beispiele-Ergebnisse.
     In: Datenschutz-Management und Kostendruck. Tagungsband,
     Referate und Ergebnisse der 7. Datenschutzfachtagung
     (DAFTA) 9.-10. November 1983, hrsg. von Hans Gliss, Bernd
     Hentschel und Georg Wronka, Köln 1984, S. 183-184.

EHRICH, Hermann; KIRCHHERR, Roland; PUSCH, Eberhard: Datenschutz
     bei Sparkassen und Landesbanken. Ein praktischer Leitfa-
     den zur Anwendung der Datenschutzgesetze in der Sparkas-
     senorganisation. Suttgart (1978).

EHRLICH, Götz: Datenschutz-Testat. Neue Aufgaben für Wirtschafts-
     prüfer? der arbeitgeber, 30. Jg. 1978, Heft 5, S. 191.

FERGER, Herbert; SWOBODA, Michael: Rechtsfragen bei "neuen Medien" der Telekommunikation. Bedeutung medien- und bereichsspezifischer Rechtsfragen bei Bildschirmtext aus der Sicht des Deutschen Industrie- und Handelstages (DIHT). data report, 17. Jg. 1982, Heft 5, S. 4-7.

FUTH, H.: EDV-Systemrevision, organisatorische Zweckmäßigkeit, Wirtschaftlichkeit, Datensicherung, Datenschutz. Rationalisierung der Datenverarbeitung Bd. V. München - Wien 1976.

FUTH, Horst: Rationalisierung der Datenverarbeitung. Band VII: Datenschutz und Datensicherung. München - Wien 1977.

FUTH, Horst: EDV-Sicherheit.
    Bd. 1: Organisation. Hannover o.J.
    Bd. 2: Technik. Hannover o.J.
    Bd. 3: Versicherung. Hannover o.J.

Gesellschaft für Datenschutz und Datensicherung (GDD); Nixdorf Computer AG (Hrsg.): Datenschutz und Datensicherung in kleinen und mittleren Unternehmen. Paderborn 1982.

GLISS, Hans; HENTSCHEL, Bernd (Hrsg.): Bereichsspezifischer Datenschutz, Technischer Datenschutz. Forderung und Realisierung in Wirtschaft und Verwaltung. Referate und Ergebnisse der 4. Datenschutzfachtagung (DAFTA) 23./24. Oktober 1980. Köln 1981.

GLISS, Hans; HENTSCHEL, Bernd (Hrsg.): Datenschutz: Ordnungsfaktor für Datenverarbeitung und Informationstechnologien. Tagungsband, Referate und Ergebnisse der 5. Datenschutzfachtagung (DAFTA) 5./6. Oktober 1981. Köln 1982.

GLISS, Hans; HENTSCHEL, Bernd; WRONKA, Georg (Hrsg.): Datenschutzrecht und -praxis im Zeichen der BDSG-Novellierung. Tagungsband, Referate und Ergebnisse der 6. Datenschutzfachtagung (DAFTA) 27.-29 Oktober 1982, Köln 1983.

GOLA, Peter: Datenschutz im Konflikt. Jahrestagung 1982 der Deutschen Vereinigung für Datenschutz. München 1983.

GROCHLA, Erwin: Datenschutz und Datensicherung aus organisatorischer Sicht. In: Der Datenschutzbeauftragte, hrsg. von der Arbeitsgemeinschaft für Rationalisierung des Landes Nordrhein-Westfalen, Heft 162, Dortmund 1974, S. 5-16.

GROCHLA, Erwin: Datenschutz nach BDSG: Ein abgeschlossenes Kapitel? Computerwoche, 26. September 1980, S. 6.

GROCHLA, Erwin; ALBERS, Felicitas; RÜSCHENBAUM, Ferdinand:
    Einsatz von Kleincomputern in Klein- und Mittelbe-
    trieben. Ein datenschutzrechtliches und datensiche-
    rungstechnisches Problem. Ergebnisse einer empiri-
    schen Untersuchung. Datenschutz und Datensicherung,
    o.Jg. 1983, Heft 3, S. 186-192.

GROCHLA, E.; GARBE, H. u.a.: Datenschutz und Datensicherung
    bei automatisierter Datenverarbeitung. BIFOA-Arbeits-
    bericht 73/4, Köln 1974.

GROCHLA, Erwin; HOMBERGER, Hans-Joachim: AUDAFEST. Ergeb-
    nisse einer empirischen Erhebung zum Themenbereich
    "Datenschutz und Datensicherung". (Opladen) 1981.

GROCHLA, Erwin; SCHACKERT, Hans Rolf: Datenschutz im Betrieb.
    Organisation und Wirtschaftlichkeitaspekte. Braun-
    schweig - Wiesbaden (1982).

GROCHLA, E.; WEBER, H.; ALBERS, F.; WERHAHN, Th.: Ein be-
    triebliches Informationsschutzsystem. Notwendigkeit
    und Ansatzpunkte für eine Neuorientierung. Angewandte
    Informatik, 25. Jg. 1983, Heft 5, S. 187-194.

HAUTER, Adolf: Datenschutz - Datensicherung. Eine Bestandsauf-
    nahme der praktischen Möglichkeiten zum Schutz und zur
    Sicherung von Informationen. Frankfurt/Main 1972.

HEIDINGER, Jan L.: Die Computer-Mißbrauch-Versicherung.
    Karlsruhe (1980).

HENTSCHEL, Bernd: Mitbestimmungsaspekte bei DV-unterstützter
    Personalarbeit. Office Management, 30. Jg. 1982,
    Heft 12, S. 1239-1240.

HERRMANN, Günter: Wenn's im Rechenzentrum brennt. Vorschläge
    für einen Katastrophenplan. Computerwoche,
    Teil 1: 3. September 1982, S. 27-28,
    Teil 2: 10. September 1982, S. 30-33,
    Teil 3: 17. September 1982, S. 34-35.

HEYMANN, Frank: Mängelschwerpunkte bei der Prüfung von Daten-
    sicherungsmaßnahmen in Bayern. In: Datenschutzrecht und
    -praxis im Zeichen der BDSG-Novellierung. Tagungsband,
    Referate und Ergebnisse der 6. Datenschutzfachtagung
    (DAFTA) 27.-29. Oktober 1982, hrsg. von Hans Gliss,
    Bernd Hentschel und Georg Wronka, Köln 1983, S. 107-113.

HOSS, Hermann Josef: Datenschutz. Das Risiko liegt in den Fach-
    abteilungen. Computerwoche, 30. April 1982, S. 8.

KRATZ, Peter: Vielfalt möglicher Schäden unübersehbar. Unterschiedliche Versicherungsformen bieten EDV-Anwendern
Schutz. Die Computer Zeitung, 22.9.1982, S. 25-26.

KRAUS, Wolfgang: Technische und organisatorische Maßnahmen nach
dem Bundesdatenschutzgesetz. Die Umsetzung des § 6 BDSG
in die Praxis. In: Organisation, Loseblattsammlung
Teil 2, hrsg. von Peter Lindemann und Kurt Nagel,
Neuwied 1976, Teil 4.13. (Nachlieferung vom 6.10.1977),
S. 1-33.

KRAUS, Wolfgang: Datensicherungsmaßnahmen nach dem BDSG. Die
Realisierung der Datensicherungsmaßnahmen des Bundesdatenschutzgesetzes - BDSG - unter besonderer Berücksichtigung der Problematik des Personalwesens. Köln 1978.

KRAUS, Wolfgang; NAGEL, Kurt: Wesentliche Ergebnisse der IBM-
Studie zur Datensicherung. Online, 14. Jg. 1976, Heft 3,
S. 124-134.

LAICHER, E.: Datenschutz - Rechtsmäßigkeit - Ordnungsmäßigkeit.
Datenschutz und Datensicherung, o.Jg. 1982, Heft 1,
S. 35-37.

LINDEMANN, Peter; NAGEL, Kurt: Prüfung und Kontrolle bei automatisierter Datenverarbeitung. (Neuwied - Berlin 1968).

MALLMANN, Otto: Zielfunktionen des Datenschutzes. Schutz der
Privatsphäre - Korrekte Information. Mit einer Studie
zum Datenschutz im Bereich von Kreditinformationssyste-
men. Diss. Frankfurt 1977.

MEISTER, Herbert: Europäische Harmonisierung des Datenschutzes.
Datenschutz und Datensicherung, o.Jg. 1980, Heft 1,
S. 9-16.

MEISTER, Herbert: Aspekte einer Novellierung des Bundesdatenschutzgesetzes. Datenschutz und Datensicherung, o.Jg.
1980, Heft 3, S. 123-127.

MEISTER, Herbert: GMD - INRIA - NCC: Internationale Studie über
Datenschutz und Datensicherheit (im Auftrag der EG).
Datenschutz und Datensicherung, o.Jg. 1980, Heft 4,
S. 240-243.

MERTENS, Peter: Gefahren eines übertriebenen Datenschutzes.
Datenschutz und Datensicherung, o.Jg. 1982, Heft 1,
S. 21-26.

MÜLLER, Gerhard F.: Der Datenschutzbeauftragte. Ein Handbuch
zur Anwendung des BDSG. München 1981.

NAGEL, Kurt: Datensicherung in der Unternehmung. Bestimmungs-
       faktoren für den Aufbau eines Datensicherungssystems.
       Wiesbaden (1977).

NAGEL, Kurt: Ordnungsmäßigkeit und Revisionsfähigkeit der
       Datenverarbeitung. IBM Nachrichten, 29. Jg. 1979,
       Teil 1: Heft 246, S. 29-35,
       Teil 2: Heft 247, S. 49-53.

o.V.: Rationalisierungseffekte durch das BDSG. Datenschutz-
       Berater, o.Jg. 1977, Heft 5, S. 75-76.

o.V.: Ausbau der Dateiinventur zu einer rechnergestützten
       Dokumentation - Rationalisierungseffekte durch das
       BDSG. Datenschutz-Berater, o.Jg. 1978, Heft 3, S. 36-38.

o.V.: Leitsätze für den Datenschutz im Bankbetrieb (I).
       Schriften des Verbandes öffentlicher Banken, Heft 2,
       hrsg. von Wolf-Dieter Becker und Reinhold Falk,
       (Stuttgart 1978).

o.V.: Leitsätze für den Datenschutz im Bankbetrieb (II).
       Schriften des Verbandes öffentlicher Banken, Heft 3,
       hrsg. von Wolf-Dieter Becker und Reinhold Falk,
       (Göttingen 1978).

o.V.: Das Prinzip der Eigenkontrolle beibehalten. ERFA-Kreise
       nehmen zum BDSG-Novellierungsentwurf Stellung.
       Computerwoche, 3. September 1982, S. 19-21.

o.V.: Synopse: BDSG (gegenwärtige Fassung) - Regierungsvor-
       schlag - SPD-Vorschläge. Datenschutz-Berater, o.Jg.
       1982, Heft 5, S. 2-34.

PEEZ, Leonhard: Wie man den Datenschutzbeauftragten einsetzt.
       (Wiesbaden 1978).

PICKARDT, Hugo: Organisationsmittel zur Datensicherung. Gra-
       phische und verbale Gestaltungsinstrumente. (Berlin
       1978).

PÜTTER, Paul Stefan: Datensicherung - ihre Realisierung und
       Kontrolle. Öffentliche Verwaltung und Datenverarbei-
       tung, o.Jg. 1981, Heft 5, S. 3-8.

RIHACZEK, Karl: Angemessene Datensicherung. Datenschutz und
       Datensicherung, o.Jg. 1977, Heft 1, S. 39-41.

SCHIMMEL, Wolfgang: Die institutionelle Kontrolle des Daten-
       schutzes nach den Datenschutzgesetzen der Länder. Eine
       vergleichende Darstellung nach dem Stand der Gesetzge-
       bung von November 1978. Datenschutz und Datensicherung,
       o.Jg. 1979, Heft 1, S. 25-30.

SCHOMERUS, Rudolf: Datenschutz oder Datenverkehrsordnung?
          Zeitschrift für Rechtspolitik. 14. Jg. 1981, Heft 12,
          S. 291-294.

SIMITIS, Spiros: Kernfragen der Novellierungsdiskussion. In:
          Datenschutzrecht und -praxis im Zeichen der BDSG-Novel-
          lierung. Tagungsband, Referate und Ergebnisse der 6.
          Datenschutzfachtagung (DAFTA) 27.-29. Oktober 1982,
          hrsg. von Hans Gliss, Bernd Hentschel und Georg Wronka,
          Köln 1983, S. 29-38.

SPIES, Peter Paul: BDSG-Novellierung aus der Sicht der Infor-
          matik. In: Datenschutzrecht und -praxis im Zeichen der
          BDSG-Novellierung. Tagungsband, Referate und Ergebnisse
          der 6. Datenschutzfachtagung (DAFTA) 27.-29. Oktober
          1982, hrsg. von Hans Gliss, Bernd Hentschel und Georg
          Wronka, Köln 1983, S. 41-50.

STADLER, Norbert: Datensicherung durch Organisation. Voraus-
          setzung des Datenschutzes. Freiburg im Breisgau (1980).

STEGUWEIT, Hans-Dieter: Datenschutzversicherung. Versicherungs-
          vermittlung, 77. Jg. 1978, Heft 6, S. 201-203.

STEGUWEIT, Hans-Dieter: Datenschutzversicherung - zur Abdeckung
          eines neuen Betriebsrisikos. Rationalisierung, 29.Jg.
          1978, Heft 6, S. 135-137.

SZYPERSKI, Norbert; GROCHLA, Erwin; HOMBERGER, Hans-Joachim:
          Datensicherung für die betriebliche Praxis - ein Maß-
          nahmenkatalog von der Zugangs- bis zur Organisations-
          kontrolle. Köln (1982).

THOME, Rainer: Technische Möglichkeiten der Abwehr von Daten-
          und Softwarediebstahl. In: Datenschutzrecht und -praxis
          im Zeichen der BDSG-Novellierung. Tagungsband, Referate
          und Ergebnisse der 6. Datenschutzfachtagung (DAFTA)
          27.-29. Oktober 1982, hrsg. von Hans Gliss, Bernd
          Hentschel und Georg Wronka, Köln 1983, S. 243-251.

Verband Deutscher Rentenversicherungsträger (Hrsg.): Der Daten-
          schutz in der Rentenversicherung. (Frankfurt/M. 1980).

WEISE, K.Th.: Was ist übertriebener Datenschutz? Datenschutz
          und Datensicherung, o.Jg. 1982, Heft 3, S. 143-144.

WERNITZ, Axel: Bundesdatenschutzgesetz-Novellierung am Schei-
          deweg. In: Datenschutz-Management und Kostendruck. Ta-
          gungsband, Referate und Ergebnisse der 7. Datenschutz-
          fachtagung (DAFTA) 9.-10. November 1983, hrsg. von
          Hans Gliss, Bernd Hentschel und Georg Wronka, Köln 1984,
          S. 315-322.

WIMMER, Sigmund: Datenschutz in der öffentlichen Verwaltung.
In: Datenschutzrecht und -praxis im Zeichen der BDSG-
Novellierung. Tagungsband, Referate und Ergebnisse
der 6. Datenschutzfachtagung (DAFTA) 27.-29. Oktober
1982, hrsg. von Hans Gliss, Bernd Hentschel und Georg
Wronka, Köln 1983, S. 61-68.

WRONKA, Georg: Auswirkungen des Bundesdatenschutzgesetzes
(BDSG) auf die unternehmerische Kommunikationspolitik.
Die Betriebswirtschaft, 40. Jg. 1980, Heft 4, S. 577-588.

IV. Publikationen zu Fragen der Datenverarbeitung und der
Kostenrechnung

ABELE, Paul R.; LANGENMAYR, Gerhard: Die Kosten der Informationsverarbeitung in Kreditinstituten. IBM Nachrichten,
26. Jg. 1976, Heft 229, S. 42-47.

ALTFELDER, Klaus: Betriebswirtschaftliche Kostenberechnung
als Entscheidungshilfe bei der Verabschiedung neuer
Gesetze. Zeitschrift für Betriebswirtschaft,
49. Jg. 1979, Heft 3, S. 830-834.

ALTFELDER, Klaus: Kumulative Berechnung gesetzlicher Folgekosten - Aus betriebswirtschaftlicher Sicht -.
Der Betrieb, 34. Jg. 1981, Heft 16, S. 809-811.

Bundesminister des Innern (Hrsg.): Unternehmensbelastung
durch Bundesstatistiken. Abschlußbericht einer Untersuchung zur Feststellung der Belastung der Unternehmen
der gewerblichen Wirtschaft durch Bundesstatistiken
im Jahr 1979. O.O. 1981.

EILER, Robert G.; GOLETZ, Walter K.; KEEGAN, Daniel P.:
Ist die Kostenrechnung auf dem neuesten Stand?
Harvard Manager, o.Jg. 1983, Heft 4, S. 100-105.

EMERY, James C.: Cost/Benefit-Analysis of management information
systems. Chicago, Ill., 1971.

GROCHLA, Erwin: Grundprobleme der Wirtschaftlichkeit in automatisierten Datenverarbeitungssystemen. In: Die Wirtschaftlichkeit automatisierter Datenverarbeitungssysteme,
hrsg. von Erwin Grochla, Wiesbaden 1970, S. 15-33.

GROCHLA, Erwin; MELLER, Friedrich: Datenverarbeitung in der
     Unternehmung.
     Bd. 1: Grundlagen. (Reinbek bei Hamburg 1974).
     Bd. 2: Gestaltung und Anwendung. (Reinbek bei Hamburg
     1977).

GROCHLA, Erwin: Betriebliche Konsequenzen der informationstech-
     nologischen Entwicklung. Angewandte Informatik, 24. Jg.
     1982, S. 62-71.

HUMMEL, Siegfried; MÄNNEL, Wolfgang: Kostenrechnung.
     1.: Grundlagen, Aufbau und Anwendung,
     2.: Moderne Verfahren und Systeme. Wiesbaden 1978.

KILGER, Wolfgang: Einführung in die Kostenrechnung. Opladen
     1976.

KING, John Leslie; SCHREMS, Edward L.: Cost-Benefit Analysis
     in Information Systems Development and Operation.
     Computing Surveys, 10 Jg. 1978, Heft 1, S. 19-34.

KLOOCK, Josef; SIEBEN, Günter; SCHILDBACH, Thomas: Kosten- und
     Leistungsrechnung. 2., überarbeitete und erweiterte
     Aufl., (Düsseldorf) 1981.

o.V.: Kostenrechnung in der Informationsverarbeitung. ZfB-Dis-
     kussionsforum. Zeitschrift für Betriebswirtschaft,
     50 Jg. 1980, Heft 10, S. 1160-1176.

PREISSLER, Johannes J.; DÖRRIE, Ulrich: Grundlagen der Kosten-
     und Leistungsrechnung. München 1979.

REESE, J.; BRÜCKEL, S. u.a.: Die politischen Kosten der Daten-
     verarbeitung. Frankfurt - New York (1979).

SCHMIDHÄUSLER, Fritz J.: Datenverarbeitung in mittelständischen
     Unternehmen und bei Freiberuflern. Eine Einführung mit
     Praxisbeispielen. (Mönchengladbach 1982).

SCHUPPENHAUER, Rainer: Grundsätze für eine ordnungsmäßige
     Datenverarbeitung. Düsseldorf 1982.

SEIBT, Dietrich; KANNGIESSER, Joachim; WINDLER, Albrecht:
     Kostenerfassung und Wirtschaftlichkeitsvergleiche alter-
     nativer DV-Lösungen. BIFOA-Forschungsbericht 81/2.
     Köln (1981).

STEINMANN, Horst; GÄFGEN, Gèrard; BLOMEYER, Wolfgang:
     Die Kosten der Mitbestimmung. Mannheim - Wien - Zürich
     (1981).

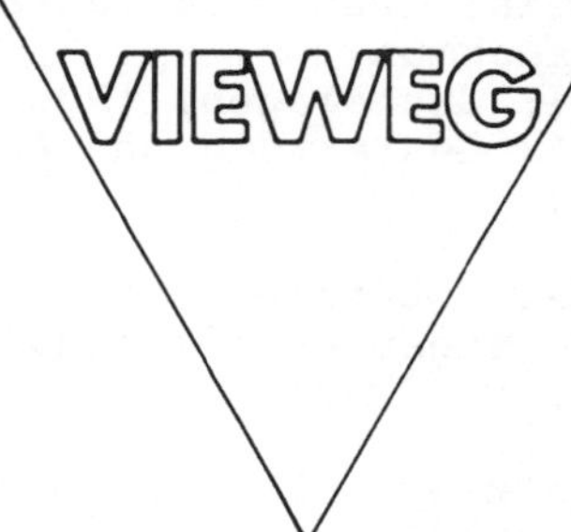

Karl Rihaczek

Datenverschlüsselung in Kommunikationssystemen

Möglichkeiten und Bedürfnisse. 1984. XV, 344 S. 16,2 X 22,9 cm. (DuD-Fachbeiträge, Bd. 6.) Brosch.

Nach Jahrtausenden gibt die Verschlüsselung ihr Wesen als Geheimwissenschaft auf und findet ihre Verwendung in öffentlichen Kommunikationssystemen. Sie soll den elektronischen Zahlungsverkehr sichern und ermöglichen, daß man auch Fernmeldenachrichten gleich papierenen Briefen und Verträgen unterschreiben kann. Auf Heimlichkeit mag mancher verzichten wollen, nicht aber auf Authentizität; doch das Verbergen von Information muß im Lichte des Datenschutzes und der Sicherung von Betriebsgeheimnissen gesehen werden; ein verlorener Gegenstand kann dem Eigentümer zurückgegeben werden, nicht aber ein verlorenes Geheimnis.

Der Zusammenhang von Kommunikation und Recht wird in diesem Buch stets im Auge behalten. Dessen Hauptteil ist das Ergebnis einer systematischen Untersuchung der mit der Verschlüsselung in die Hand gegebenen Mittel und einer laufenden Diskussion der Zwischenergebnisse mit Experten angrenzender Gebiete. Rund 40 datenverarbeitende Stellen in der Bundesrepublik wurden auf ihre einschlägigen Bedürfnisse hin befragt. Die Auswertung der Befragung erscheint im Anhang des Buches.

Hier wird auch begreiflich gemacht, warum die alte Geheimwissenschaft eine große öffentliche Zukunft hat und warum z.B. mit einer Karte, die man in ein Gerät steckt und wieder an sich nimmt, bezahlt werden kann.

Der Verfasser, ein freiberuflicher Wissenschaftler, führte die vom Bundesministerium für Forschung und Technologie geförderte und von der Gesellschaft für Mathematik und Datenverarbeitung in Auftrag genommene Studie für die Zwecke des DIN Normausschusses Informationsverarbeitung durch.